SalzAlpenSteig

Chiemsee – Königssee – Hallstätter See

Chiemsee-Alpenland, Chiemgau, Bad Reichenhall
Berchtesgaden-Königssee, Tennengau-Salzburger Land
Dachstein-Salzkammergut

Geraldine Fella

GPX-Daten zum Download

www.kompass.de/gpx

Kostenloser Download der GPX-Daten der im Wanderführer enthaltenen Wandertouren. Mehr Informationen auf Seite 3.

AUTORIN

Geraldine Fella • Geraldine Fella, geborene Münchnerin, absolvierte dort und in Innsbruck ihr Geografiestudium und lebt seitdem am Fuße der Nordkette in Innsbruck. Die Leidenschaft für den Bergsport – sei es Wandern, Klettern, Skifahren oder Tourengehen – kann sie hier voll ausleben. Die Alpen sind ihr unter anderem bei einer Nord-Süd-Überquerung ans Herz gewachsen, aber auch Regionen anderer Kontinente sind ihr durch viele Reisen vertraut.

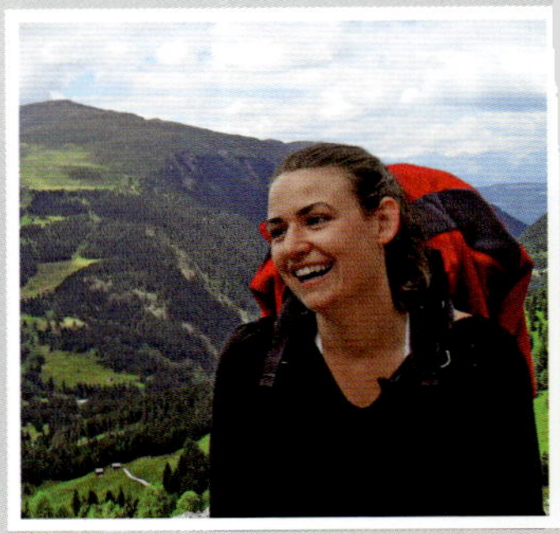

VORWORT

Der SalzAlpenSteig – ein alpiner Premiumweitwanderweg, der sich von Prien am Chiemsee bis nach Hallstatt am Hallstätter See quer durch die Alpen schlängelt, – sozusagen grenzüberschreitend von Deutschland bis nach Österreich oder auch umgekehrt.

Künstliche vom Menschen gezogene Grenzen verlieren plötzlich an Bedeutung, wenn man sich gemeinsam auf den Weg macht echte, natürliche Grenzen zu überwinden: Gratwanderungen, Gipfelstürme, tiefe Täler, Schluchten und Klammen zieren das Bild des SalzAlpenSteigs und der 20 zusätzlichen SalzAlpenTouren.

Mit etwa 230 km durchquert man das Chiemsee-Alpenland, den Chiemgau, das Berchtesgadener Land, den Tennengau und schließlich die Welterberegion um den grandiosen Dachstein. Jede Region trägt mit ihrem ganz eigenen Charme zur Vollkommenheit dieses besonderen Projekts bei.

Mit atemberaubenden Ausblicken, beispielsweise vom Hochfelln, dem „Aussichtspunkt des Chiemgaus" oder historisch auf den Spuren des Salzes zwischen Bad Reichenhall, Berchtesgaden und Hallstatt, wird die Schönheit dieser Region auf 18 Tagesetappen und 20 Rundtouren wunderbar eingefangen.

Die Wege sind allesamt bestens markiert und so abwechslungsreich, dass einem bestimmt nicht langweilig wird.

Geraldine Fella

ORIENTIERUNG MIT GPS

Für Navigationsgeräte und Apps haben wir auf unserer Webseite alle Touren im GPX-Format zum Download bereitgestellt:

www.kompass.de/gpx

Hier findet man alle weiteren Informationen. Einfach das richtige Produkt auf der Seite auswählen, die Daten herunterladen und auf das Zielgerät oder in die gewünschte App importieren.

Mehrwert mit Spaßfaktor: Ob vorab zur Planung, als Sicherheit für unterwegs oder zum Erinnern und Archivieren der gegangenen Tour. Die digitale Wanderroute ist in vielerlei Hinsicht wertvoll. Ein Blick auf die Daten hilft Neues zu entdecken und liefert Inspirationen für die nächsten Touren. Alle Wandertouren aus diesem Führer stehen im GPX-Format kompakt und genau zur Verfügung.

Was ist ein GPX-Track? GPX ist ein Datenformat für Geodaten. Das Wort GPS steht für Global Positioning System (Globales Positionsbestimmungssystem). Mit einem GPX-Track bekommt man die rote Linie, also den Wanderpfad, als geografische Koordinaten.

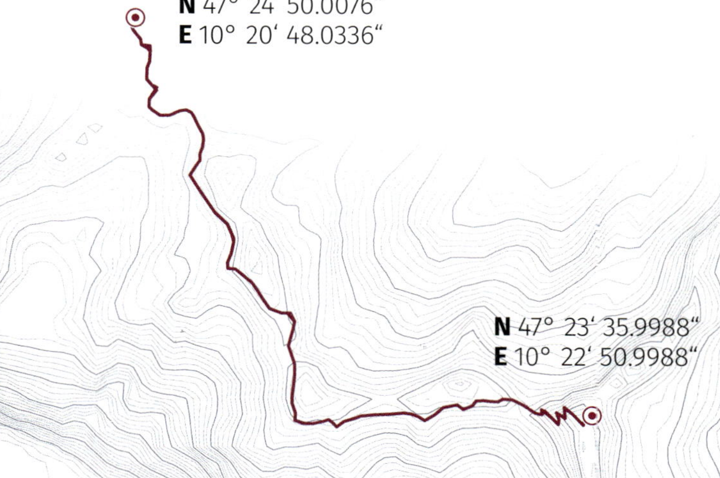

INHALT UND TOURENÜBERSICHT

AUFTAKT

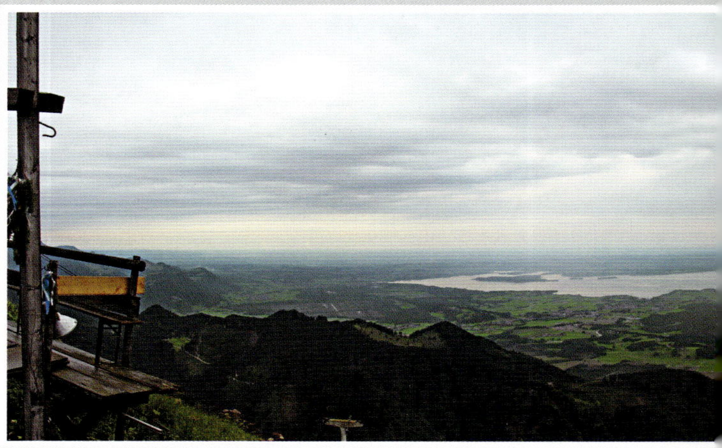

Der wunderbare Panoramablick vom Hochfelln Richtung Chiemsee und Alpenvorland

ANHANG

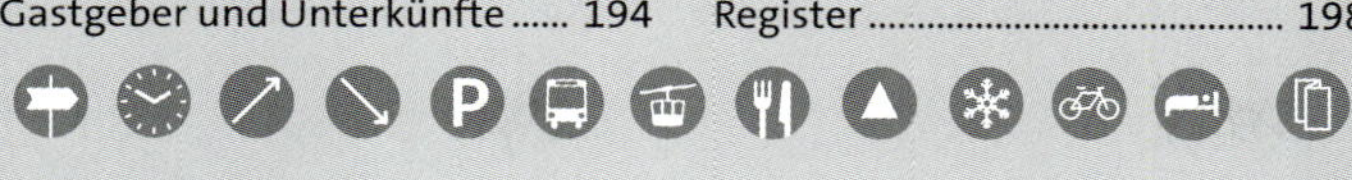

km	h	hm	hm									Karte
19,8	6:15	392	385	✓	✓		✓		✓		✓	2507
18,2	7:15	1100	689	✓	✓		✓				✓	2507
10,8	4:30	1041	572	✓	✓	✓	✓	✓			✓	2507
17,2	6:30	408	1379	✓	✓	✓	✓	✓			✓	2507
15,9	5:15	507	482	✓	✓		✓				✓	2507
23,2	6:15	572	794	✓	✓		✓				✓	2507
16,3	5:30	696	556	✓	✓						✓	2507

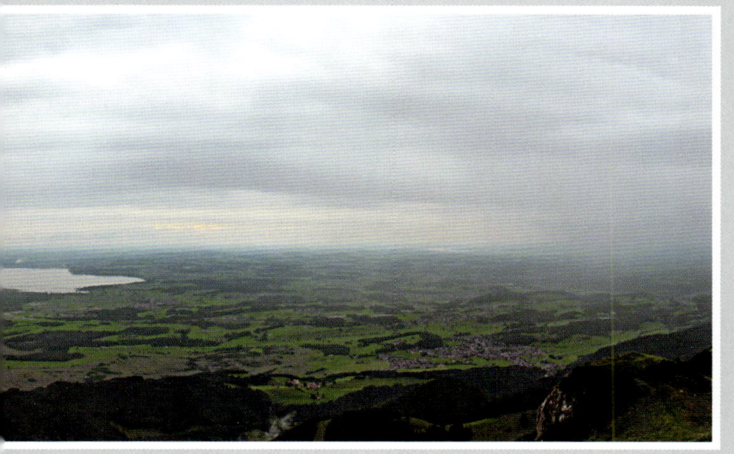

INHALT UND TOURENÜBERSICHT

km	h	hm	hm									Karte
18,6	6:00	721	682	✓	✓						✓	2507
17,8	7:15	1178	1220	✓	✓		✓	✓			✓	2507
18,8	6:30	851	742	✓	✓						✓	2507
14,6	5:15	621	852	✓	✓		✓				✓	2507
13	4:15	393	392	✓	✓						✓	2507
16,8	6:15	761	516	✓	✓		✓	✓			✓	2507
14,1	7:10	1209	1164	✓	✓	✓	✓				✓	2507
10,85	6:15	1269	514	✓	✓	✓	✓	✓			✓	2507
9,1	3:15	117	903	✓	✓	✓					✓	2507
13,9	7:15	983	1216	✓	✓		✓				✓	2507
16,9	5:45	668	642	✓	✓	✓	✓				✓	2507
50	18:30	2699	2699	✓	✓	✓	✓	✓			✓	10
13	5:00	711	711	✓	✓		✓				✓	792
9,4	4:00	624	624	✓	✓						✓	792
14,7	6:00	980	980	✓	✓	✓	✓	✓			✓	16
16,5	6:00	1128	1081	✓	✓	✓	✓	✓			✓	14
17,7	7:45	900	900	✓			✓				✓	14
10,9	5:15	983	976	✓	✓		✓				✓	794
7,2	3:30	612	612	✓	✓						✓	794
8,7	3:15	578	578	✓			✓				✓	794
9	3:45	588	588	✓		✓		✓			✓	794
15,7	5:15	734	734	✓	✓		✓				✓	794
13,1	5:15	929	929	✓	✓		✓	✓			✓	794
7,5	3:00	416	416	✓	✓		✓				✓	794

INHALT UND TOURENÜBERSICHT

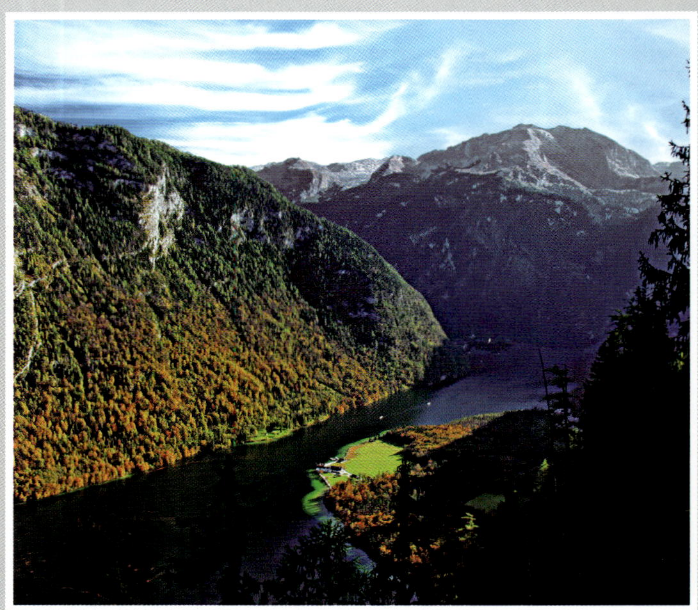

Blick vom Grünstein hinunter zum Königssee

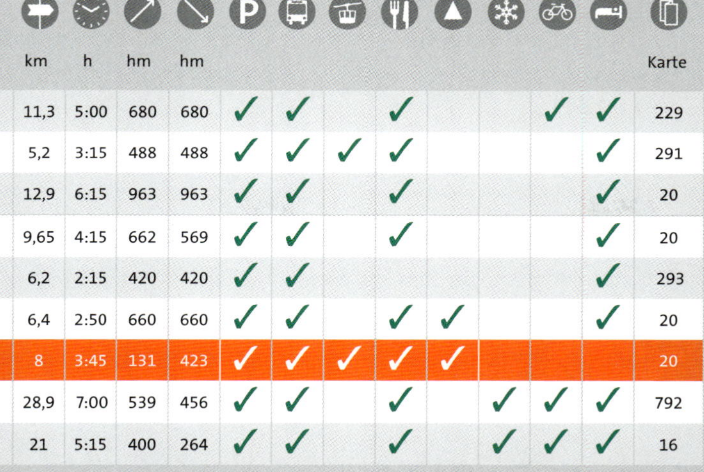

km	h	hm	hm									Karte
11,3	5:00	680	680	✓	✓		✓			✓	✓	229
5,2	3:15	488	488	✓	✓	✓	✓				✓	291
12,9	6:15	963	963	✓	✓		✓				✓	20
9,65	4:15	662	569	✓	✓		✓				✓	20
6,2	2:15	420	420	✓	✓						✓	293
6,4	2:50	660	660	✓	✓		✓	✓			✓	20
8	3:45	131	423	✓	✓	✓	✓	✓				20
28,9	7:00	539	456	✓	✓		✓		✓	✓	✓	792
21	5:15	400	264	✓	✓		✓		✓	✓	✓	16

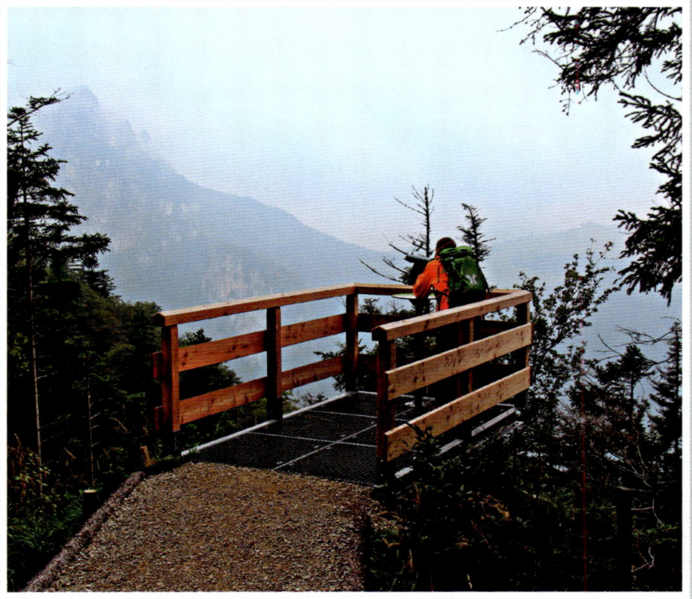

Aussichtspunkt am Großen Staffen

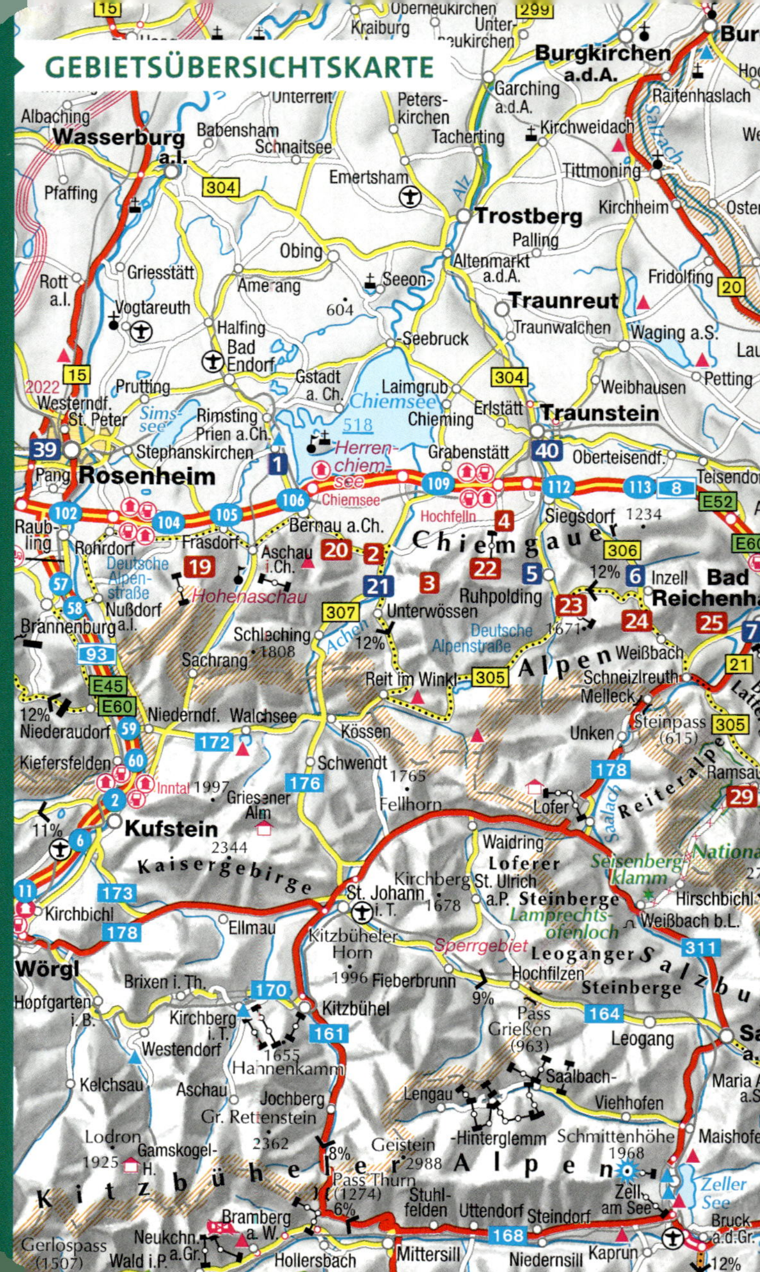
GEBIETSÜBERSICHTSKARTE
Wasserburg a.I.
Albaching
Babensham
Schnaitsee
Unterreit
Peterskirchen
Kraiburg
Oberneukirchen
Unterneukirchen
Burgkirchen a.d.A.
Garching a.d.A.
Tacherting
Kirchweidach
Raitenhaslach
Emertsham
Tittmoning
Kirchheim
Pfaffing
Trostberg
Palling
Obing
Altenmarkt a.d.A.
Fridolfing
Griesstätt
Amerang
Seeon
604
Traunreut
Traunwalchen
Waging a.S.
Rott a.I.
Vogtareuth
Halfing
Bad Endorf
Seebruck
Prutting
Gstadt a. Ch.
Laimgrub
Chiemsee
Chieming
Erlstätt
Weibhausen
Petting
Traunstein
Westerndf. St. Peter
Simssee
Rimsting
Prien a.Ch.
518
Herrenchiemsee
Grabenstätt
Oberteisendf.
Teisendorf
Stephanskirchen
Rosenheim
Pang
Chiemsee
Hochfelln
Siegsdorf
1234
Raubling
Rohrdorf
Frasdorf
Bernau a.Ch.
Aschau i.Ch.
Chiemgauer
Deutsche Alpenstraße
Hohenaschau
Nußdorf
Unterwössen
Ruhpolding
Inzell
Bad Reichenhall
Brannenburg a.I.
Schleching
1808
Sachrang
Achen
12%
Deutsche Alpenstraße
1671
Weißbach
Reit im Winkl
Alpen
Schneizlreuth
Melleck
Lattengebirge
Niederaudorf
Niederndf.
Walchsee
Kössen
Unken
Steinpass (615)
Kiefersfelden
Schwendt
1765
Ramsau
Inntal
1997
Griesener Alm
Fellhorn
Lofer
Reiteralpe
11%
Kufstein
2344
Saalach
Kaisergebirge
Waidring
Loferer Steinberge
Seisenbergklamm
Nationalpark
Kirchberg
St. Ulrich a.P.
St. Johann i. T.
1678
Hirschbichl
Lamprechtsofenloch
Weißbach b.L.
Kirchbichl
Ellmau
Kitzbüheler Horn
Sperrgebiet
Leoganger Steinberge
Salzburg
Wörgl
1996
Fieberbrunn
Hochfilzen
Brixen i. Th.
9%
Hopfgarten i. B.
Kirchberg i. T.
Kitzbühel
Pass Grießen (963)
Leogang
Saalfelden a.St.
Westendorf
1655
Hahnenkamm
Saalbach-Hinterglemm
Lengau
Kelchsau
Aschau
Jochberg
Viehhofen
Maria Alm a.St.
Gr. Rettenstein
Lodron
1925
Gamskogel-H.
2362
8%
Geistein
2988
Schmittenhöhe
1968
Maishofen
Kitzbüheler Alpen
Pass Thurn (1274)
6%
Stuhlfelden
Uttendorf
Steindorf
Zell am See
Zeller See
Bramberg a. W.
Bruck a.d.Gr.
Gerlospass (1507)
Neukchn. a.Gr.
Wald i.P.
Hollersbach
Mittersill
Niedernsill
Kaprun
12%
2022

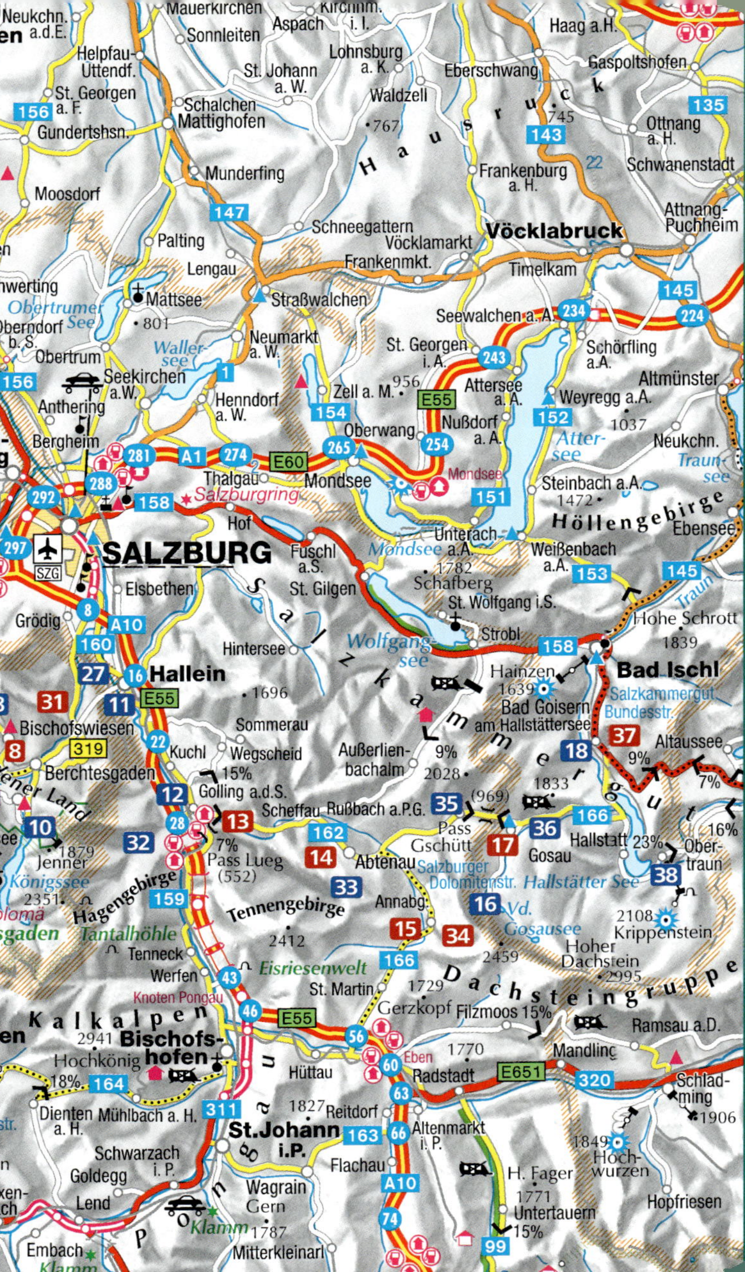

DAS GEBIET

Das Chiemsee-Alpenland

Prien am Chiemsee und Bernau am Chiemsee

Als Zeitzeugen könnte man die Vielzahl an natürlichen Seen im Alpenvorland und rund um den Chiemsee einschließlich dem selbigen bezeichnen.

Geprägt durch die Gletscherbewegungen der jüngsten Kaltzeit, der Würm-Kaltzeit, liegen unter anderem der Simssee und der Chiemsee in einer Jungmoränenlandschaft, die aus einem Land vor unserer Zeit erzählt. Das „Bayerische Meer", wie der Chiemsee auch genannt wird, ist der größte See Bayerns und wird vor allem durch die Tiroler Achen gespeist. Durch seine üppige Flora und Fauna, seine naturbelassenen Gebiete und nicht zuletzt durch die Herren- und die Fraueninsel, ist das Chiemsee-Alpenland Anziehungspunkt vieler Urlauber und Naturliebhaber.

Von Prien am Chiemsee oder Bernau-Felden lohnt eine Fahrt mit dem Schiff der Chiemsee-Schifffahrt zu den beiden Inseln einschließlich des Königsschlosses Herrenchiemsee und des Benediktinerinnenklosters.

Der Chiemgau

Grassau, Marquartstein, Traunstein, Bergen, Siegsdorf, Ruhpolding und Inzell

Vom Alpenvorland über bewaldete Höhenrücken bis hin zu schroffen Felswänden hat der Chiemgau alles zu bieten. So lässt sich hier an verwunschenen Orten, einsamen Wanderwegen, kühlen Wasserfällen, hier ist für jeden Wanderer das Richtige dabei. Ob das Naturschutzgebiet Kendlmühlfilzen bei Grassau, die Luftkurorte Marquartstein und Bergen oder Traunstein und Siegsdorf mit der „ältesten Pipeline der Welt": Im Chiemgau gibt es eine

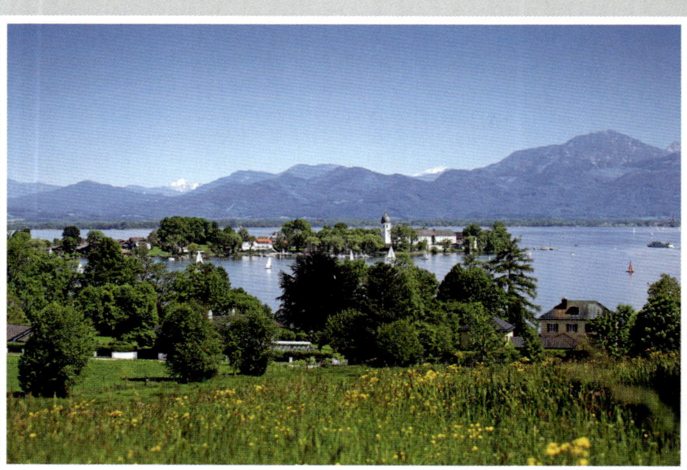

Blick auf den Chiemsee mit der Bergpracht im Hintergrund

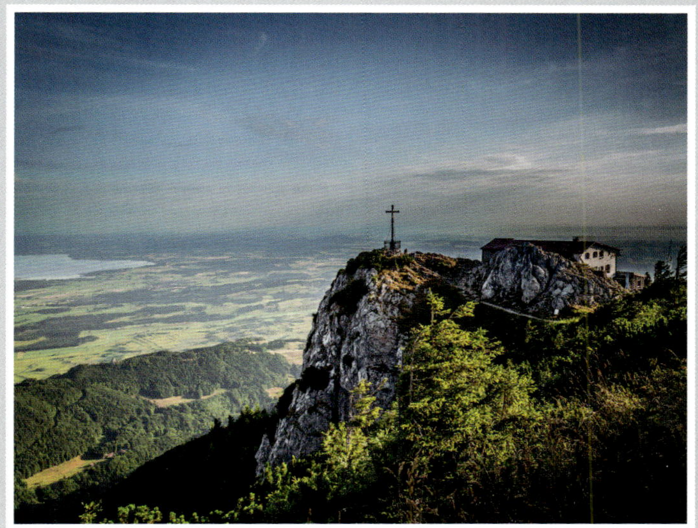

Panoramablick von Hochfelln-Gipfel

jahrhundertealte Kultur- und Naturlandschaft zu entdecken. Im Westen vom bayerischen Inntal durch die Hochries begrenzt, im Osten zieht die Rote Traun die Grenze zu den Berchtesgadener Bergen und im Süden dient als Abgrenzung die Landesgrenze zwischen Deutschland und Österreich, mit z. B. dem Sonntagshorn als eindrucksvolle Erhebung.

Das Berchtesgadener Land

Berchtesgaden, Schönau a. Königssee, Ramsau, Bischofswiesen, Marktschellenberg, Bayerisch Gmain und Bad Reichenhall

Königssee – Watzmann – unberührte Natur: Das sind Begrifflichkeiten, die man unweigerlich mit dem Berchtesgadener Land verbindet. Im Osten der bayerischen Alpen, nur etwa 20 Kilometer von Salzburg entfernt geben sich hochalpine Gebirgszüge, tiefe Gebirgsseen und weite Täler mit Kulturgeschichte und Brauchtum die Hand. Als Teil der Nördlichen Kalkalpen trägt der vorherrschende Dachsteinkalk mit seiner starken Verkarstung zur Höhlenbildung, vor allem am Untersberg, bei.

Der einzige deutsche Nationalpark in den Alpen – der Berchtesgadener Nationalpark – bietet hierbei einen ganz besonderen Erholungsraum für Mensch, Tier und Natur. Das Bayerische Staatsbad Bad Reichenhall mit der Alten Saline und das Salzbergwerk Berchtesgaden stehen repräsentativ für die Geschichte der Salzgewinnung in dieser Region.

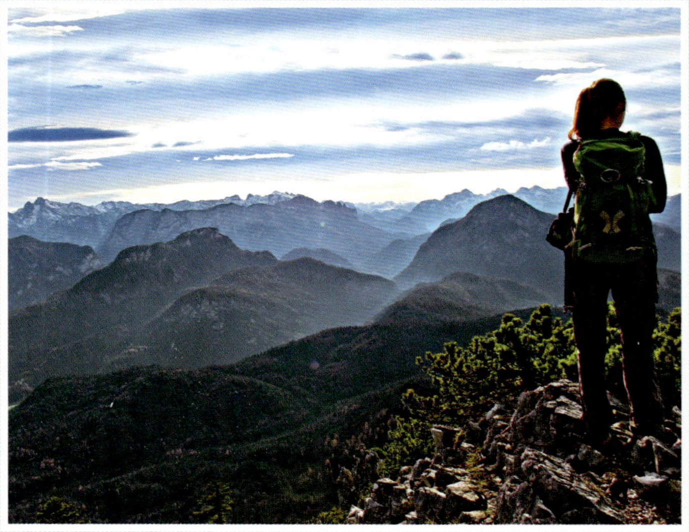

Blick vom Hochstaufenmassiv Richtung Nationalpark

Der Salzburger Tennengau

Abtenau, Annaberg-Lungötz, Golling an der Salzach, Hallein/ Bad Dürrnberg, Kuchl, Russbach am Pass Gschütt und Scheffau am Tennengebirge

Die „Genuss & Erlebnis Region" Tennengau liegt zwischen Salzburg und Dachstein, umfasst Teile der Nördlichen Kalkalpen und schafft einen Übergang vom Hügelland ins Hochgebirge. Von zahlreichen Aussichtspunkten hat man einen wunderbaren Rundumblick auf die sich darbietende Bergpracht.

Ob Keltenmuseum, Sommerrodelbahn, Salzbergwerk, Schluchten und Wasserfälle, Wellness und Erholung oder besondere Gaumenfreuden: Es ist im Tennengau noch nie langweilig geworden.

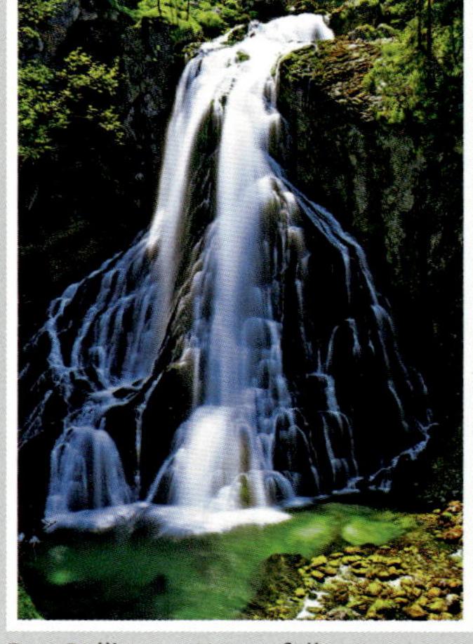

Der Gollinger Wasserfall

Salz – Das „Weiße Gold“

Als „Weißes Gold" wurde Salz lange Zeit höher gehandelt als das heute so wertvolle Edelmetall. Mittlerweile ist Salz einfach und günstig für jedermann zu haben, vor Jahrtausenden allerdings verhielt sich das anders: Um 600 vor Chr. wurde im ältesten Salzbergwerk der Welt, dem Salzbergwerk Hallstatt, bereits Salz abgebaut. Auch im Bergbau auf dem Dürrnberg bei Hallein haben die Kelten schon vor Christi Geburt mit dem Untertagebau begonnen und um 1517 wurde das Salzbergwerk Berchtesgaden eröffnet. In faustgroßen Brocken wurde das Salz in Beuteln aus dem Bergwerk getragen und so entwickelte es sich im Laufe der Zeit zu einer wichtigen Einnahmequelle von Erzbischöfen, Herzogtümern und Handelsleuten und verhalf zu Reichtum und Wohlstand. Heutzutage kann man in Museen wie der Alten Saline in Bad Reichenhall und in Schaubergwerken wie Berchtesgaden, Hallein und Hallstatt Untertage fahren und sich die Geschichte des Salzes quasi auf der Zunge zergehen lassen.

Dachstein – Salzkammergut

Bad Goisern, Gosau, Hallstatt und Obertraun

Geprägt ist das UNESCO-Weltkulturerbegebiet von dem majestätischen Hohen Dachstein, der mit seinem weißen Gipfel über dieses Gebiet wacht. Aber nicht nur der Dachstein, auch der Vordere Gosausee und Hallstätter See tragen mit ihrer Schönheit zum bewegenden Gesamtbild bei. Das Innere Salzkammergut ist mit dem UNESCO-Welterbeort Hallstatt und dem weltweit ältesten Salzbergwerk seit Jahrtausenden eine lebendige Kulturlandschaft.

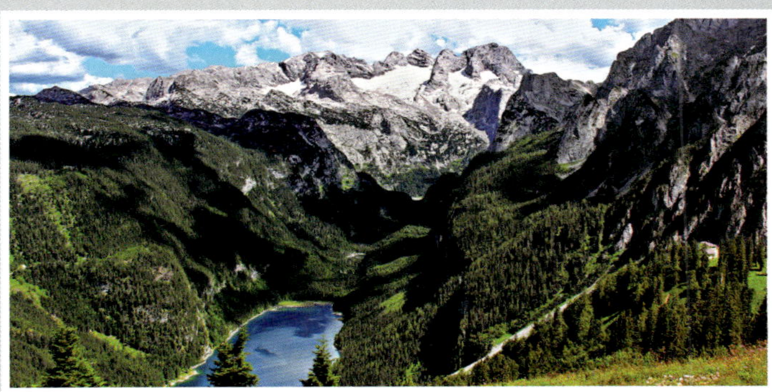

Ausblick auf den Vorderen Gosausee mit dem Hohen Dachstein im Hintergrund

ALLGEMEINE TOURENHINWEISE

SCHWIERIGKEITSGRADE

■ LEICHT

Die Wege sind gut angelegt, ausreichend breit und nur mäßig steil und somit auch bei schlechterem Wetter relativ gefahrlos zu begehen. Etwas längere Strecken und kleinere Anstiege sind dennoch nicht auszuschließen. Meist auch gut für Kinder und ältere Menschen geeignet. Festes Schuhwerk sollte dennoch nicht fehlen.

■ MITTEL

Die Wege können bereits schmal und steiler sein. Auch hochalpines, felsiges Gelände mit zum Teil drahtseilversicherten Wegabschnitten ist nicht auszuschließen.
Trittsicherheit, festes Schuhwerk und ein Mindestmaß an alpiner Erfahrung werden vorausgesetzt.

HINWEISE

Schwierigkeitsbewertungen und die Angabe von Gehzeiten dienen nur als Richtwerte. Individuelle Voraussetzungen sollten immer berücksichtigt und in die Planung miteinbezogen werden. So gilt es auch das Wetter als potenzielle Gefahr, gerade in den Bergen, im Vorhinein zu beobachten.

WEGMARKIERUNGEN

Alle Wege, ob Etappe, Tour oder Weg, sind mit dem unverwechselbaren Wanderleitsystem markiert. Grüne, blaue oder rote Berge auf gelbem Hintergrund leiten verlässlich ans Ziel.

ÖFFNUNGSZEITEN

Die Betriebszeiten von Seilbahnen und die Öffnungszeiten von Hütten und Almen variieren saisonal bedingt. Bitte informieren Sie sich vorab über Übernachtungs- und Einkehrmöglichkeiten, siehe hierzu auch das Übernachtungsverzeichnis im Anhang.

DAS WANDERLEITSYSTEM

Neben der ortsüblichen gelben Beschilderung sind am gesamten Wegverlauf zusätzliche Markierungen angebracht. Das unverwechselbare Markierungszeichen – drei Berge auf gelben Hintergrund – erleichtert die Orientierung enorm.

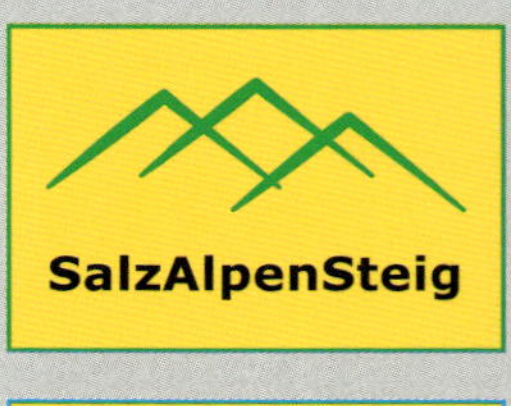

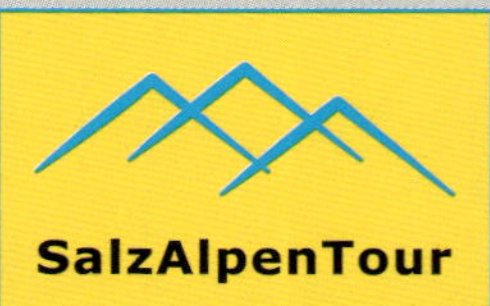

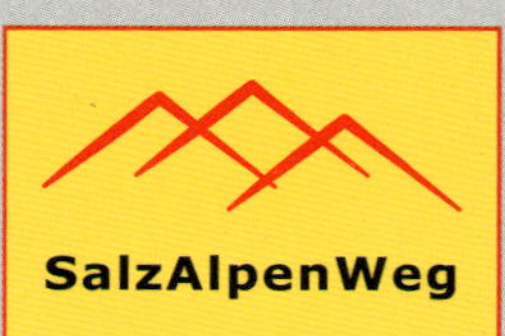

MEINE LIEBLINGSTOUR

Fast unmöglich ist das Festlegen auf eine bestimmte Lieblingstour, da das Erlebnis einer Wanderung vor allem mit dem Wetter steht und fällt. Besonderes Glück hatte ich diesen verregneten Sommer auf der Wanderung am Krippenstein. Ein herrlich blauer Himmel strahlte an diesem Tag und der Blick Richtung Hohen Dachstein auf der einen Seite und hinunter zum Hallstätter See auf der anderen Seite war grandios. Die Wanderung ist von der gemütlichen Sorte und führt zur Hälfte direkt über die Karsthochebene, was dem Ganzen einen außergewöhnlichen Touch verleiht. Da die Tour nicht allzu lange dauert, hat man zusätzlich Zeit, entweder den atemberaubenden Ausblick zu genießen, an einer Führung durch eine der Höhlen teilzunehmen oder einen Nachmittagssprung ins Nass des Hallstätter Sees zu wagen.

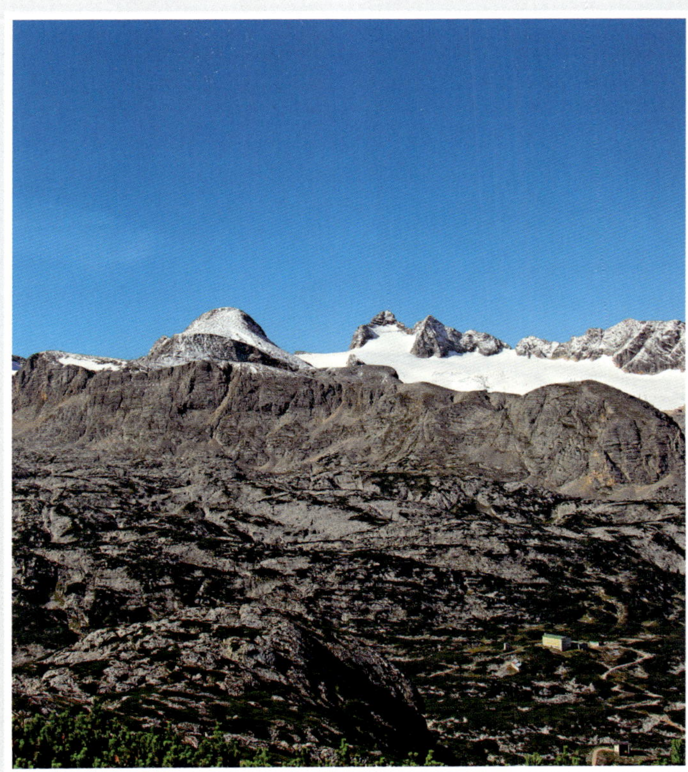

Blick vom Krippenstein zum Hohen Dachstein

MEINE HIGHLIGHTS

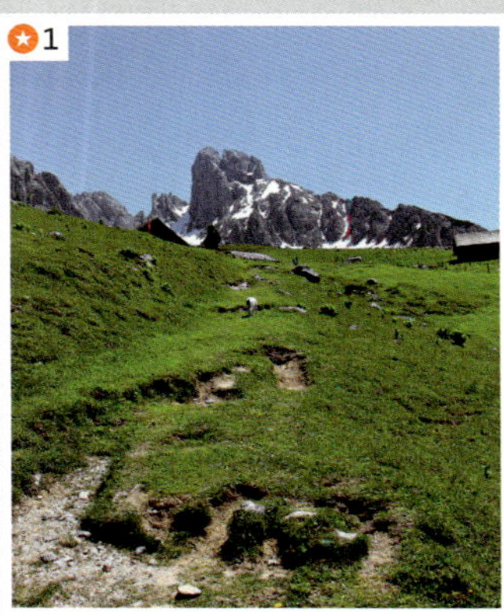
1

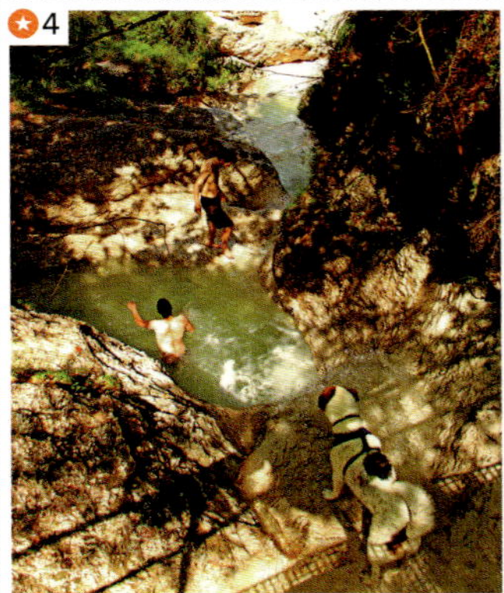
4

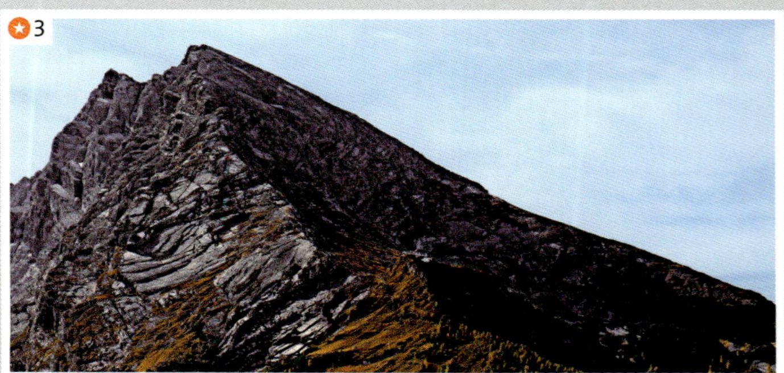
3

- **1: Der anstrengende Aufstieg zur Stuhlalm mit Blick zur Bischofsmütze**
  → Etappe 15,
  Tour 35, Seite 91
- **2: Wanderung von der Kührointhütte zum Aussichtspunkt Archenkanzel**
  → Tour 30, Seite 149
- **3: Der Blick vom Grünsteingipfel hinüber zum Watzmannhaus**
  → Etappe 9, Tour 30, Seite 30
- **4: Gumpenspringen auf der Gmainer Rundtour**
  → Tour 26, Seite 137
- **5: Das Wasser der Bluntauseen ist so klar, dass man der Forelle direkt ins Auge schaut**
  → Tour 33, Seite 160

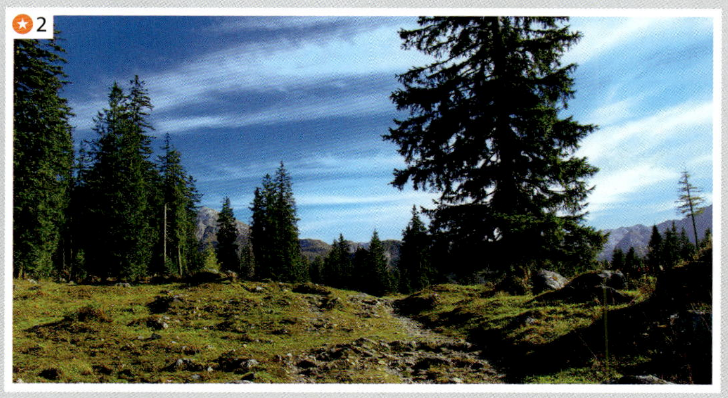

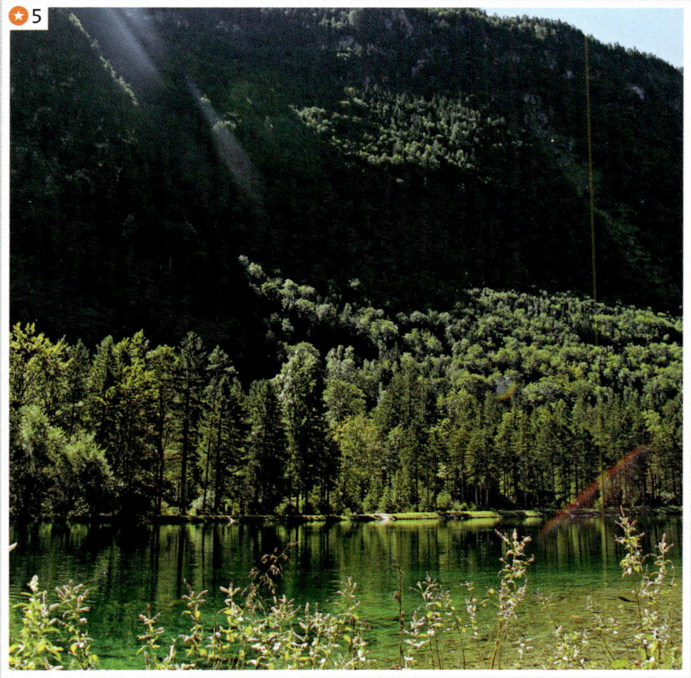

5

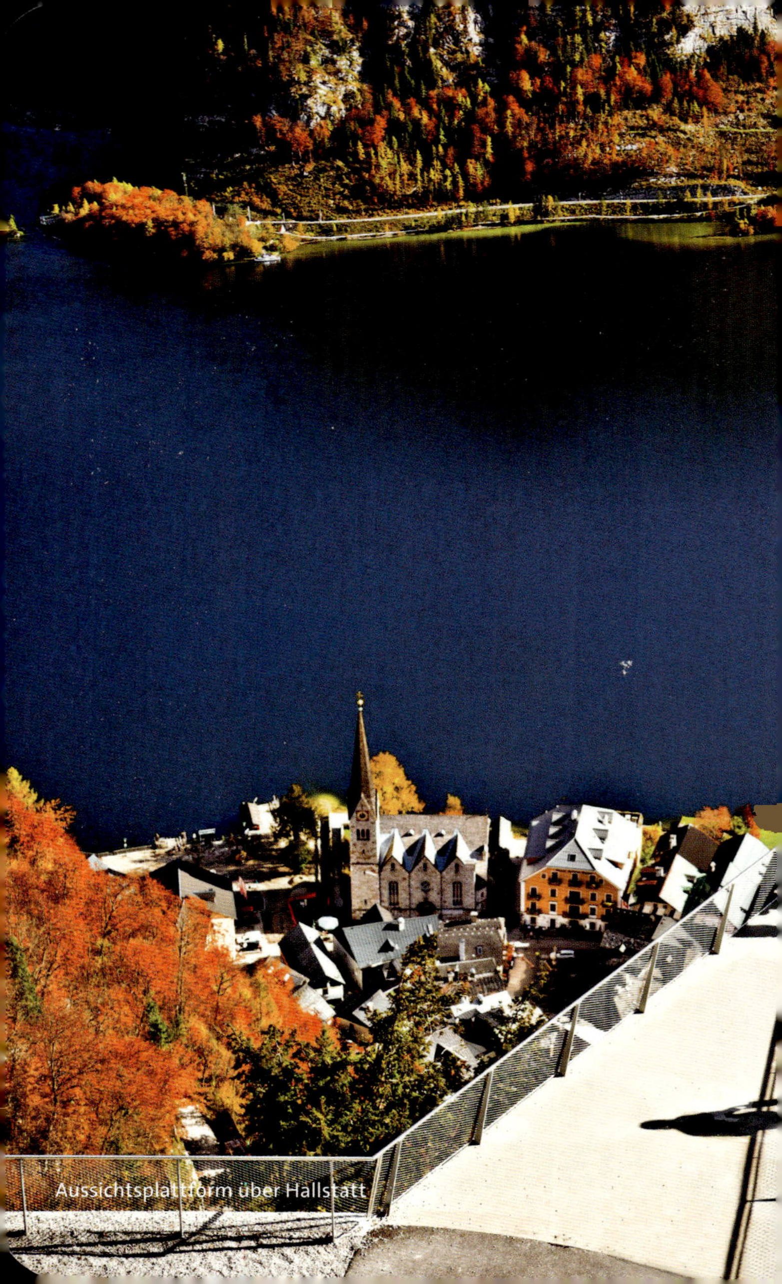

Aussichtsplattform über Hallstatt

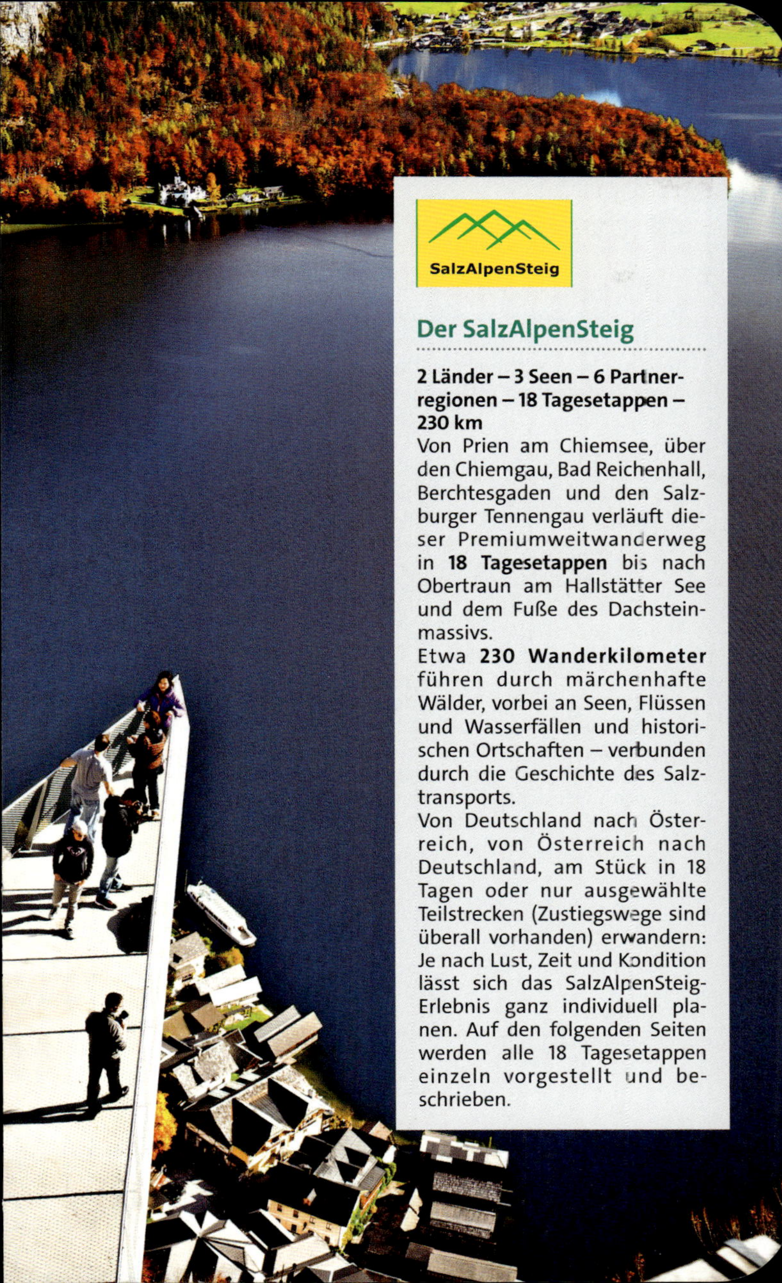

Der SalzAlpenSteig

2 Länder – 3 Seen – 6 Partnerregionen – 18 Tagesetappen – 230 km

Von Prien am Chiemsee, über den Chiemgau, Bad Reichenhall, Berchtesgaden und den Salzburger Tennengau verläuft dieser Premiumweitwanderweg in **18 Tagesetappen** bis nach Obertraun am Hallstätter See und dem Fuße des Dachsteinmassivs.

Etwa **230 Wanderkilometer** führen durch märchenhafte Wälder, vorbei an Seen, Flüssen und Wasserfällen und historischen Ortschaften – verbunden durch die Geschichte des Salztransports.

Von Deutschland nach Österreich, von Österreich nach Deutschland, am Stück in 18 Tagen oder nur ausgewählte Teilstrecken (Zustiegswege sind überall vorhanden) erwandern: Je nach Lust, Zeit und Kondition lässt sich das SalzAlpenSteig-Erlebnis ganz individuell planen. Auf den folgenden Seiten werden alle 18 Tagesetappen einzeln vorgestellt und beschrieben.

1

VON PRIEN AM CHIEMSEE NACH GRASSAU

Durch Moorlandschaften, Wälder und über Almen

 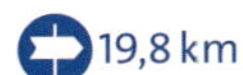 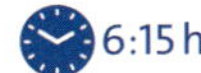 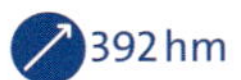 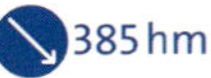 

19,8 km | 6:15 h | 392 hm | 385 hm | 2507

START | Bahnhof Prien am Chiemsee
[GPS: UTM Zone 33 x: 301.579 m y: 5.303.587 m]
CHARAKTER | Leichte und für den Einstieg bestens geeignete Tour auf breiten Wegen, entlang heimischer Gewässer, durch Moorlandschaften, Wälder und über Almen.

Die erste Etappe des SalzAlpen-Steigs führt uns von Prien am Chiemsee, am See vorbei in die schönen Wälder oberhalb von Rottau bis hinunter nach Grassau. Der Start am schönen Chiemsee stimmt uns in freudige Erwartung auf die kommenden Etappen.

Zum Gasthaus: Vom Bahnhof 01 zuerst entlang der Gleise, an der evangelischen Kirche vorbei und über den Herrnberg. Mit Blick auf den Chiemsee geht es weiter, durch Ernsdorf hindurch, bis ins **Harrasser Moos**. Auf dem schön angelegten Wanderweg folgen wir der Beschilderung, erst entlang von Wiesen und anschließend durch den Wald. Entlang einer Birkenallee unterqueren wir die A 8 und folgen der Bernauer Achen mit ihren zahlreichen Info-Schildern zu den heimischen Fischarten.
Am Übergang vom **Harrasser Moss** zum **Trattmoos** gelangen wir an den **Chiemsee**. Die Masten der zu Anker liegenden Segelboote zeigen das bekannte Bild des Chiemsees und Bänke laden zum

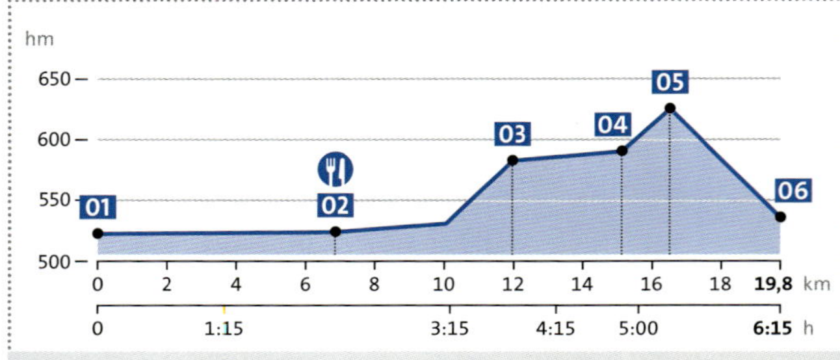

01 Bahnhof in Prien am Chiemsee, 517 m; 02 Gasthaus „Zum Fischer am See", 520 m; 03 Bergham, 580 m; 04 Lichtung bei Rottau, 590 m; 05 Sandkasten am Grießenbach, 626 m; 06 Tourist-Information Grassau, 540 m

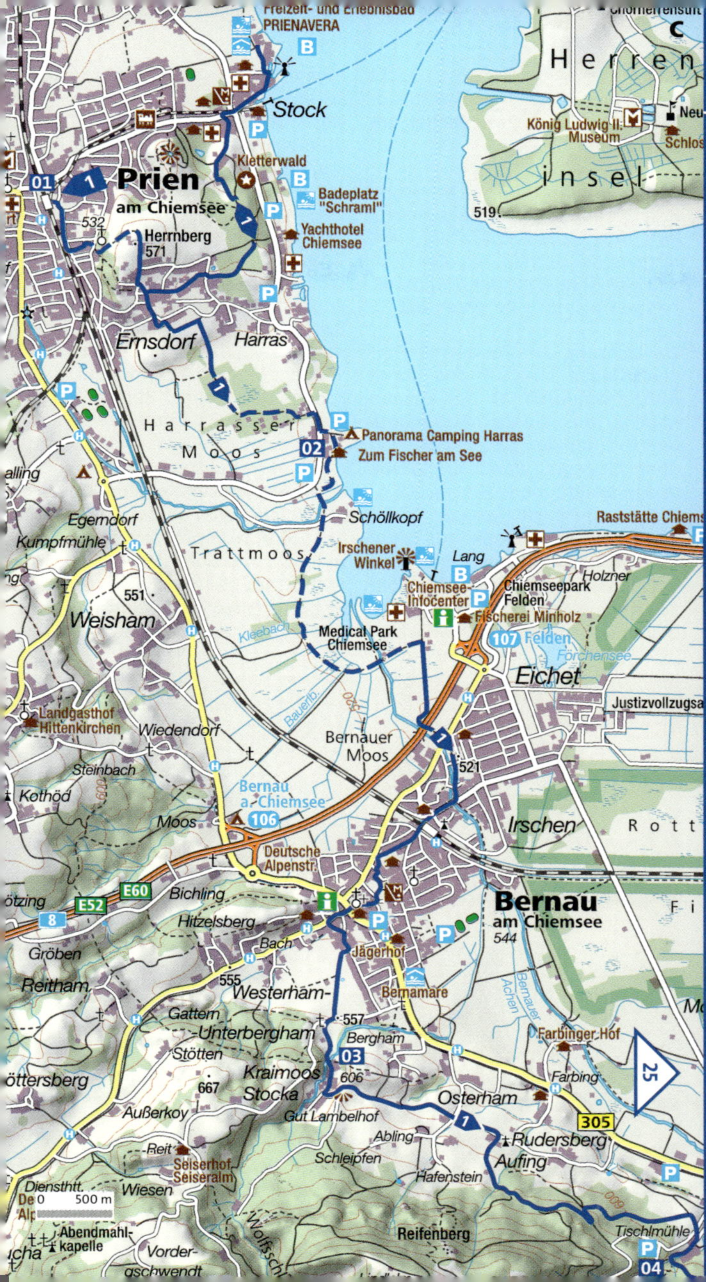

Freizeit- und Erlebnisbad PRIENAVERA
Herreninsel
König Ludwig II. Museum
Stock
Kletterwald
Prien am Chiemsee
Badeplatz "Schraml"
Herrnberg 571
Yachthotel Chiemsee
Ernsdorf
Harras
Harrasser Moos
Panorama Camping Harras
Zum Fischer am See
Schöllkopf
Irschener Winkel
Lang
Chiemsee-Infocenter
Medical Park Chiemsee
Fischerei Minholz
Chiemseepark Felden
Holzner
Felden
Förchensee
Eichet
Raststätte Chiemsee
Justizvollzugsanstalt
Trattmoos
Egerndorf
Kumpfmühle
Weisham
Landgasthof Hittenkirchen
Wiedendorf
Bernauer Moos
Steinbach
Kothöd
Moos
Bernau a. Chiemsee
Deutsche Alpenstr.
Irschen
Bernau am Chiemsee 544
Bichling
Hitzelsberg
Bach
Jägerhof
Gröben
Reitham
Westerham
Bernamare
Gattern
Unterbergham
Bergham
Stötten
Kraimoos
Stocka
Farbinger Hof
Farbing
Osterham
Gut Lambelhof
Abling
Rudersberg
Aufing
Schleipfen
Hafenstein
Reit
Seiserhof Seiseralm
Wiesen
Abendmahlkapelle
Reifenberg
Tischlmühle
Vorderaschwendt
0 500 m

Rasten ein. Frischer Fisch lockt außerdem zu einer größeren Pause im Gasthof **„Zum Fischer am See“** 02.

Nach Bergham: Bis nach Irschen hinein und unter den Bahngleisen hindurch laufen wir durch den Kurpark in Bernau, an der Tourist-Info links Richtung Kraimoos, bergauf bis nach **Bergham** 03 hinein.

Zur Lichtung: Der Forststraße folgend, leicht bergauf und durch Aufing hindurch, an der kleinen Kapelle mit SalzAlpenSteig-Bank rechts durch den Bauernhof nach oben abbiegen, durch die Weide in den Wald hinein. Bis nach Rottau wieder leicht bergab, schlagen wir eine Schleife aus dem Wald hinaus, um anschließend leicht ansteigend wieder im Wald zu verschwinden. Die **Lichtung** 04 bietet sich mit einer Bank unter einem Baum super für eine Pause an.

Nach Grassau: Weiter auf einem Wanderweg durch den Wald gelangen wir an einen Schnittpunkt mit der SalzAlpenTour „Über die Grassauer Almen“. Wir nehmen den Weg links bergab Richtung **Brunnhaus Klaushäusl – Museum Salz & Moor**. Vorbei am sogenannten **Sandkasten am Grießenbach** 05, nehmen wir nicht die Abzweigung zum Museum, sondern bleiben im Wald und umrunden den Einöder Berg (918 m), bis wir ein Stück bergan an einen Weidezaun gelangen. Wir nutzen die Bankvorrichtung, steigen über den Zaun, umrunden die Almwiese und gelangen an den Parkplatz am **„Strehtrumpf“**. Von hier nehmen wir die Forststraße bergab, vorbei am Bergbad Biotop und Feldern bis zur Kirche und Tourist-Information in Grassau 06.

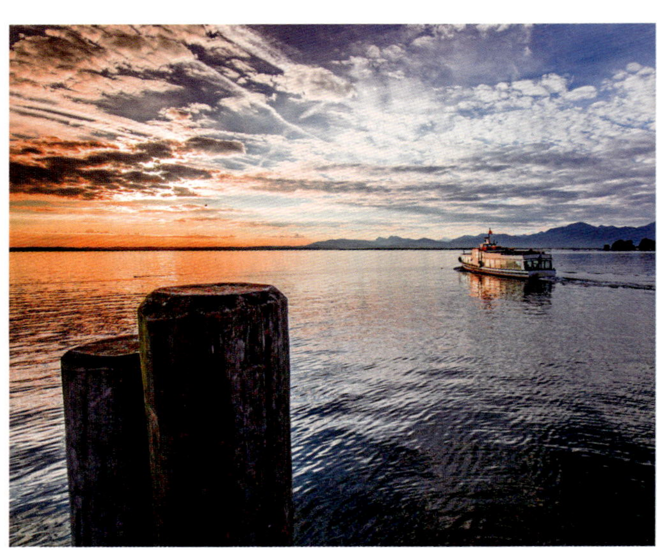

Der Chiemsee

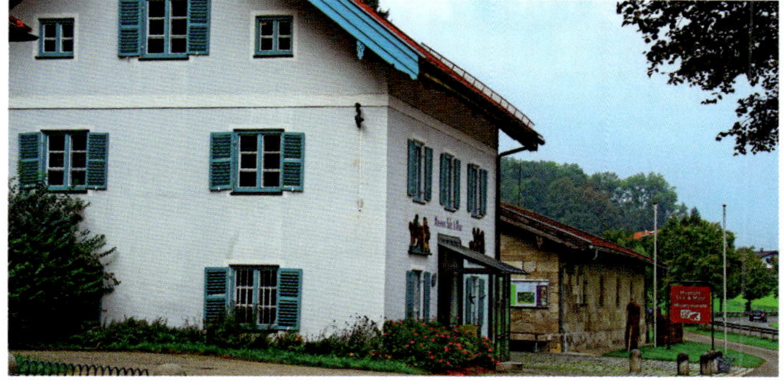

Das Museum Salz & Moor

Das Museum Salz & Moor

Von 1810 bis 1958 transportierte die Pumpstation Salzwasser von Reichenhall und Berchtesgaden zur Salzherstellung nach Rosenheim. Seit 1995 wird im Museum „Salz & Moor“ die Soleleitung mit ihren Brunnhäusern als ein besonderes Zeugnis der bayerischen Technik- und Wirtschaftsgeschichte zu Beginn des 19. Jhds. dargestellt. Das in der ehemaligen Solepumpstation „Klaushäusl“ eingerichtete Museum „Salz & Moor“ liegt direkt am SalzAlpenSteig und ist außerdem Ausgangspunkt der SalzAlpenTour „Über die Grassauer Almen“ und des Moorerlebnispfads, der durch die schöne Welt des Naturschutzgebietes Kendlmühlfilze führt.

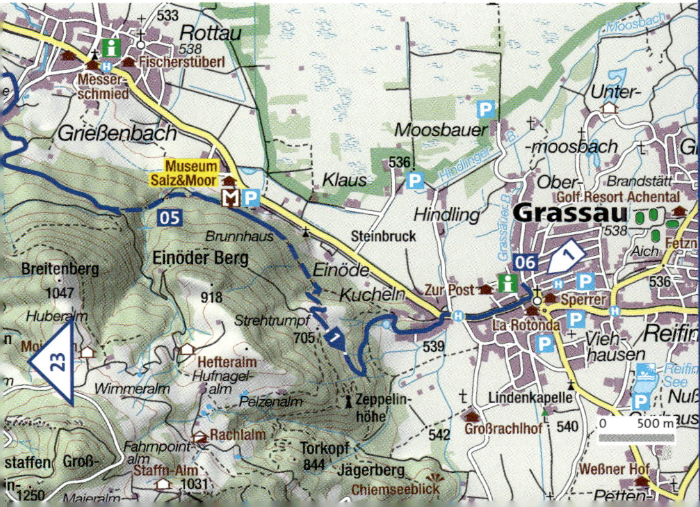

VON GRASSAU ZUR BRACHTALM

Durch Marquartstein, vorbei an Schnappenkirche und Staudacher Alm zur urigen Brachtalm

  18,2 km  7:15 h  1100 hm 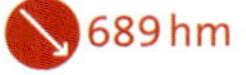 689 hm 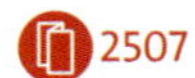 2507

START | Tourist-Information Grassau
[GPS: UTM Zone 33 x: 308.977 m y: 5.295.004 m]
CHARAKTER | Lange Tour mit ein paar Anstiegen, sonst gemütlich durch Wälder und Ortschaften und über Almen.

Schon auf der 2. Etappe des SalzAlpenSteigs ist Kondition gefragt, was aber durch einen super Ausblick auf Marquartstein, Grassau, die Hochplatte und den Chiemsee entschädigt wird.

▶ Von der **Tourist-Information in Grassau** 01 starten wir unsere Tour entlang der Hauptstraße Richtung Kucheln und biegen am „Hinterm Bichl" links ab. Vorbei am Bergbad Biotop wandern wir den Markie-

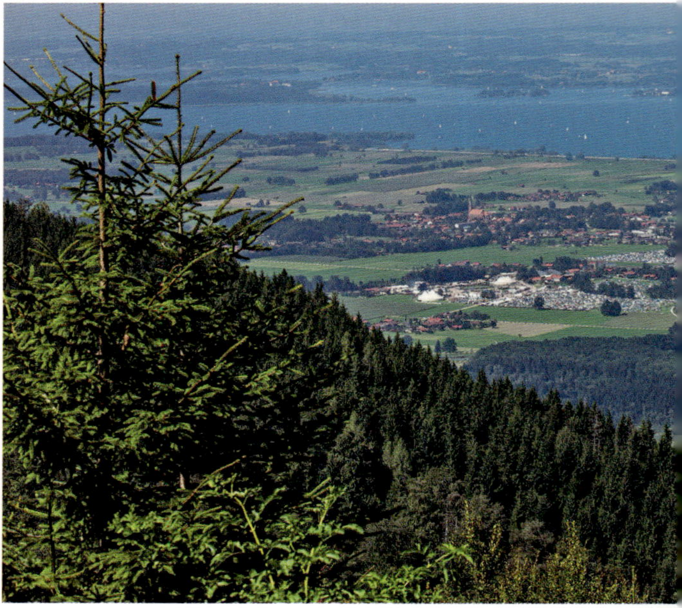

Blick auf den Chiemsee

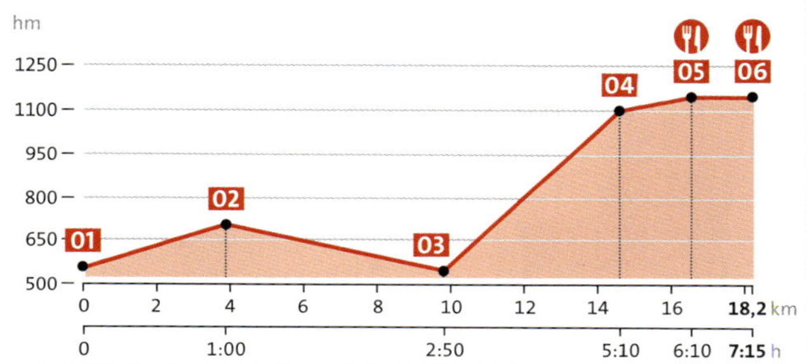

01 Tourist-Information Grassau, 538 m; 02 Zeppelinhöhe, 720 m; 03 Marquartsteiner Kirche, 545 m; 04 Schnappenkirche, 1100 m; 05 Staudacher Alm, 1150 m; 06 Brachtalm, 1150 m

rungen folgend bis zum Parkplatz „**Strehtrumpf**“ hinauf. **Nach Marquartstein:** Nun geht es bergauf durch den Wald bis zur **Zeppelinhöhe** 02. Der Stichweg zum Denkmal Zeppelinhöhe wird mit Bank und **Aussicht** auf den Chiemgau und nach Grassau hinunter be-

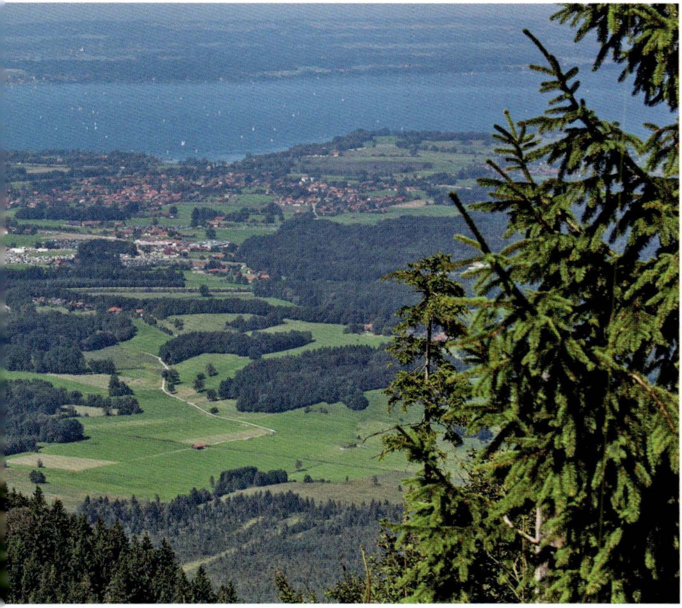

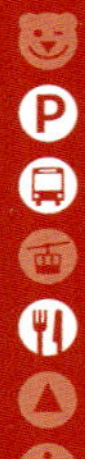

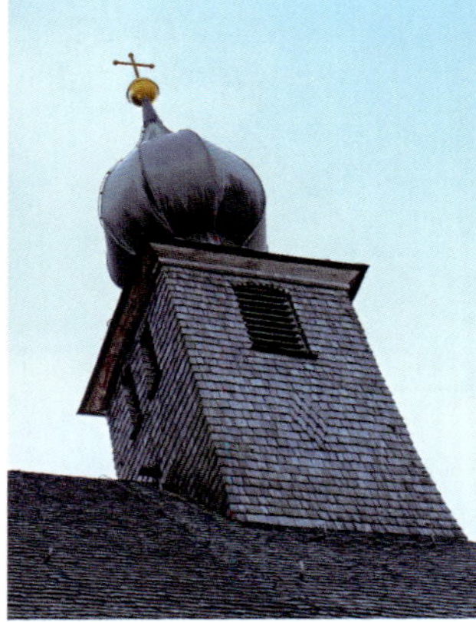

Die Schnappenkirche

lohnt. Weiter im Zickzack durch den Wald bergauf bis zur Forststraße: Von rechts kommend trifft hier die **SalzAlpenTour „Über die Grassauer Almen“** unseren Weg; wir gehen links und marschieren auf einem angenehmen Wanderweg wieder leicht bergab. Wir unterqueren den **Sessellift Hochplattenbahn** und schlängeln uns, vorbei an Bächen und Wasserfällen, immer leicht bergab, am Waldrand entlang, bis nach **Marquartstein**. Am Friedhof, der Kirche und dem Rathaus vorbei, führt uns der Weg über die Staudacher Straße und auf der Alten Dorfstraße über die Tiroler Achen, bis zur **Marquart-**

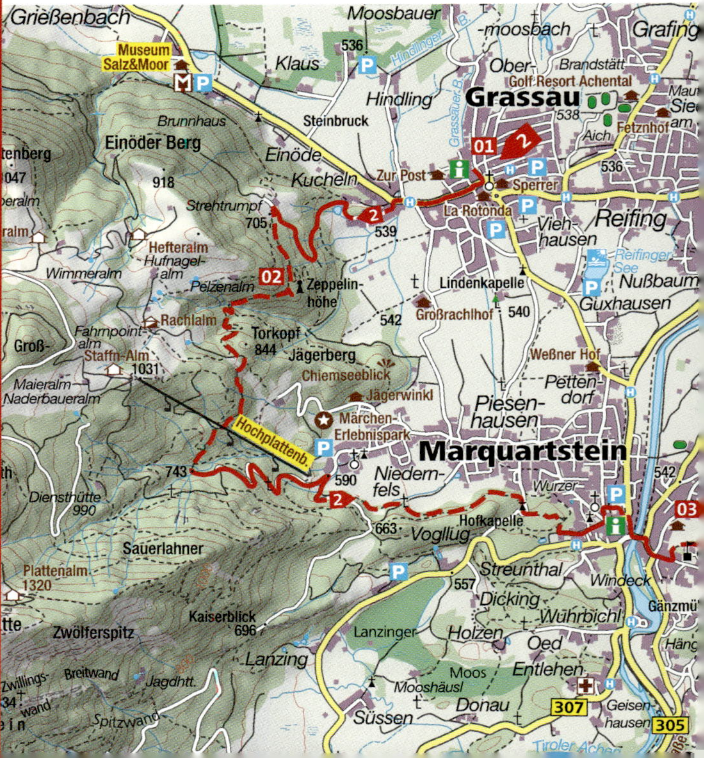

steiner Kirche **03**. **Aufstieg bis zur Schnappenkirche:** Vorbei an der Burg führt der Weg am Waldrand entlang bis zur Rechtskehre. Leicht ansteigend folgen wir ihm Richtung **Wanderparkplatz**, Schnappenkirche und Staudacher Alm. Etwas später, den Wanderparkplatz kurzerhand überquert, biegen wir links ab und machen uns auf, den Schnappenberg zu erklimmen. Auf gut ausgebautem Wanderweg durch den Wald, halten wir uns tendenziell links und folgen der SAS-Markierung Richtung Staudacher Alm und Schnappenkirche. Vorbei am **Boulderfindling Scherbenstein**, dem Weg noch eine Weile bergauf folgend, gelangen wir zum Stichweg zur **Schnappenkirche** **04**. Hier genießen wir den weiten Blick über den Chiemgau und machen eine Brotzeitpause.

Endspurt zur Brachtalm: Gestärkt sind die nächsten 1,5 Stunden eine gemütliche Runde. Nicht mehr viele Höhenmeter gilt es zu meistern, wobei sich der schöne Waldweg vorbeischlängelt an einem beeindruckenden Baumgebilde und herrlichen Ausblicken, bis man die **Staudacher Alm** **05** erreicht. Über Almwiesen mit Blick auf den berühmten Aussichtsberg Hochgern (1744 m) ist es nur noch ein Spaziergang zum Etappenziel **Brachtalm** **06**.

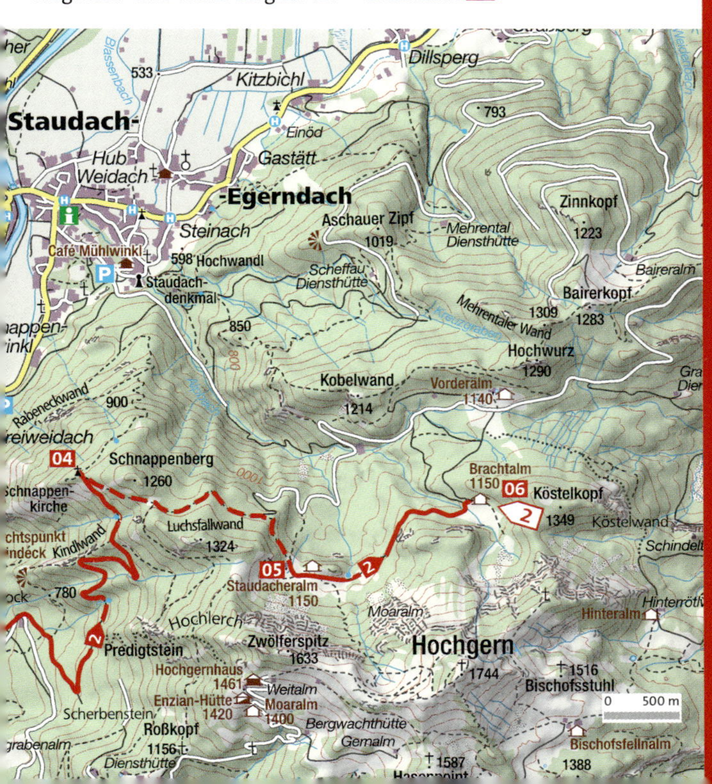

VON DER BRACHTALM NACH BERGEN

Über den Dächern des Chiemgaus

 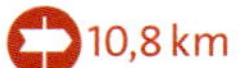 10,8 km  4:30 h  1041 hm  572 hm 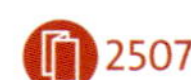 2507

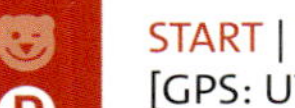

START | Brachtalm
[GPS: UTM Zone 33 x: 313.992 m y: 5.292.753 m]
CHARAKTER | Erst gemütlich bergab, dann stetig auf zum Teil etwas anspruchsvolleren Steigen wieder bergauf bis zur Aussichtsterrasse des Chiemgaus.

Nach einer gemütlichen Übernachtung auf der kleinen **Brachtalm** 01 starten wir unsere nächste Tour in Richtung Vorderalm und auf den Gipfel des Hochfelln – die Aussichtsterrasse des Chiemgaus.

Abstieg: Die ersten paar Meter gehen wir auf gekommenem Weg zurück, bevor wir gleich rechts abbiegen: Ein kleines Stückchen wandern wir durch den Wald und über das **Hochmoor** und gelangen etwa 15 Minuten später an

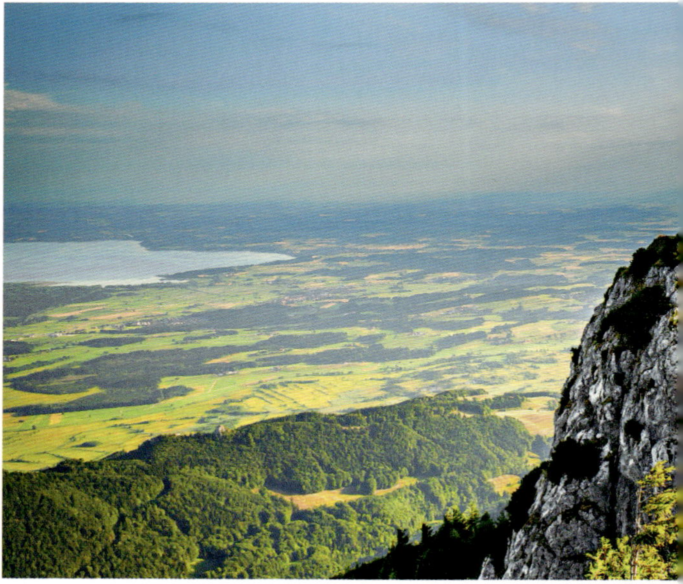

Panoramablick vom Hochfelln © Chiemgau Tourismus e.V., Thomas Kujat

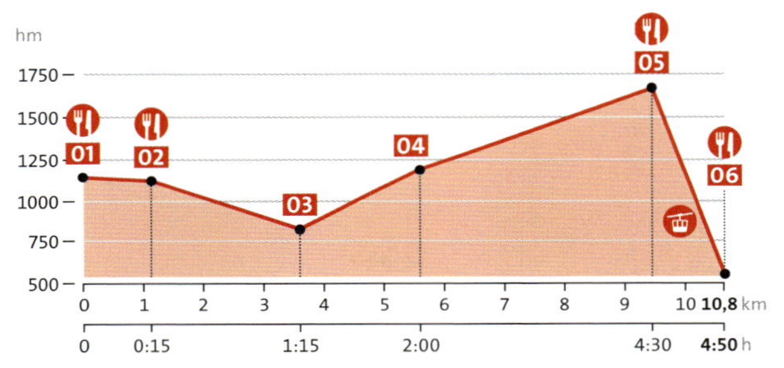

01 Brachtalm, 1150 m; 02 Vorderalm, 1140 m; 03 Weiße Ache, 840 m; 04 Eschelmoos-Diensthütte, 1200 m; 05 Hochfellnhaus, 1669 m; 06 Tourist-Information Bergen, 555 m

die **Vorderalm** 02. Hier gehen wir rechts auf eine Forststraße, bis wir ein zweites Mal rechts abbiegen und den Abstieg bis zur **Weißen Ache** antreten. Etwa 300 Höhenmeter gilt es nun abzusteigen, bis wir sie auf der anderen Talseite wieder emporsteigen, um

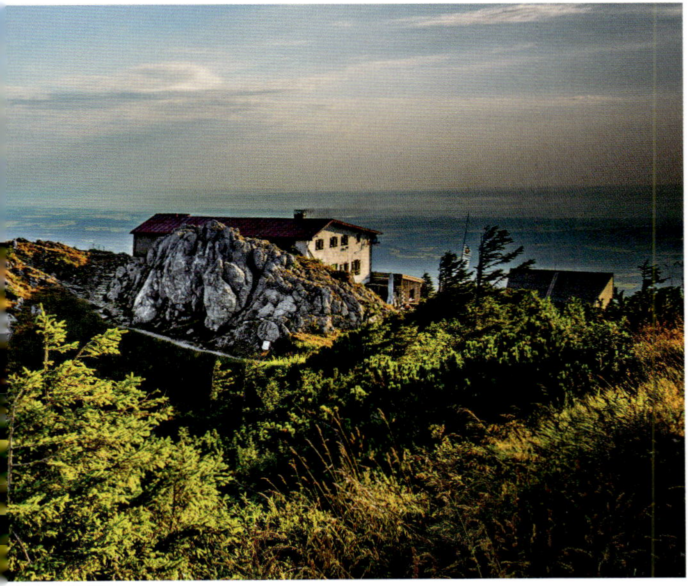

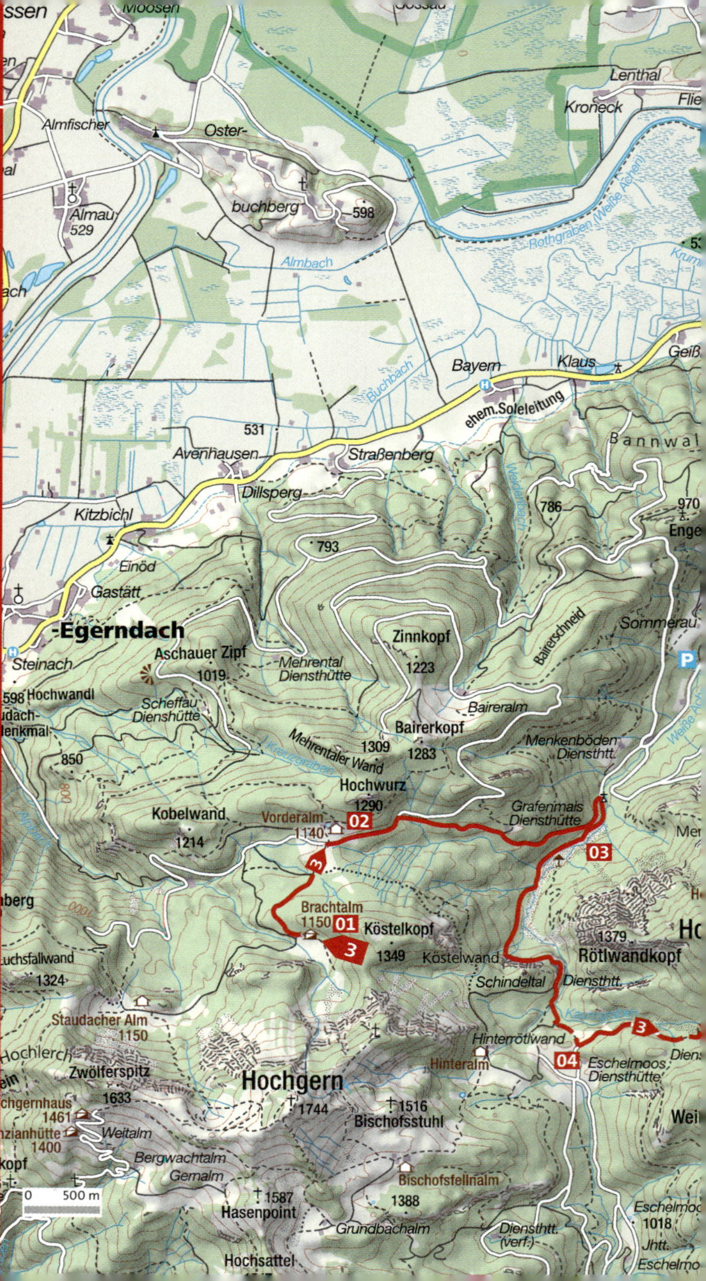

ssen
Moosen
Gossau
Lenthal
Kroneck
Flie
Almfischer
Oster-
buchberg
598
Almau
529
Rothgraben (Weiße Achen)
Almbach
Buchbach
Bayern
Klaus
Geiß
ehem. Soleleitung
531
Avenhausen
Straßenberg
Bannwal
Dillsperg
Weidenbach
786
970
Enge
Kitzbichl
793
Einöd
Gastätt
Zinnkopf
1223
Bairerschneid
Sommerau
-Egerndach
Aschauer Zipf
1019
Mehrental Diensthütte
Steinach
598 Hochwandl
Scheffau Diensthütte
Baireralm
Bairerkopf
1283
Mehrentaler Wand
1309
Menkenböden Diensthtt.
Weiße Ache
850
800
Krauzgraben
Hochwurz
1290
Grafenmais Diensthütte
Kobelwand
1214
Vorderalm
1140
02
03
Mer
3
berg
1000
Brachtalm
1150
01
Köstelkopf
1349
Köstelwand
3
1379
Rötlwandkopf
Ho
Fuchsfallwand
1324
Schindeltal
Diensthtt.
Staudacher Alm
1150
Hinterrötlwand
3
Hochlerch
Zwölferspitz
1633
Hochgern
Hinteralm
04
Eschelmoos Diensthütte
Dien
Hochgernhaus
1461
Enzianhütte
1400
1744
1516
Bischofsstuhl
Weitalm
Wei
Bergwachtalm
Gernalm
kopf
Bischofsfellnalm
1587
Hasenpoint
1388
Eschelmoo
1018
Grundbachalm
Diensthtt. (verf.)
Jhtt.
Hochsattel
Eschelmo

0 500 m

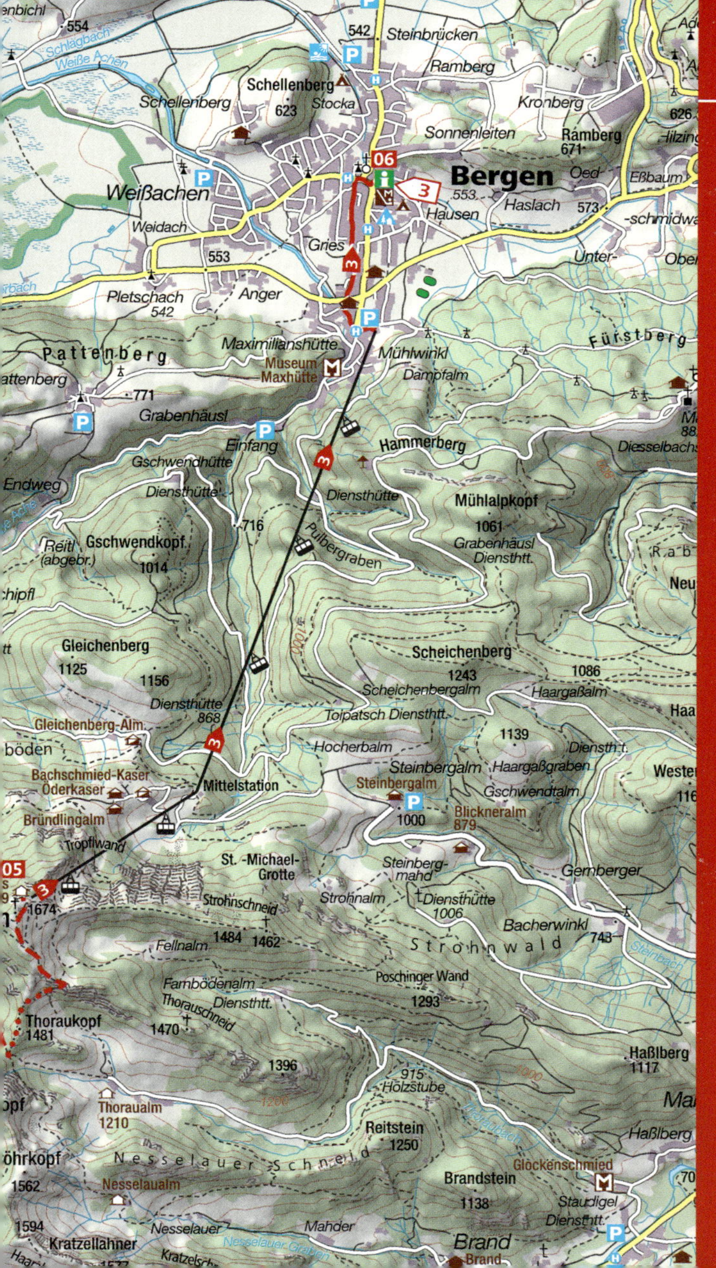

Bergen
553
06
3
Weißbachen
Weidach
Schellenberg
Schellenberg
623
Stocka
554
Schlagbach
Weiße Achen
542
Steinbrücken
Ramberg
Kronberg
Sonnenleiten
Ramberg
671
Oed
Eßbaum
Haslach
573
Hausen
Gries
Unter-
553
Pletschach
542
Anger
Pattenberg
Maximilianshütte
Museum Maxhütte
Mühlwinkl
Dampfalm
Fürstberg
771
Grabenhäusl
Einfang
Hammerberg
Gschwendhütte
Diensthütte
Endweg
Diensthütte
Mühlalpkopf
1061
Grabenhäusl Diensthtt.
716
Pulbergraben
Reitl (abgebr.)
Gschwendkopf
1014
Gleichenberg
1125
1156
Scheichenberg
1243
1086
Scheichenbergalm
Haargaßalm
Diensthütte 868
Tolpatsch Diensthtt.
Gleichenberg-Alm
1139
Hocherbalm
Diensth.t.
Steinbergalm
Haargaßgraben
Steinbergalm
Gschwendtalm
Bachschmied-Kaser
Öderkaser
Mittelstation
1000
Blickneralm
879
Bründlingalm
Tropflwand
05
1674
St.-Michael-Grotte
Steinberg-mahd
Gemberger
Strohnschneid
Strohnalm
Diensthütte 1006
Bacherwinkl
743
1484
1462
Fellnalm
Strohnwald
Steinbach
Poschinger Wand
1293
Farnbödenalm
Diensthtt.
Thorauschneid
Thoraukopf
1481
1470
Haßlberg
1117
1396
915
Holzstube
Thoraualm
1210
Reitstein
1250
Haßlberg
Nesselauer Schneid
Glockenschmied
Nesselaualm
Brandstein
1138
1562
Staudigel
Diensthtt.
1594
Mahder
Nesselauer
Nesselauer Graben
Kratzellahner
Brand
Brand

den Ausblick auf dem Gipfel des **Hochfelln** zu genießen. Mit Blick auf eben diesen biegen wir, am Wasser angekommen, ein weiteres Mal scharf rechts ab. Entlang der **Weißen Ache** 03 kommen wir an mehreren Staustufen vorbei, bis wir den **Kiesfang** erreichen.

Oberhalb des Kiesfangs führt uns der Weg weiter Richtung Hochfelln. Kurz bevor wir den anstrengenden Aufstieg antreten, kann man rechter Hand einen Abstecher zu einem schönen Wasserfall machen. Die nächsten 3 Stunden kreisen unsere Gedanken um den baldigen **Panoramablick** über den Chiemgau bis ins Salzburger Land.

Aufstieg: Zuerst wandern wir zwischen **Kösterwand** und **Rötlwandkopf** durch den lichten Wald auf angenehmem Wanderweg, bis wir links in den Wald abbiegen und die letzten Meter zur **Eschelmoos-Diensthütte** 04 nehmen. An der Eschelmoos-Diensthütte biegen wir wieder links auf die Forststraße ab und wandern weiter Richtung **Weißgraben** und **Hochfelln**. Parallel zum Wasserlauf marschieren wir erst eine Zeit lang auf der Forststraße, bis wir den Weißgraben überqueren und auf einem Wanderweg über Stock, Stein und Brücken wieder durch den Wald bergauf gehen.

Im Zickzack steigen wir die nächsten Meter bis kurz unterhalb des **Thoraukopfes**. Am Höhenrücken angelangt biegen wir links auf dem Pfad ab und genießen den Blick auf die **Almlandschaft** und die umliegende **Bergpracht**. Die letzten 200 Höhenmeter auf den **Gipfel des Hochfelln und dem Hochfellnhaus** 05 werden teilweise begleitet durch Informationsschilder des **Hochfelln-Rundwegs** zur **Geologie** und **Flora** der Umgebung. Das Panorama auf der **Aussichtsterrasse des Chiemgaus** entschädigt für jegliche Mühen.

Abstieg: Die Hochfelln-Seilbahn bringt uns mit einem extra SalzAlpen-Ticket bequem hinunter nach Bergen und die letzten Meter bis zur **Tourist-Information** 06 sind ein Leichtes.

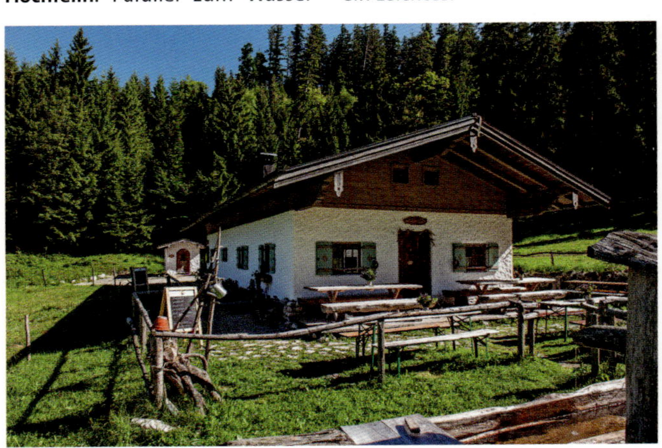

Auf der Brachtalm

VON BERGEN NACH RUHPOLDING

Aussichtsreich, märchenhaft, köstlich

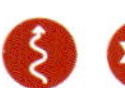 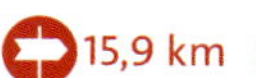 15,9 km 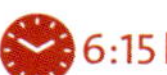 6:15 h 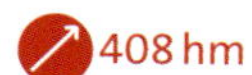 408 hm 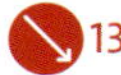 1379 hm 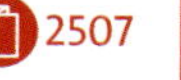 2507

START | Tourist-Information Bergen
[GPS: UTM Zone 33 x: 319.721 m y: 5.297.668 m]
CHARAKTER | Sehr schöne, abwechslungsreiche Tour mit herrlichem Alpenpanorama. Bei Nässe anfangs etwas matschig und wegen der Länge nicht zu unterschätzen.

Nachdem wir mit unserem SalzAlpen-Ticket die Gondel von Bergen **01** auf den Hochfelln genommen und wir uns wegen 9°C und Regen nicht auf der Terrasse, sondern im Inneren vom **Hochfellnhaus** **02** mit Kaffee und Kuchen gestärkt haben, nehmen wir mit heller Stimmung die anstehende Tagesetappe in Angriff.

Zur Farnbödenalm: Vom Hochfellnhaus geht der Weg, den Schildern folgend auf einem Schotterweg bergab, bis man bald rechts auf einen schmaleren Pfad (bei Nässe matschig und rutschig, aufpassen) abbiegt. Der zu Anfang etwas verwucherte und anspruchsvollere Weg führt uns über Stock und Stein, durch kleine Wälder und über Almwiesen, zuerst vorbei an der auf einer Lichtung liegenden **Felln-Alm**. Immer stetig bergab durch den lichten Mischwald (zur richtigen Zeit unterwegs kann man auf diesem Weg bestimmt den ein oder anderen Pilz bewundern) bis zur ersten Gabelung. Wir halten uns

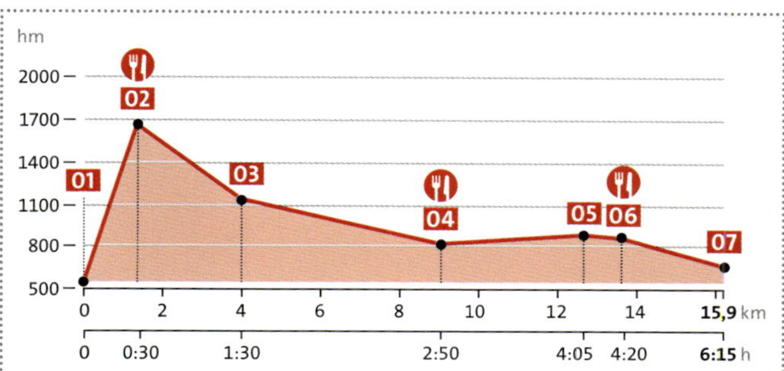

01 Tourist-Information Bergen, 555 m; **02** Hochfellnhaus , 1669 m;
03 Farnbödenalm, 1120 m; **04** Berggasthof Butzn Wirt, 808 m;
05 Unternbergbahnen, 870 m; **06** Gasthof Weingarten, 828 m;
07 Tourist-Information Ruhpolding, 655 m

links Richtung Eck-Ruhpolding bis zur nächsten Kreuzung. Der Weg führt uns rechts zur **Farnbödenalm** 03. Nachdem wir der Ziege auf der Farnbödenalm Hallo gesagt haben, wandern wir nun auf einem Forstweg weiter durch den Wald bergab, bis wir an eine Gabelung kommen.

Hier führt uns die 4. Etappe rechts bergauf Richtung **Thoraualm**, nicht wie zuerst vermutet links hinunter Richtung Brand und Ruhpolding. Mit dem Rauschen des Thoraubachs im Ohr steigen wir etwa 10 Minuten ein paar Meter bergauf, bis unser Weg ohne Beschilderung, aber mit SAS-Markierung links vom Schotterweg abbiegt.

Vorbei an **Bienenstöcken** biegen wir gleich wieder links auf einen nun schmaleren Waldpfad ab. Auf diesem Weg laufen wir, anfangs eingerahmt von hohem Gras, durch den Wald um den **Reitstein** (1250) herum, eine Zeit lang noch den gerade gekommenen Forstweg links im Augenwinkel.

In den Märchenwald: Nach einem kleinen Anstieg geht es anschließend rechts etwas steiler bergab, an einer **Kreuzung links** (Markierung links am Baum etwas schwer zu sehen), nochmals links, bis man einen Jägerstand erreicht. Hier geht es rechts auf den Forstweg, der einen mit Bachrauschen begleitend auf eine Straße führt. Dort könnte man abkürzen und geradeaus nach **Brand** gehen. Wir kürzen zwar nicht ab, machen aber eine Pause im romantischen Berggasthof Butzn Wirt – die erste Möglichkeit für eine wärmende Suppe, vor allem bei schlechtem Wetter. Nach einer ausgiebigen Pause gehen wir das Stückchen zurück und biegen gleich links wieder in den Wald ab. Der Weg führt nun vorbei am Nesslauer Wasserfall und in den Märchenwald hinein. Die mit Moos bewachsenen Felsbrocken führen uns in ein Land vor unsere Zeit. Den Wald verlassend gelangen wir zum **Alpengasthof Brand** 04,

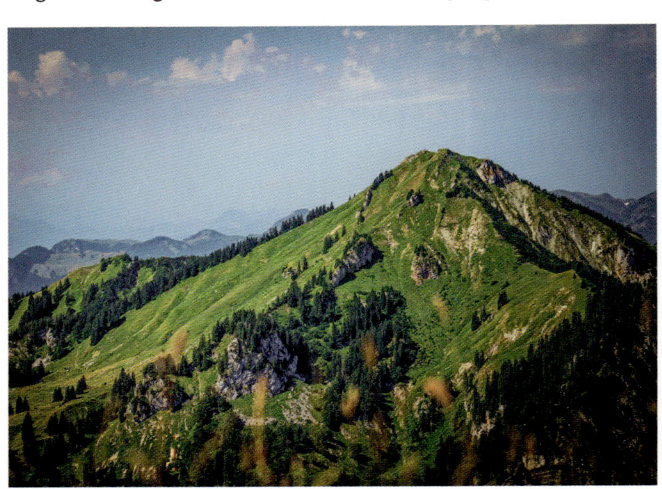

Panoramablick Hochfelln

Die Aussichtsterrasse des Chiemgaus

Der **Hochfelln** – die Aussichtsterrasse des Chiemgaus – thront mit seinem 1674 m hohen Kalksteingipfel über Bergen und eröffnet einen Weitblick über die Gipfelwelt der Zentralalpen von Salzburg bis zum Chiemsee. Die Hochfelln-Seilbahn bringt uns in zwei Etappen vom Luftkurort Bergen zuerst zur Mittelstation **Bründlingalm** auf 1100 m und weiter bis zur Bergstation. Schon während der Gondelfahrt kann man erahnen, welch Panorama einen am Gipfel erwartet.

die erste Möglichkeit für eine Rast, vor allem bei schlechtem Wetter. **Endspurt:** Nach einer herzlichen Pause mit super Kuchen und Kaffee am gemütlichen Kamin gehen wir über die Brücke und links der Hauptstraße folgend. Bald rechts bergauf, durch einen Weidezaun und wieder in den Wald hinein. Vorbei an der **Unternbergbahn** 05 halten wir uns Richtung **Gasthof Weingarten** 06.
Wir queren den Gasthof und wandern über die Wiese hinunter in den Ort **Stockreit**. Auf die Ferienwohnung Fuschlberger treffend, halten wir uns rechts, damit wir gleich wieder links nach Fuchsau und Traunauen abbiegen. Zu rechter Hand passieren wir einen schönen **Rastplatz**, doch die Schafe rufen nach uns, so wandern wir bald auf einem Fahrweg und überqueren die Bundesstraße, bis wir gleich an die **Ortnerbrücke** gelangen.
Hier können wir entweder links nach **Ruhpolding** 07 oder rechts auf die Etappe 5 weiterwandern.

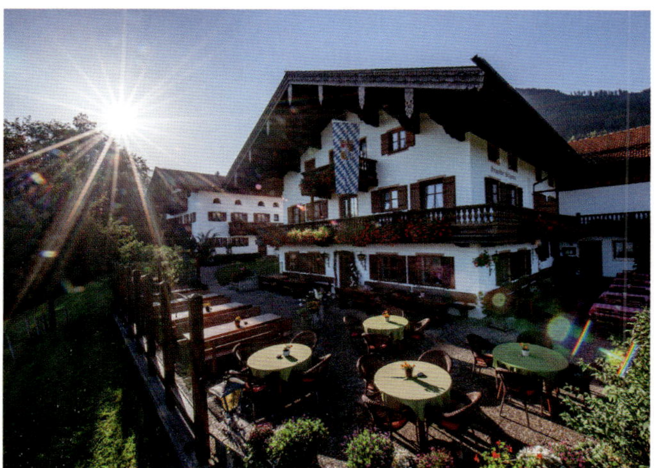

Gasthof Weingarten

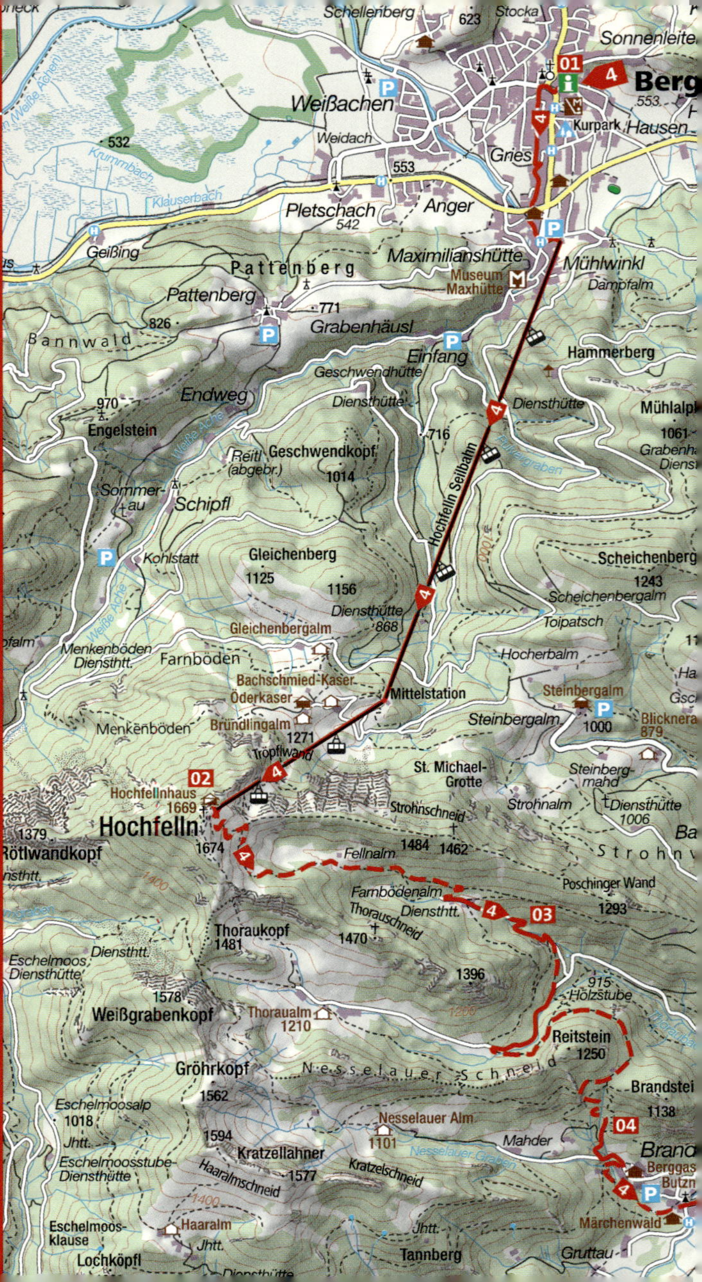

Schellenberg
623
Stocka
Sonnenleite
01
4
Berg
553
Weißbachen
Weidach
Kurpark
Hausen
532
Krummbach
Klauserbach
553
Gries
Pletschach
542
Anger
Geißing
Pattenberg
Maximilianshütte
Mühlwinkl
Museum Maxhütte
Dampfalm
Pattenberg
771
826
Bannwald
Grabenhäusl
Einfang
Hammerberg
Geschwendhütte
Endweg
Diensthütte
Diensthütte
Mühlalp
970
Engelstein
716
1061
Reitl (abgebr.)
Geschwendkopf
1014
Hochfelln Seilbahn
Sommerau
Schipfl
Kohlstatt
Gleichenberg
Scheichenberg
1125
1156
1243
Scheichenbergalm
Diensthütte
868
Toipatsch
Gleichenbergalm
Menkenböden Dienstht.
Farnböden
Hocherbalm
Bachschmied-Kaser
Steinbergalm
Öderkaser
Mittelstation
Steinbergalm
1000
Blicknera
879
Menkenböden
Bründlingalm
1271
Tröpflwand
St. Michael-Grotte
Steinberg-mahd
02
Hochfellnhaus
1669
Strohnschneid
Strohnalm
Diensthütte
1006
Hochfelln
1379
Rötlwandkopf
1674
Fellnalm
1484
1462
Strohn
Farnbödenalm
Dienstht.
Poschinger Wand
Thorauschneid
03
1293
Thoraukopf
1481
1470
Eschelmoos Diensthütte
Dienstht.
1396
915
Holzstube
1578
Weißgrabenkopf
Thoraualm
1210
Reitstein
1250
Gröhrkopf
Nesselauer Schneid
Brandstei
1562
1138
Eschelmoosalm
1018
Jhtt.
Nesselauer Alm
1101
04
1594
Mahder
Brand
Kratzellahner
Eschelmoosstube-Diensthütte
Haaralmschneid
1577
Kratzelschneid
Berggas
Butzn
1400
Eschelmoos-klause
Haaralm
Jhtt.
Jhtt.
Märchenwald
Lochköpfl
Tannberg
Gruttau

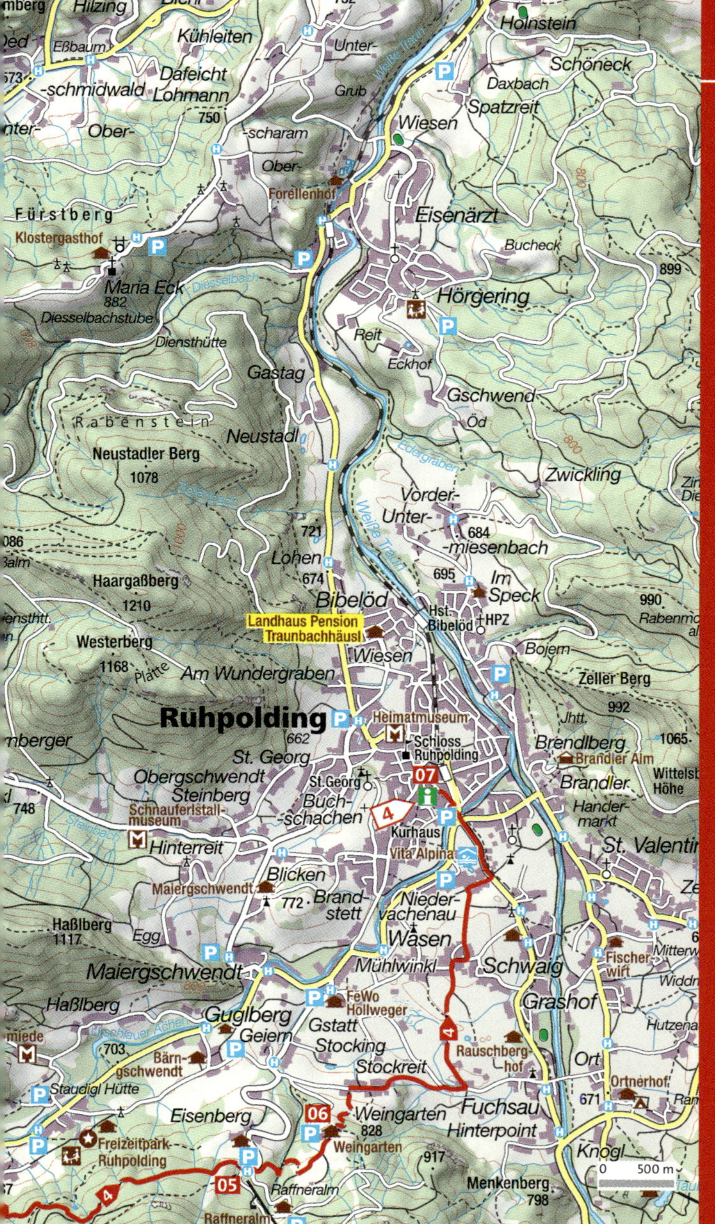

Rühpolding
Landhaus Pension
Traunbachhäusl
Bibelöd
Hörgering
Eisenärzt
Fürstberg
Klostergasthof
Maria Eck
882
Neustadler Berg
1078
Haargaßberg
1210
Westerberg
1168
Heimatmuseum
Schloss
Ruhpolding
Kurhaus
Vita Alpina
Brandler Alm
Zeller Berg
992
Schnauferlstall-
museum
Maiergschwendt
Haßlberg
1117
FeWo
Hollweger
Rauschberg-
hof
Ortnerhof
Freizeitpark-
Ruhpolding
Weingarten
Raffneralm
Menkenberg
798
Fuchsau
Schwaig
Grashof
St. Valentin
0
500 m

VON RUHPOLDING NACH INZELL

Zum Taubensee und durch die Chiemgauer Alpenwälder

 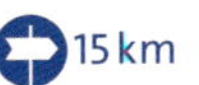

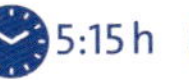

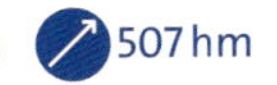

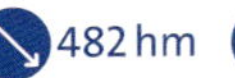

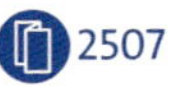

START | Tourist-Information Ruhpolding
[GPS: UTM Zone 33 x: 323.681 m y: 5.292.455 m]
CHARAKTER | Leichte Wanderung über breite Wanderwege von Ort zu Ort, überwiegend durch heimische Wälder.

Die 5. Etappe des SalzAlpenSteigs führt uns um den Rauschberg herum bis nach Inzell hinein. Wer gerne Gipfel erklimmt, kann über die SalzAlpenTour 23 „Rauschberg" die Aussicht über den Chiemgau genießen oder, auf die schnelle, natürlich auch in die Gondel steigen.

▶ **Zum Taubensee:** Vom Ortszentrum in **Ruhpolding** **01** gehen wir die erste Stunde durch den Ort und parallel zur Hauptstraße, entlang von Wiesen und Siedlungen, bis wir über die **Ortnerbrücke** die Weiße Traun überqueren. Von hier ist es rechts, entlang des Flusses, über die Bundesstraße und durch

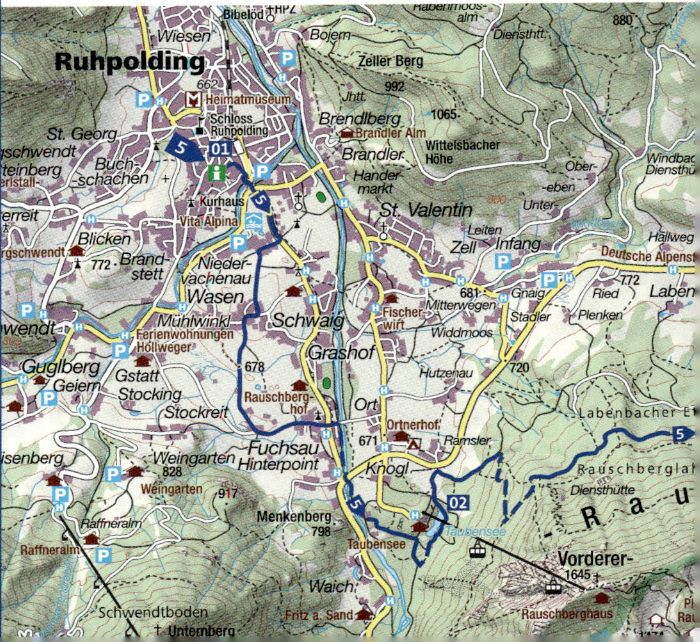

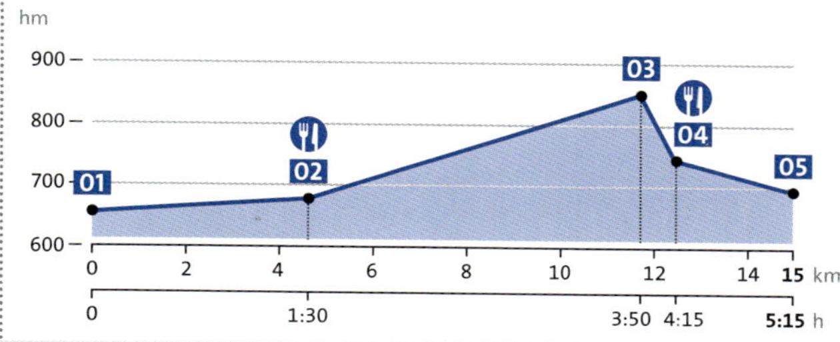

01 Tourist-Information Ruhpolding, 655 m; **02** Taubensee, 683 m; **03** Fahrriesbodenkapelle, 851 m; **04** Gasthof Schmelz, 740 m; **05** Tourist-Information Inzell, 690 m

den Wald noch ein Katzensprung bis zur **Talstation der Rauschbergbahn** und zum **Taubensee** 02, der sich vor dem Anstieg hervorragend als Jausenstation anbietet.

Nach Schmelz: Auf dem **Taubensee-Rundweg** genießen wir die Idylle des kleinen Sees und folgen auf angenehmem Wanderweg den Markierungen durch den Wald. Wir halten uns Richtung Berg, bis wir links die Abzweigung „leichter Rauschberg" nehmen. Ab hier geht es die nächsten 300

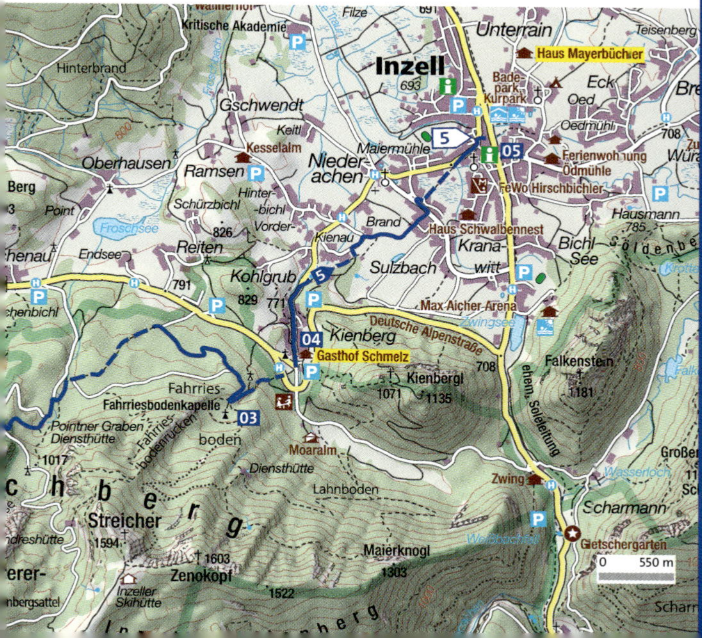

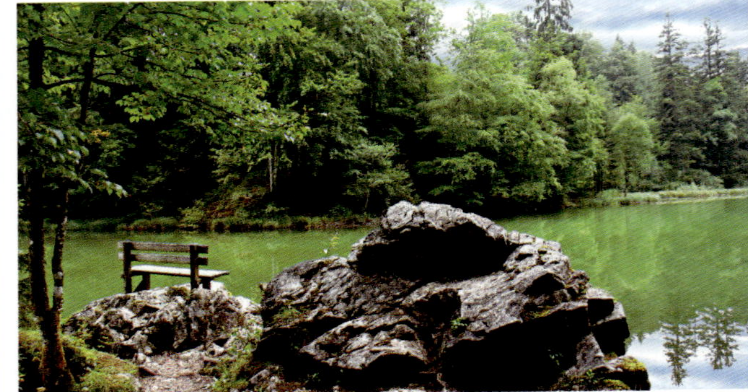
Bank am Taubensee

Höhenmeter etwas steiler bergauf, bis der Waldweg in eine Forststraße mündet und wir uns gemütlich entlang des Rauschbergs Inzell nähern. Bergab geht es durch das **Naturschutzgebiet Östliche Chiemgauer Alpen**. An einer Kreuzung nehmen wir den Waldweg geradeaus und treffen nach ein paar Minuten auf die **Fahrriesbodenkapelle** 03. Hier treffen SAS und SAT ein weiteres Mal aufeinander und der gemeinsame Ausklang der Tour, raus aus dem Wald, die Schnellstraße überquert und auf Kaffee und Kuchen hinein in den **Gasthof Schmelz** 04, steht an.

Nach Inzell: Die letzten 2 km nach Inzell führen rechts am Schmelzer Gasthof vorbei, der Straße folgend, rechts ins Wäldchen hinein, an Pferden und Lamas vorbei und durch eine kleine Siedlung gerade auf den Rathausplatz in **Inzell** 05. Den Blick auf den **Rauschberg** im Rücken.

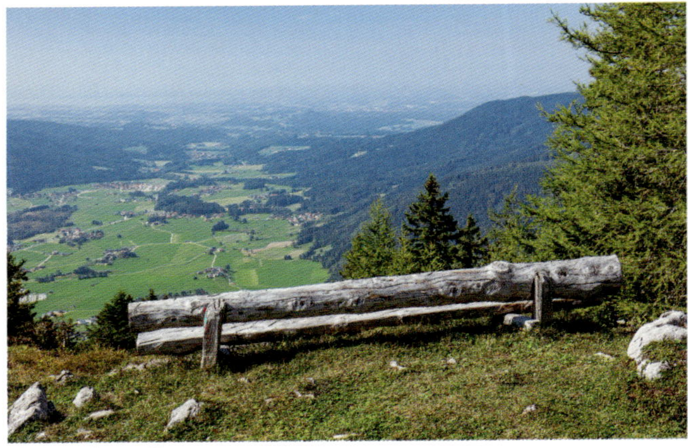
Blick nach Inzell

VON INZELL NACH BAD REICHENHALL

Über die Höllenbachalm zum Thumsee

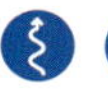  23,2 km 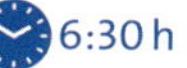 6:30 h 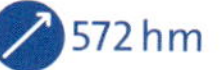 572 hm 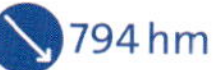 794 hm  2507

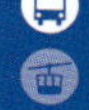

START | Tourist-Information Inzell
[GPS: UTM Zone 33 x: 331.249 m y: 5.292.470 m]
CHARAKTER | Das Thema Salz und Wasser begleitet uns. Keine großen Anstiege, aber lange Tour. In der Weißbachschlucht oft nass und rutschig, deswegen wird griffiges Schuhwerk empfohlen. Sehr abwechslungsreich.

Die letzten 2 km der Etappe 5 leiten heute in entgegengesetzter Richtung unsere Wanderung ein. Von der **Tourist-Information** 01 folgen wir den Schildern Richtung Schmelz und nach einem Frühstück als Stärkung im **Gasthof Schmelz** machen wir uns auf, die nächste Tagesetappe zu meistern.

Zum Café Zwing: Quer über den **Wanderparkplatz** und die Schnellstraße überwunden, passieren wir zu Beginn einen **Abenteuerspielplatz**, bevor wir die schönen Wiesen im **Wildenmoos** erreichen. Auf einer Forststraße führt uns diese Etappe gemütlich entlang saftiger Wiesen rund um den Kienberg (1171 m) herum, mit Blick auf den Gipfel des Streicher (1594 m), der Teil der SAT „Rauschberg“ ist. Nach einer guten Stunde erreichen wir den **Gasthof-Café Zwing** 02.

Zur Höllenbachalm: Wir unterqueren die B305, biegen rechts Richtung Scharmann/Weißbach ab, wandern ein Stück entlang des mit Informationsschildern

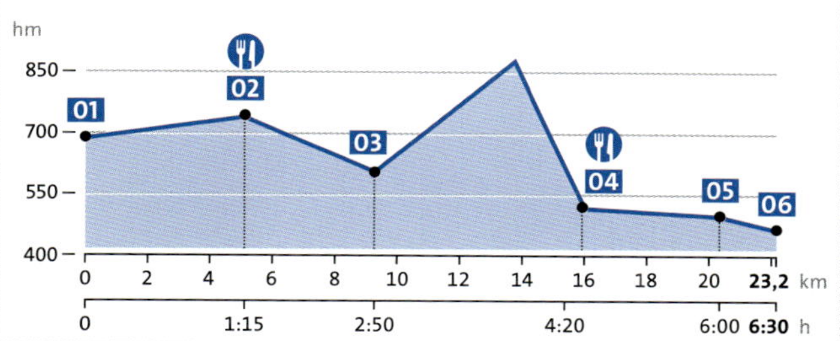

01 Tourist-Information Inzell, 690 m; 02 Gasthof-Café Zwing, 732 m; 03 Weißbachschlucht, 600 m; 04 Thumsee, 526 m; 05 Talstation Predigtstuhlbahn, 480 m; 06 Tourist-Information am Kurgastzentrum in Bad Reichenhall, 468 m

ausgestatteten Salinen-Rundwegs und treffen so auf den Weißbach. Eingerahmt von Maierknogl (1303 m) und Scharnkopf (1356 m) folgen wir dem Lauf des **Weißbachs**, passieren ein weiteres Mal die B305 und gelangen gleich zu Beginn, oberhalb der Schnellstraße, zu den **imposanten Weißbachfällen**, welche sich terrassenähnlich in die Tiefe stürzen. Von hier führt der Weg weiter ins Herz der Schlucht. Recht eben folgen wir die nächsten Kilometer gemütlich dem Weißbach, überqueren ihn zweimal, passieren einen **Rastplatz** mit aus Holz geschnitzten Tieren, eine **Kneippanlage mit Barfußweg** und einen Spielplatz. Hier gelangen wir

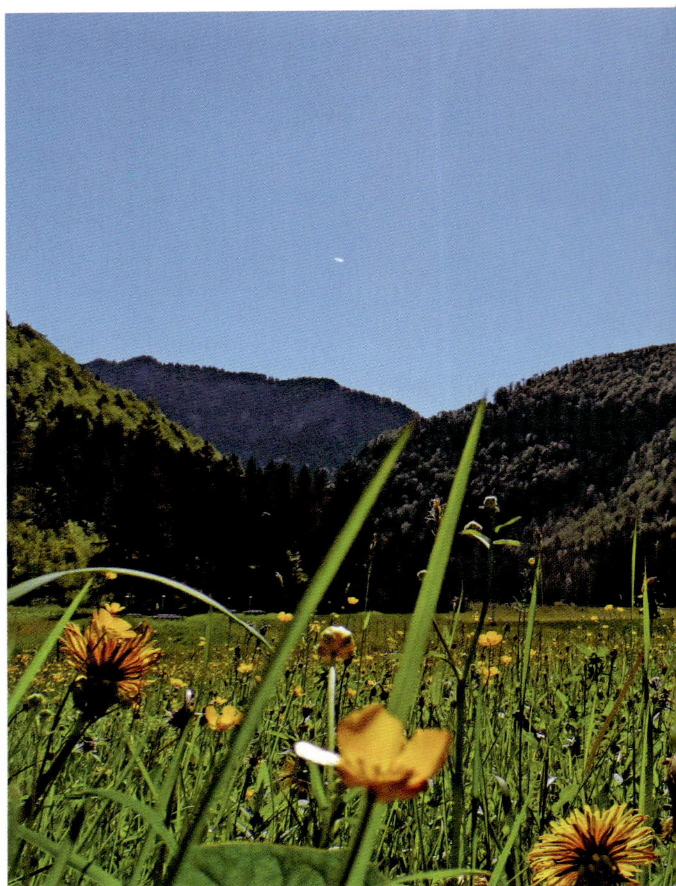

Wildenmoos

auf eine Fahrstraße, folgen ihr ein kurzes Stück, bevor wir den Weißbach ein weiteres Mal überqueren und halten uns wieder entlang des Bachlaufs Richtung **Weißbachschlucht** und **Thumsee**. Ein Abstecher in die wildromantische **Weißbachschlucht** 03 mit vielen Brücken und Stegen lohnt sich unbedingt. Der SalzAlpenSteig führt nicht durch die Weissbachschlucht, sondern nach oben zum Gasthof Mauthäusl. Unter der Bundesstraße hindurch wandern wir am Höllenbach entlang auf einer Forststraße zur wunderschön gelegenen Höllenbachalm. Nach einer wohlverdienten Rast geht es über den Höllenbachsteig bergab mit vielen tollen Aussichtspunk-

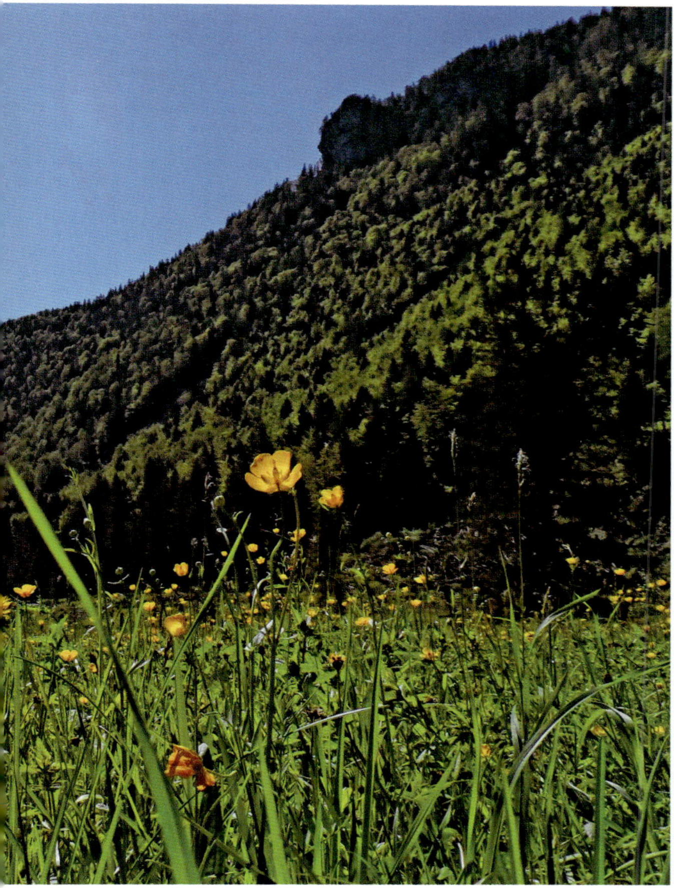

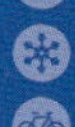

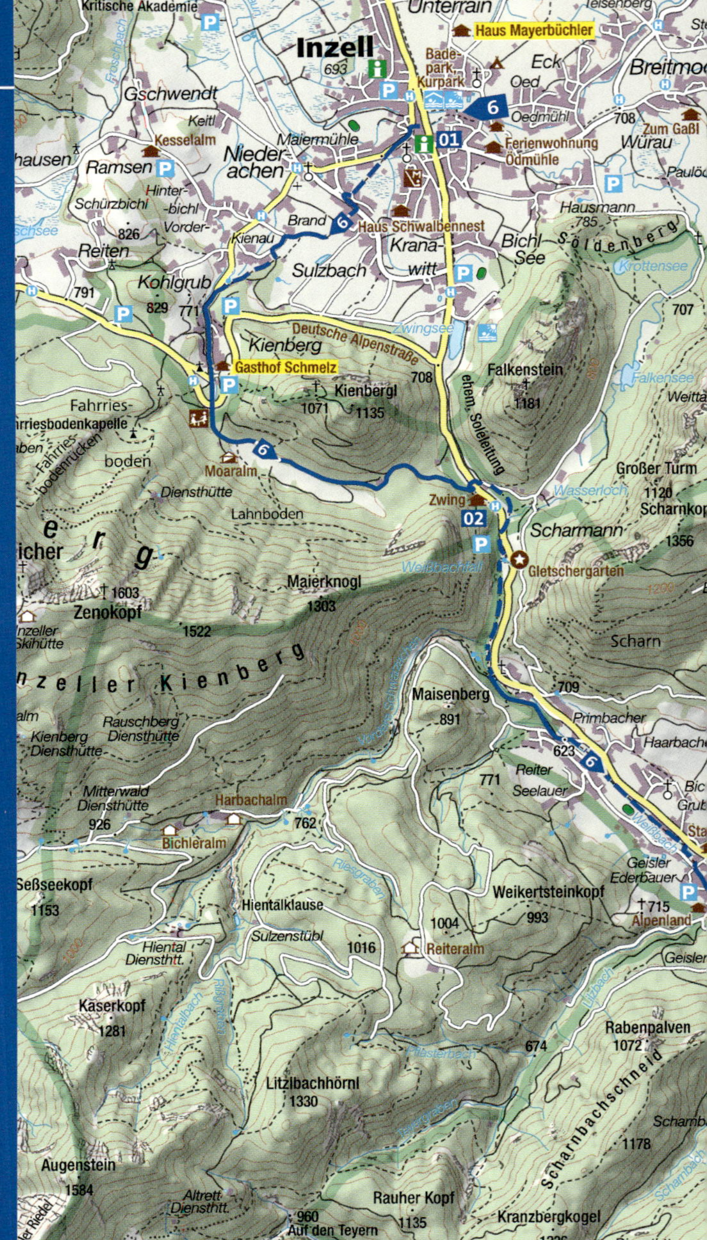
Kritische Akademie
Inzell
693
Unterrain
Haus Mayerbüchler
Teisenberg
Bade-
park
Kurpark
Eck
Oed
Breitmoos
Oedmühl
708
Zum Gaßl
Würau
Ferienwohnung
Ödmühle
01
6
Gschwendt
Keitl
Kesselalm
Maiermühle
Nieder-
achen
Ramsen
Hinter-
-bichl
Schürzbichl
Vorder-
Brand
Haus Schwalbennest
Krana-
witt
Hausmann
785
Sölden berg
Krottensee
Bichl
See
826
Reiten
Kienau
Sulzbach
Kohlgrub
791
829
771
Deutsche Alpenstraße
Zwingsee
707
Kienberg
Gasthof Schmelz
708
Falkenstein
1181
Falkensee
Kienbergl
1071
1135
ehem. Soleleitung
Fahrries-
boden
Fahrriesbodenkapelle
Fahrriesbodenrücken
Moaralm
Diensthütte
Lahnboden
Zwing
02
Großer Turm
1120
Scharnkopf
Wasserloch
Scharmann
1356
Gletschergarten
Weißbachfall
Maierknogl
1303
1603
Zenokopf
Inzeller
Skihütte
1522
Scharn
Inzeller Kienberg
Maisenberg
891
709
Primbacher
Haarbach
Rauschberg
Diensthütte
Kienberg
Diensthütte
623
771
Reiter
Seelauer
Mitterwald
Diensthütte
926
Harbachalm
762
Bichleralm
Weißbach
Geisler
Ederbauer
Seßseekopf
1153
Hientalklause
Sulzenstübl
Weikertsteinkopf
993
715
Alpenland
1016
1004
Reiteralm
Riesgraben
Hiental
Diensthtt.
Geisler
Käserkopf
1281
Hientalbach
Rabenpalven
1072
674
Pflasterbach
Litzlbachhörnl
1330
Scharnbachschneid
1178
Augenstein
1584
Altrett
Diensthtt.
960
Auf den Teyern
Rauher Kopf
1135
Kranzbergkogel
1226
Diensthtt.

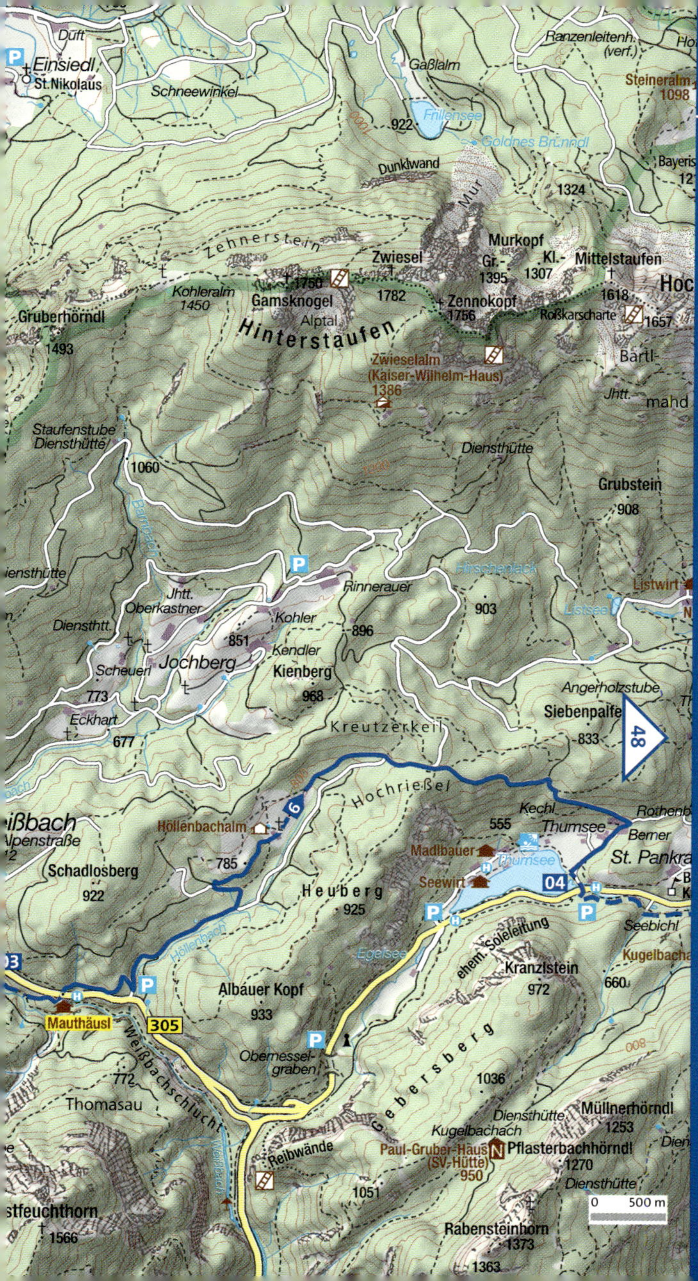

Duft
Einsiedl
St. Nikolaus
Schneewinkel
Gaßlalm
Frillensee
922
Ranzenleitenh. (verf.)
Steineralm 1098
Goldnes Brünndl
Dunklwand
Bayeris
1324
Mur
Zehnerstein
Zwiesel
Murkopf
Gr.- 1395
Kl.- 1307
Mittelstaufen
Hoc
1750
Gamsknogel
1782
Zennokopf 1756
1618
Roßkarscharte
1657
Kohleralm 1450
Alptal
Hinterstaufen
Gruberhörndl
1493
Zwieselalm (Kaiser-Wilhelm-Haus) 1386
Bartl-
Jhtt.
mahd
Staufenstube Diensthütte
1060
Diensthütte
Grubstein
908
Barmbach
Hirschenlack
Diensthütte
Rinnerauer
903
Jhtt. Oberkastner
Kohler
Listsee
Listwirt
Diensthtt.
851
896
Kendler
Scheuern
Jochberg
Kienberg
968
773
Eckhart
677
Kreutzerkeil
Angerholzstube
Siebenpalfe
833
48
Hochrießel
Kechl
Rothenb
Bischofswiesen
Alpenstraße
Höllenbachalm
6
555
Thumsee
Berner
St. Pankra
785
Madlbauer
Thumsee
Schadlosberg
922
Seewirt
04
Heuberg
925
Seebichl
Höllenbach
Egelsee
ehem. Soleleitung
Kugelbacha
Kranzlstein
972
660
03
Albauer Kopf
933
Mauthäusl
305
Oberjnessel-graben
Weißbachschlucht
Gebersberg
772
Thomasau
1036
Diensthütte
Müllnerhörndl 1253
Kugelbachach
Reibwände
Paul-Gruber-Haus (SV-Hütte) 950
Pflasterbachhörndl 1270
Weißbach
Diensthütte
1051
0 500 m
stfeuchthorn
1566
Rabensteinhorn 1373
1363

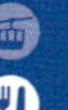
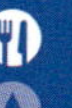

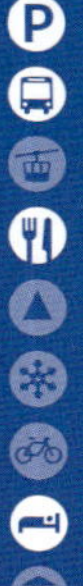

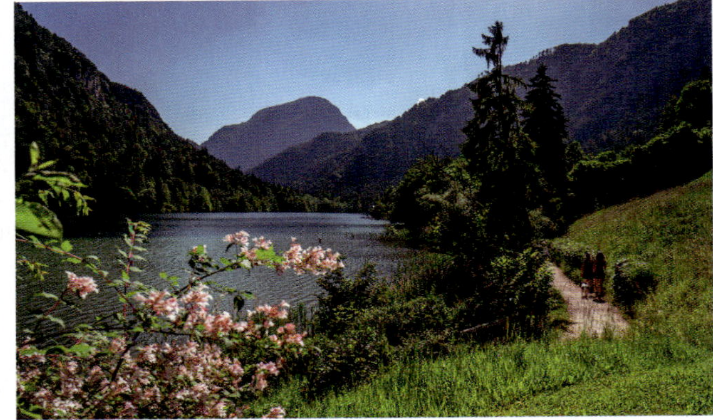

Der Thumsee

ten zum **Thumsee** 04. Der idyllische See eignet sich hervorragend für eine weitere Pause.

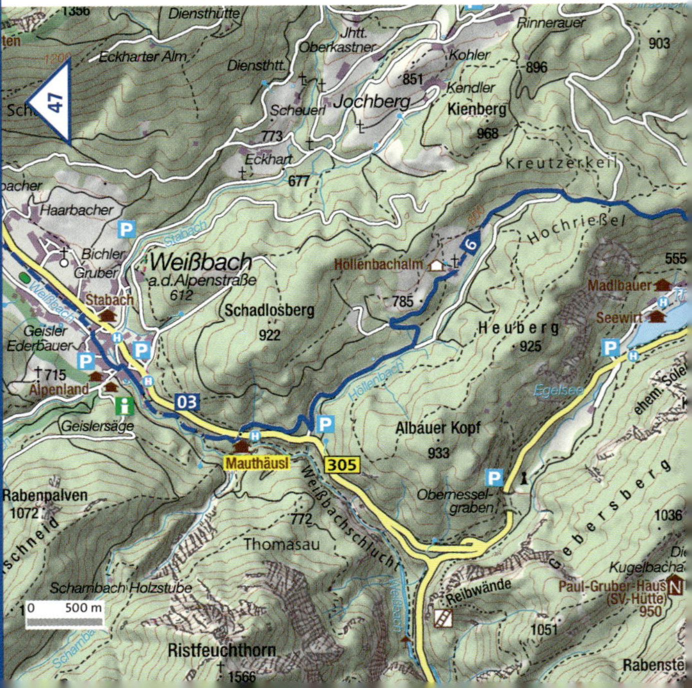

Als Alternative zum direkten Weg südseitig am See entlang bietet sich eine Seeumrundung an. So kann man den Charme des Sees etwas länger genießen und einen der Gasthöfe als Pausenstation nutzen.

Zur Talstation Predigtstuhlbahn: Durch die heimischen Wälder führen uns die letzten Kilometer dieser Tour auf dem Soleleitungsweg mit seinen Informationstafeln rund um das Thema Salz, am Seerosenteich vorbei und um den Knogel (682 m) herum. Zu linker Hand erscheint auf einem Felsen thronend die Ruine Karlstein, wenig später kann man zum ersten Mal einen Blick nach Bad Reichenhall werfen.

Etwas weiter, am ehemaligen Gasthof Schroffen, nehmen wir ein kurzes Stück die Schroffenstraße, gelangen zur Saalach, biegen links ab und kommen an der **Predigtstuhlbahn** **05** vorbei. Wir überqueren die Saalach und machen die letzten Meter bis zur Tourist-Information in **Bad Reichenhall** **06**.

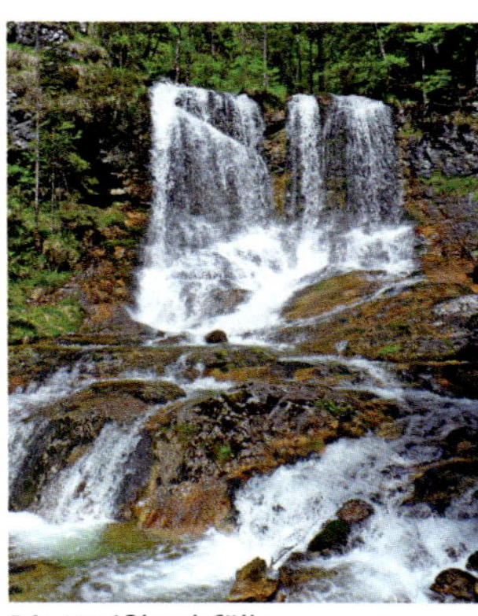
Die Weißbachfälle

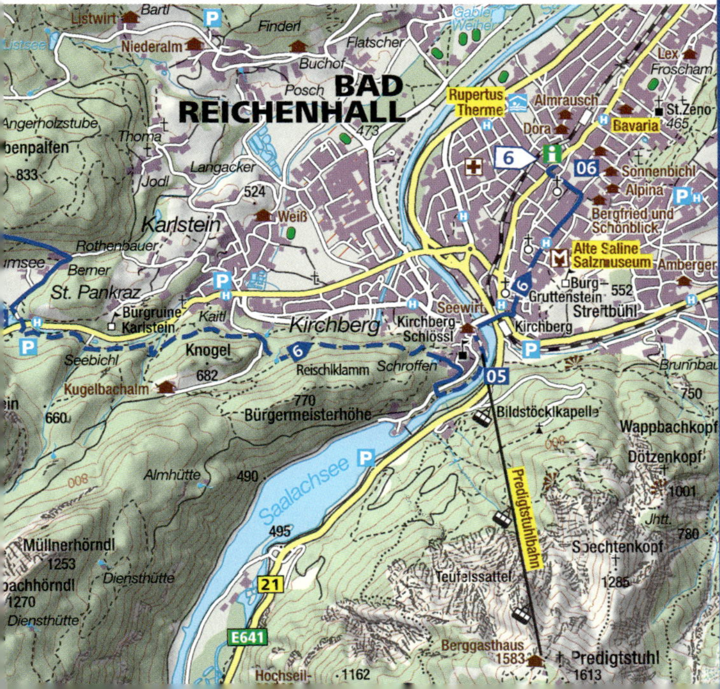

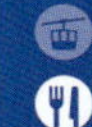
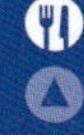

VON BAD REICHENHALL NACH BISCHOFSWIESEN

Um das Lattengebirge herum

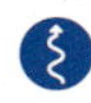  16,3 km  5:30 h  696 hm  556 hm 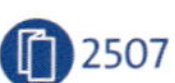 2507

START | Tourist-Information im Kurgastzentrum in Bad Reichenhall [GPS: UTM Zone 33 x: 340.945 m y: 5.288.331 m]
CHARAKTER | Schöne Wanderung mit viel Information zu Salz und Natur. Keine schweren Wege, meist Forst- und Waldwege.

Bad Reichenhall, das AlpenSole-Mineralheilbad, liegt eingerahmt von Bergen und wird stark geprägt durch die Geschichte der Salzgewinnung – der optimale Ausgangspunkt für die 7. Etappe des SalzAlpenSteigs.

Von der **Tourist-Information im Ortszentrum von Bad Reichenhall** 01 führt der Weg gerade durch die Altstadt des schönen Städtchens. Vorbei an der **Alten Saline** und dem **Salzmuseum** gelangen wir über eine Unterführung ans Ufer der Saalach. Hier halten wir uns den Markierungen folgend links, kurz entlang der Straße, bevor wir etwas weiter oben noch einmal die Straße überqueren und uns hinter dem Parkplatz und dem großen Festplatz in den Laubwald begeben und die ersten Meter bergan Richtung **Bayerisch Gmain** und **Dötzenkopf** bestreiten.

Zum Wanderparkplatz: Nach etwa 100 Höhenmetern haben wir die **Stadtkanzel** erreicht und genießen einen ersten schönen

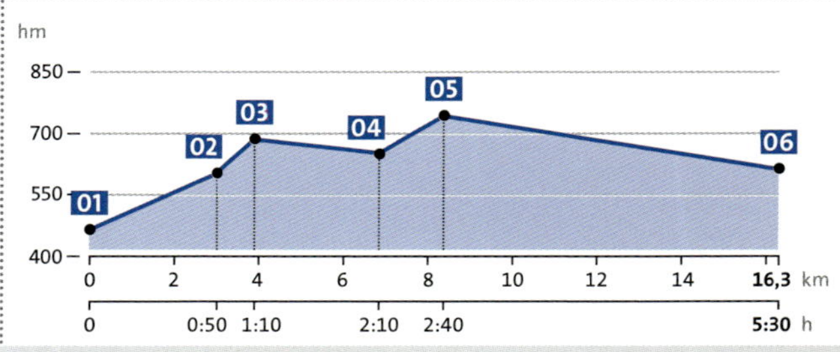

01 Tourist-Information am Kurgastzentrum Bad Reichenhall, 468 m; 02 Wasserfall, 597 m; 03 Aussicht, 690 m; 04 Rastplatz mit Wasserstelle, 650 m; 05 Hallthurm, 730 m; 06 Tourist-Information Bischofswiesen, 608 m

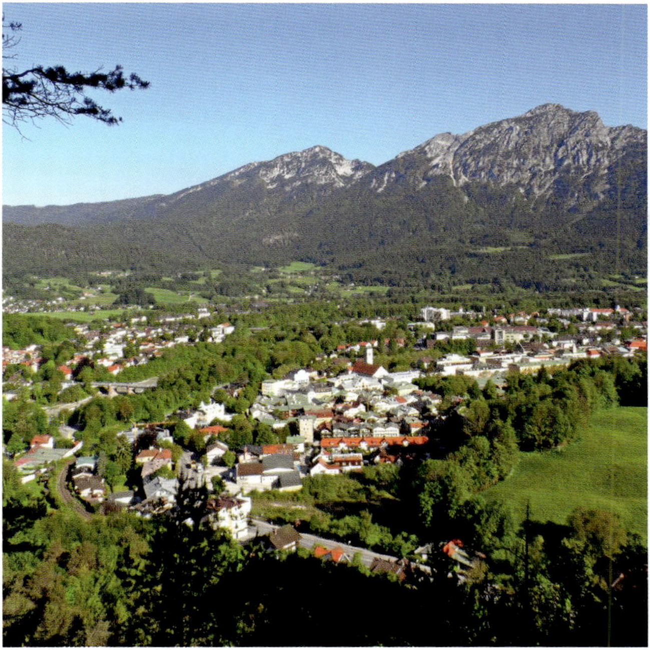

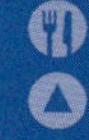
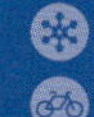

Ausblick auf Bad Reichenhall

Blick auf Bad Reichenhall. Weitere etwa 100 Höhenmeter geht es auf einem Waldweg bergauf, vorbei am **Flotterbach** mit kleinem **Wasserfall** 02, bis auf eine Bergkuppe: Hier aufpassen und nach **rechts** Richtung **Wanderparkplatz Bayerisch Gmain**, **Wappbach** und **Alpgartensteig** abbiegen. Kurz darauf können wir noch einmal die **schöne Aussicht** 03 genießen, bevor unser Weg etwas steiler bergab führt, den Wappbach überquerend und auf den Wanderparkplatz zu. **Nach Bischofswiesen**: Vom Wanderparkplatz führt diese Tour **sehr gemütlich** bis nach **Bischofswiesen**. Der Wanderweg verläuft zuerst entlang der Gleise; begleitet durch Informationstafeln und **alte Soleleitungen** passieren wir am **Weißbach** einen Spielplatz (siehe auch SAT 26) der sich hervorragend für eine Pause eignet. Kurz darauf biegen wir rechts ab, überqueren die Gleise ein weiteres Mal und halten uns gleich links entlang dieser, immer Richtung Hallthurm. Vorbei an einer **Bank zum Rasten mit kleiner Quelle** 04 und einem Unterbrecher der Soleleitung verläuft der Weg etwas von den Gleisen entfernt durch den Wald, bevor er an einem Sportplatz kurzzeitig auf eine Fahrstraße trifft. Der Weg führt nun mäßig bergauf bis zum **Hallthurm** 03, einem historischen Wehrturm mit Mauerresten aus dem Mittelalter. Unsere Tour ver-

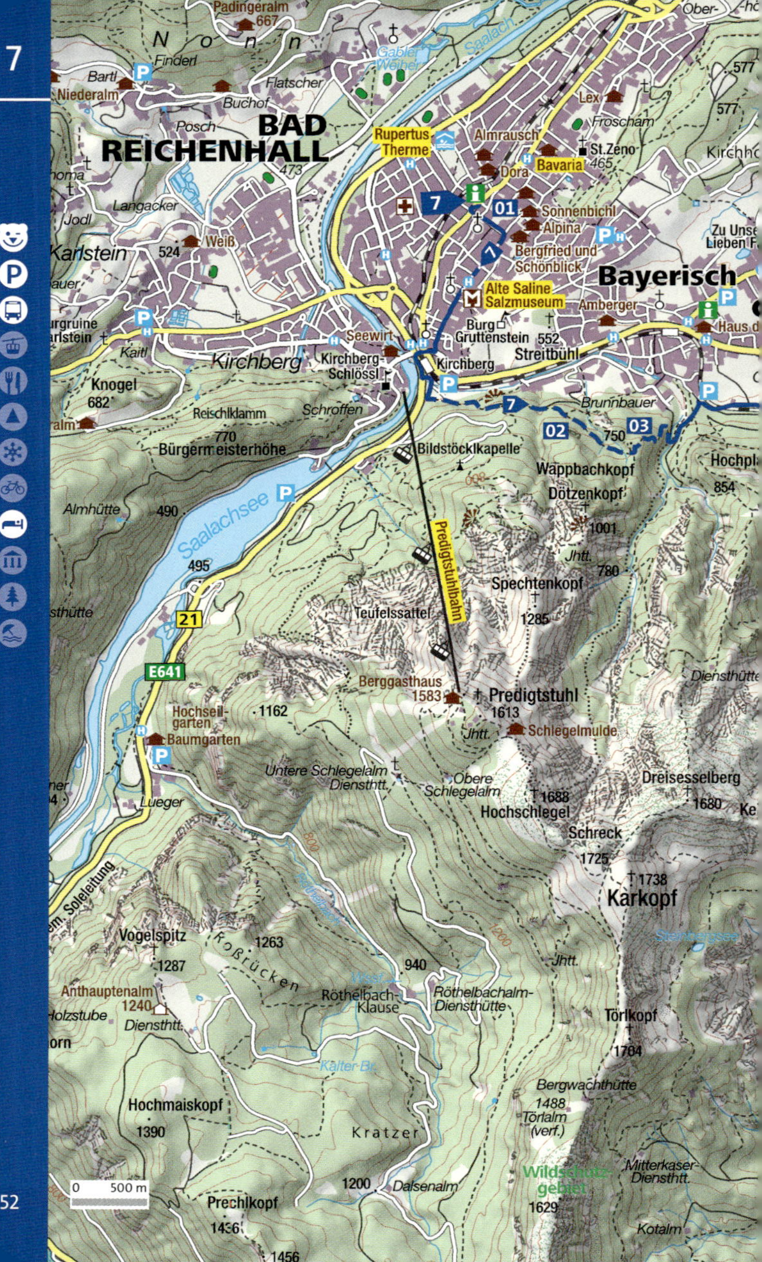
BAD
REICHENHALL
Bayerisch
Padingeralm 667
Niederalm
Bartl
Finderl
Flatscher
Buchof
Posch
Langacker
Karlstein
Weiß
524
473
Rupertus Therme
Almrausch
Lex
Froscham
St.Zeno 465
Bavaria
Dora
Sonnenbichl
Alpina
Bergfried und Schönblick
Alte Saline Salzmuseum
Amberger
Haus d
Zu Unse Lieben F
Burg Gruttenstein
552
Streitbühl
Kirchberg
Kirchberg-Schlössl
Seewirt
Kaitl
Knogel 682
Reischlklamm
Schroffen
770
Bürgermeisterhöhe
Brunnbauer
750
Hochpl
854
Bildstöcklkapelle
Wappbachkopf
Dötzenkopf
1001
780
Spechtenkopf
1285
Saalachsee
490
495
Almhütte
21
E641
Predigtstuhlbahn
Teufelssattel
Berggasthaus 1583
Predigtstuhl 1613
Schlegelmulde
Diensthütte
Hochseilgarten
1162
Baumgarten
Lueger
Untere Schlegelalm Diensthtt.
Obere Schlegelalm
1688
Hochschlegel
Dreisesselberg
1680
Schreck
1725
1738
Karkopf
Vogelspitz
1287
1263
Roßrücken
940
Röthelbach-Klause
Röthelbachalm-Diensthütte
Anthauptenalm 1240
Diensthtt.
Holzstube
Törlkopf
1704
Kälter Br.
Bergwachthütte
1488
Törlalm (verf.)
Hochmaiskopf
1390
Kratzer
1200
Dalsenalm
Wildschutzgebiet
1629
Mitterkaser-Diensthtt.
Kotalm
Prechlkopf
1456
Soleleitung
577
Kirchhc
Ober-
0 500 m
7
01
02
03

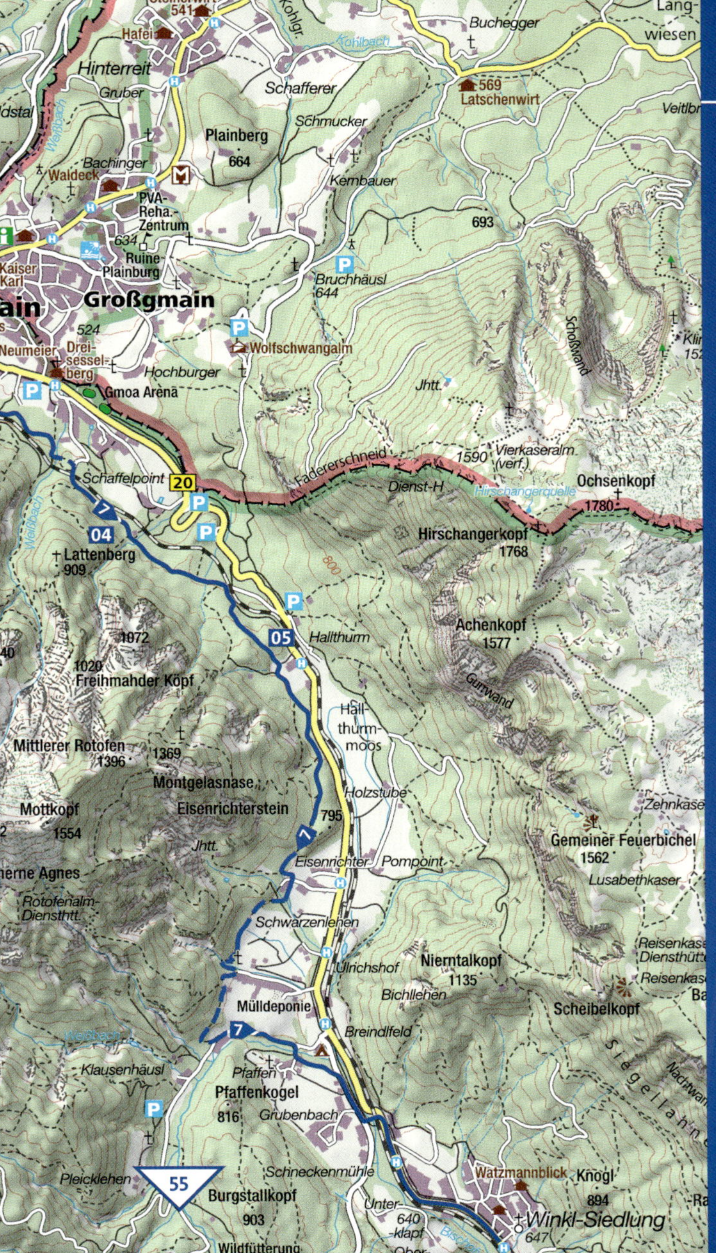
Steinerwirt
541
Hafei
Kohlgr.
Kohlbach
Buchegger
Lang-
wiesen
Hinterreit
Gruber
Schafferer
569
Latschenwirt
Veitlbr
Schmucker
Plainberg
664
Weißbach
Bachinger
Waldeck
Kernbauer
PVA-
Reha-
Zentrum
693
634
Ruine
Plainburg
Kaiser
Karl
Bruchhäusl
644
Großgmain
524
Wolfschwangalm
Schoßwand
Neumeier
Drei-
sessel-
berg
Hochburger
Gmoa Arena
Jhtt.
1590
Vierkaseralm
(verf.)
Faderschneid
Ochsenkopf
1780
Schaffelpoint
20
Dienst-H
Hirschangerquelle
7
04
Lattenberg
909
Hirschangerkopf
1768
800
Weißbach
1072
05
Hallthurm
Achenkopf
1577
1020
Freihmahder Köpf
Gurrwand
Hall-
thurm-
moos
Mittlerer Rotofen
1396
1369
Montgelasnase
Holzstube
Mottkopf
1554
Eisenrichterstein
795
Zehnkaser
Gemeiner Feuerbichel
1562
Jhtt.
Eisenrichter
Pompoint
Lusabethkaser
Rotofenalm-
Diensthtt.
Schwarzenlehen
Reisenkas
Diensthütt
Ulrichshof
Nierntalkopf
1135
Reisenkas
Bichllehen
Mülldeponie
Scheibelkopf
Breindlfeld
Weißbach
Siegellahne
Klausenhäusl
Pfaffen
Pfaffenkogel
816
Grubenbach
Pleicklehen
55
Schneckenmühle
Watzmannblick
Knogl
Burgstallkopf
903
Unter-
640
klapf
894
Winkl-Siedlung
647
Wildfütterung
Ober-
Maria Hilf
Bischofswies

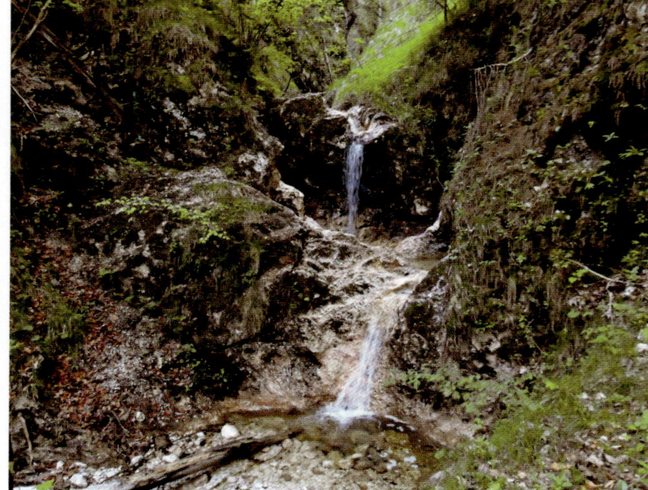
Kleiner Wasserfall am Flotterbach

läuft rechts auf dem Panoramaweg immer am Waldrand entlang, über den Schwarzgraben und den Bichlgraben hinüber, geradewegs Richtung Süden. So haben wir das Lattengebirge zur Hälfte umrundet. An einer großen Kiesgrube vorbei biegen wir links auf den Klaushäuslweg ab, gehen etwa einen halben Kilometer auf der Fahrstraße, biegen den Frechenbach überquerend rechts in den Pfaffenkogelweg ein und stoßen so auf die Bischofswieser Ache. Wir überqueren die Bundesstraße B20, nehmen die erste Abzweigung rechts und wandern die letzten 3 Kilometer entlang der Bundesstraße, bis wir unser Ziel in **Bischofswiesen** 06 erreichen.

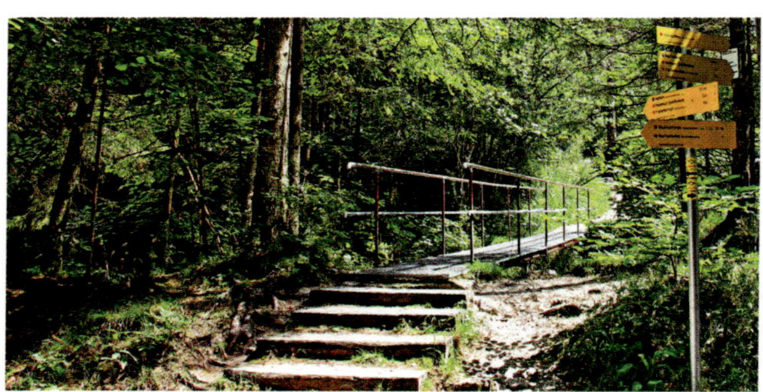
Wegabschnitt der 7. Etappe

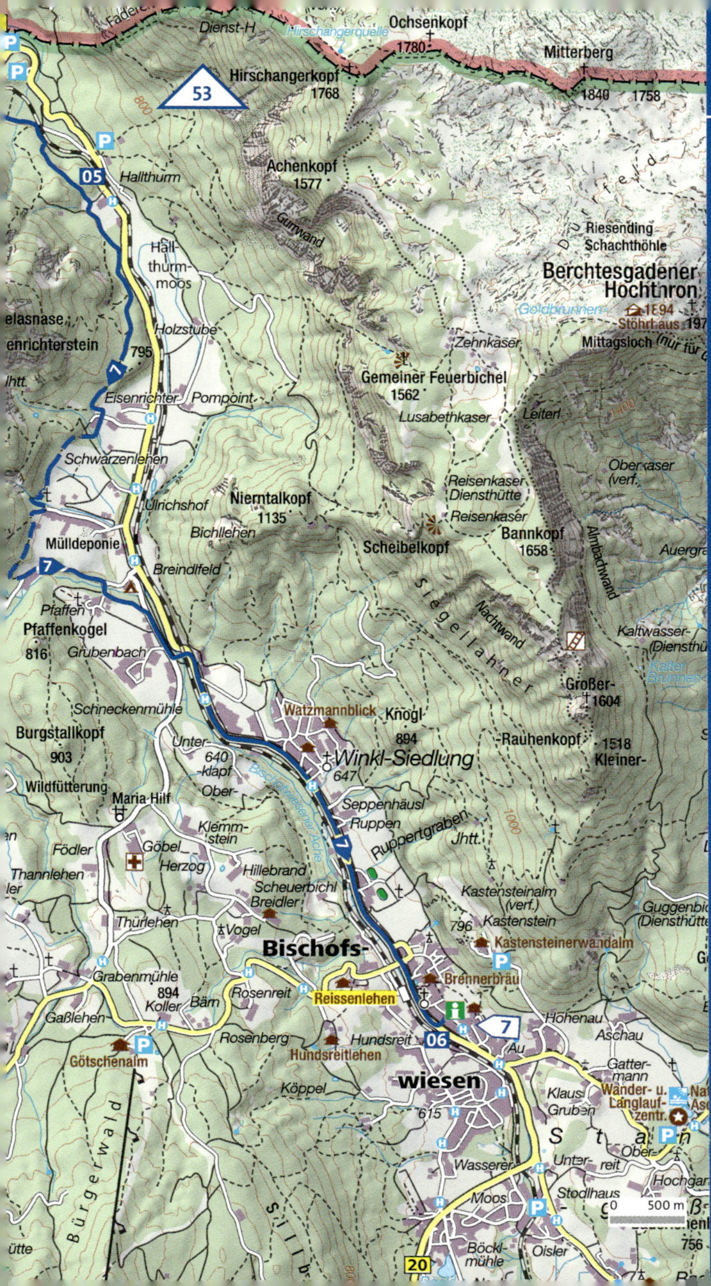

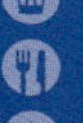
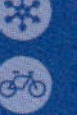

53
Dienst-H
Hirschangerquelle
Ochsenkopf
1780
Mitterberg
1840
1758
Hirschangerkopf
1768
Hallthurm
Achenkopf
1577
Gurrwand
Hallthurmmoos
Riesending Schachthöhle
Berchtesgadener Hochthron
Goldbrunnen
1894
Stöhrhaus
Mittagsloch
Holzstube
795
Zehnkaser
Gemeiner Feuerbichel
1562
Eisenrichter
Pompoint
Lusabethkaser
Leiterl
Schwarzenlehen
Oberkaser (verf.)
Nierntalkopf
1135
Reisenkaser Diensthütte
Reisenkaser
Ulrichshof
Bichllehen
Bannkopf
1658
Mülldeponie
Scheibelkopf
Almbachwand
Breindlfeld
Pfaffen
Pfaffenkogel
816
Grubenbach
Siegellahner
Nachtwand
Kaltwasser- (Diensthü
Kalter Brunnen
Schneckenmühle
Watzmannblick
Knogl
894
Großer-
1604
Burgstallkopf
903
Unter-
640
klapf
Winkl-Siedlung
647
-Rauhenkopf
1518
Kleiner-
Wildfütterung
Maria Hilf
Ober-
Bischofswiesener Ache
Seppenhäusl
Ruppen
Klemm-stein
Ruppertgraben
Jhtt.
Födler
Göbel
Herzog
Hillebrand
Thannlehen
Scheuerbichl
Breidler
Kastensteinalm (verf.)
Kastenstein
Guggenbichl (Diensthütte
Thürlehen
Vogel
796
Bischofs-
Kastensteinerwandalm
Grabenmühle
894
Koller
Bärn
Rosenreit
Reissenlehen
Brennerbräu
Gaßlehen
Hohenau
Aschau
Rosenberg
Hundsreit
06
Au
Götschenalm
Hundsreitlehen
Gatter-mann
Wander- u. Langlauf-zentr.
wiesen
Klaus
Gruben
Köppel
615
Bürgerwald
Wasserer
Unter-
reit
Ober-
Hochgar
Moos
Stedlhaus
0
500 m
Böckl-mühle
Oisler
756
20

8

VON BISCHOFSWIESEN NACH RAMSAU

Entlang von Bächen und über die Mordaualm

 18,6 km 6:00 h 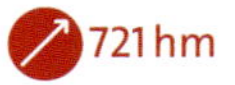 721 hm 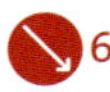 682 hm 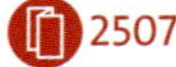 2507

START | Tourist-Information Bischofswiesen [GPS: UTM Zone 33 x: 347.128 m y: 5.279.442 m]
CHARAKTER | Leichte Tour entlang von Forstwegen, über Bäche und durch Wälder. Ein größerer Anstieg und wegen der Länge nicht ganz unanstrengend.

Zum Frechenbach: In entgegengesetzter Richtung nehmen wir von **Bischofswiesen** 01 den Weg von Etappe 7 entlang der Bischofswieser Ache, überqueren die Bundesstraße und den Frechenbach und gelangen so an die große Kiesgrube. Jetzt halten wir uns links und wandern dem Frechenbach folgend bis zum **Klaushäusl** 02.
Meist auf einer Forststraße wandern wir weiter entlang des Bachlaufs, bis wir diesen überqueren: Eine wunderbare Aussicht auf den **Frechenbach** 03 und seine Auenlandschaft lässt uns einen Augenblick verweilen.
Zur Mordaualm: Bis hierhin recht eben, gilt es nun doch etwas an Höhe zu gewinnen. Durch den Wald führt uns der Weg nun ein Stück durch den Tongraben, bevor wir rechts abbiegen und wieder parallel zum Frechenbach, aber entlang des Marchlmühlbachs wandern. Wir passieren die Frechenbachklause. Bäche werden überschritten und Wälder durchstreift, bis wir die knapp 400 Höhenmeter auf die **Mordaualm** erklommen haben. Ein **wunderbares**

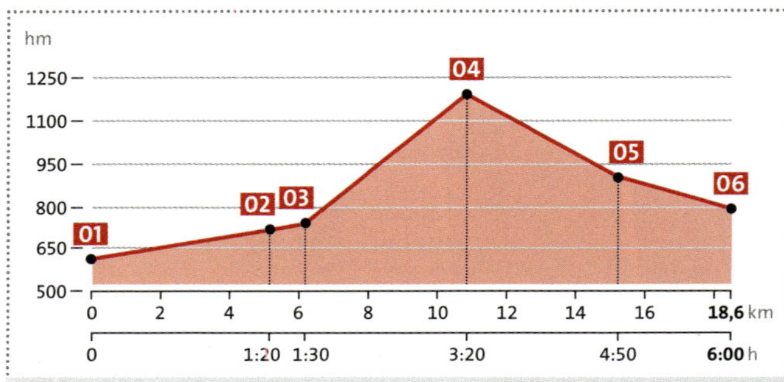

01 Tourist-Information Bischofswiesen, 608 m; 02 Klaushäusl, 704 m; 03 Frechenbach, 726 m; 04 Schöne Aussicht, 1190 m; 05 Aussicht Ramsau, 903 m; 06 Tourist-Information Ramsau, 650 m

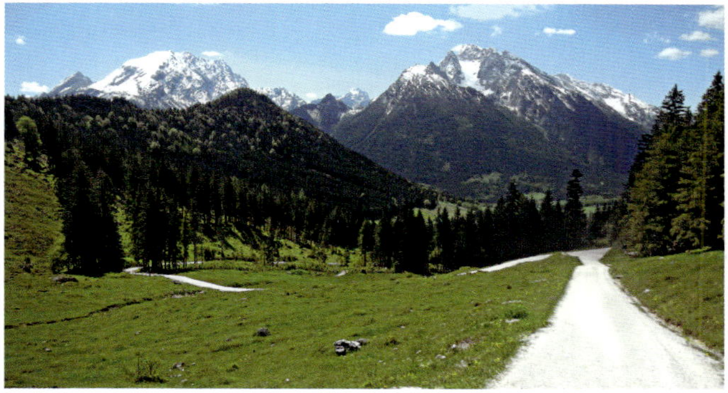
Schöne Aussicht auf den Watzmann und den Hochkalter

Panorama 04 auf das Berchtesgadener Land entschädigt für den doch anstrengenden Aufstieg.
Abstieg: An der Mordaualm vorbei beginnen wir unseren Abstieg nach Ramsau hinunter. Wir biegen zweimal links ab und wandern nach Pfaffental. Hier halten wir uns rechts und folgen dem Weg Nr. 73, begleitet durch einen Weitblick auf den Hochkalter (2607 m) und den Steinberg (2026 m). Am Ende des Wegs treffen wir beim Kaltbachlehen auf die B305, biegen links auf den Wanderweg Nr. 1 ab und halten uns parallel zur Straße. Wir genießen noch einmal die **berauschende Aussicht** 05 auf das Berchtesgadener Bergland. Gleich hinter dem Gasthaus Zipfhäusl biegen wir rechts hinunter in den Schluchtweg, der uns bergab bis zur Ramsauer Kirche führt. Hier biegen wir links ab und wandern noch einige hundert Meter bis zur Tourist-Info Ramsau 06.

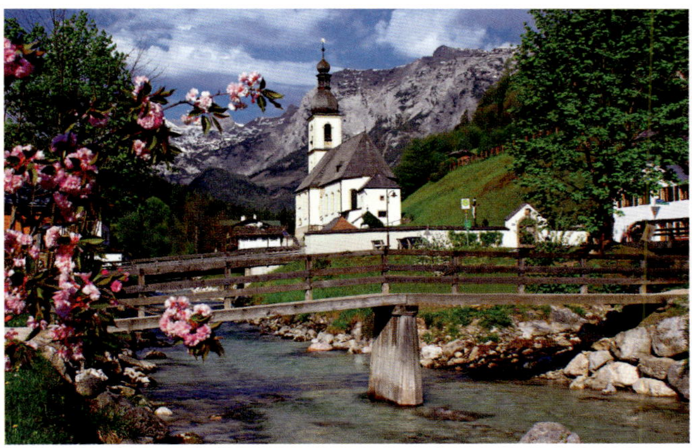
Ramsauer Kirche

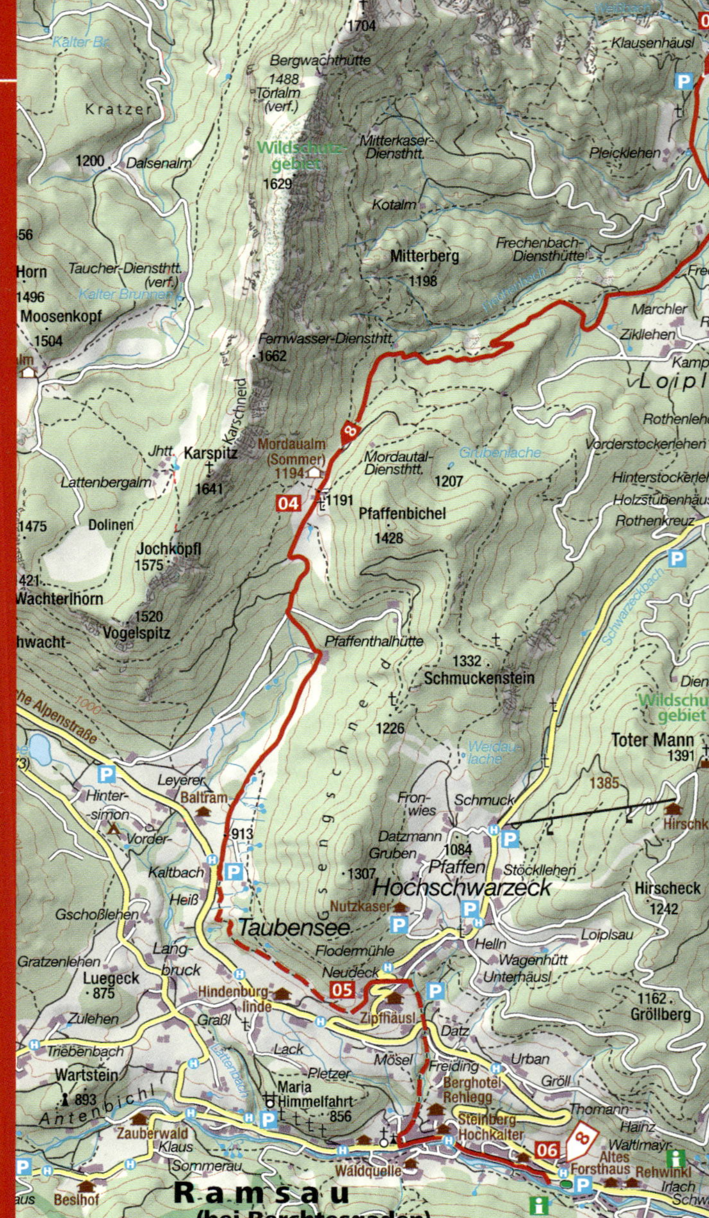
Klause
Diensthütte
Törlkopf
1704
Kälter Br.
Bergwachthütte
1488
Törlalm
(verf.)
Kratzer
Klausenhäusl
Wildschutz-
gebiet
1629
Mitterkaser-
Diensthtt.
1200
Dalsenalm
Pleicklehen
Kotalm
Horn
1496
Taucher-Diensthtt.
(verf.)
Kalter Brunnen
Mitterberg
1198
Frechenbach-
Diensthütte
Moosenkopf
1504
Fernwasser-Diensthtt.
1662
Marchler
Ziklehen
Loipl
Rothenlehen
Karschneid
Jhtt.
Karspitz
1641
Mordaualm
(Sommer)
1194
Mordautal-
Diensthtt.
Grubenlache
1207
Vorderstockerlehen
Hinterstockerlehen
Holzstubenhäusl
Rothenkreuz
Lattenbergalm
04
1191
Pfaffenbichel
1428
Dolinen
1475
Jochköpfl
1575
Wachterlhorn
1520
Vogelspitz
Pfaffenthalhütte
1332
Schmuckenstein
Schwarzeckbach
Wildschutz-
gebiet
Toter Mann
1391
Gengschneid
1226
Weidau-
lache
1385
Hirschkaser
Leyerer
Baltram
Hinter-
-simon
Vorder-
913
Fron-
wies
Schmuck
Datzmann
Gruben
1084
Pfaffen
Stöcklehen
Kaltbach
1307
Hochschwarzeck
Hirscheck
1242
Heiß
Nutzkaser
Gschoßlehen
Taubensee
Loipsau
Flodermühle
Helln
Wagenhütt
Unterhäusl
Gratzenlehen
Lang-
bruck
Luegeck
875
Neudeck
05
Hindenburg-
linde
Zipfhäusl
1162
Gröllberg
Zulehen
Graßl
Datz
Triebenbach
Lack
Mösel
Urban
Wartstein
Pletzer
Freiding
Gröll
893
Antenbichl
Maria
Himmelfahrt
856
Berghotel
Rehlegg
Thomann
Zauberwald
Klaus
Steinberg
Hochkalter
Hainz
Waltlmayr
06
Altes
Forsthaus
Rehwinkl
Sommerau
Waldquelle
Irlach
Beslhof
Ramsau
(bei Berchtesgaden)

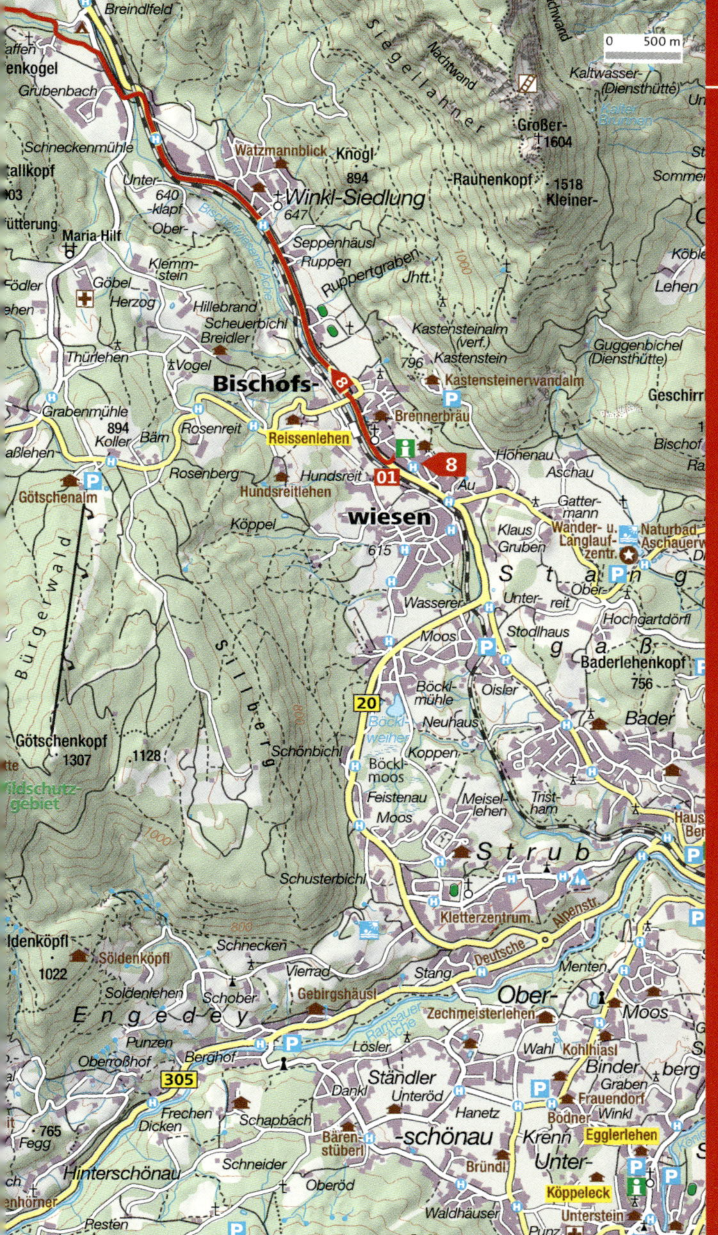
Scheibelkopf
1658
Auergrabenhütte
0 500 m
Breindlfeld
Siegellahner
Nachtwand
Kaltwasser-
(Diensthütte)
Kalter Brunnen
Grubenbach
Großer-
1604
Schneckenmühle
Watzmannblick
Knogl
894
Rauhenkopf
1518
Kleiner-
Sommer
Unter-
640
-klapf
Ober-
Winkl-Siedlung
647
Bischofswieser Ache
Maria Hilf
Seppenhäusl
Ruppen
Ruppertgraben
Jhtt.
1000
Köble
Lehen
Klemm-
stein
Göbel
Herzog
Hillebrand
Scheuerbichl
Breidler
Kastensteinalm
(verf.)
796
Kastenstein
Guggenbichel
(Diensthütte)
Thürlehen
Vogel
Bischofs-
Kastensteinerwandalm
Geschirr
Grabenmühle
894
Koller
Bäm
Rosenreit
Reissenlehen
Brennerbräu
Rosenberg
Hundsreit
01
8
Hohenau
Aschau
Götschenalm
Hundsreitlehen
Au
Gatter-
mann
Köppel
wiesen
Klaus
Gruben
Wander- u.
Langlauf-
zentr.
Naturbad
Aschauerweiher
615
Stanggaß
Ober-
Unter-
reit
Wasserer
Hochgartdörfl
Bürgerwald
Moos
Stodlhaus
Baderlehenkopf
756
Sillberg
Böckl-
mühle
Oisler
20
Böckl-
weiher
Neuhaus
Bader
800
Götschenkopf
1307
1128
Schönbichl
Koppen
Böckl-
moos
Wildschutz-
gebiet
Feistenau
Moos
Meisel-
lehen
Trist-
ham
Haus
Strub
Schusterbichl
Kletterzentrum
Alpenstr.
Söldenköpfl
1022
Schnecken
Deutsche Alpenstr.
Vierrad
Stang
Menten
Soldenlehen
Schober
Gebirgshäusl
Ober-
Engedey
Zechmeisterlehen
Moos
Ramsauer Ache
Punzen
Lösler
Wahl
Kohlhiasl
Oberroßhof
Berghof
Binder
berg
305
Ständler
Graben
Dankl
Unteröd
Frauendorf
Frechen
Schapbach
Hanetz
Bodner
Winkl
765
Fegg
Dicken
Bären-
stüberl
-schönau
Krenn
Egglerlehen
Unter-
Hinterschönau
Schneider
Bründl
Köppeleck
Oberöd
Waldhäuser
Unterstein
Pesten
Punz
Schönau

VON RAMSAU ZUM KÖNIGSSEE

Entlang der alten Soleleitung über den Grünstein zum Königssee

 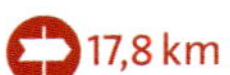 17,8 km  7:15 h  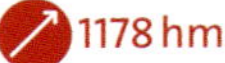 1178 hm 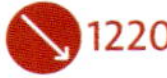 1220 hm  2507

START | Tourist-Information Ramsau
[GPS: UTM Zone 33 x: 342.877 m y: 5.274.528 m]
CHARAKTER | Mühelos geht es historisch entlang der alten Soleleitung. Ein später Anstieg auf den Grünstein sollte beachtet werden. Einkehrmöglichkeiten und tolle Ausblicke entschädigen alle Mühen.

Smaragdgrün, mit einer Wasserqualität die sich sehen lassen kann, liegt der Königssee fjordartig inmitten des Berchtesgadener Landses. Der langgestreckte, von mächtigen Felswänden eingerahmte Gebirgssee ist der heutige Zielpunkt.

Zum Berggasthof Gerstreit: Wir starten an der **Tourist-Information Ramsau** 01 und machen uns auf den Weg, die ersten ca. 250 Höhenmeter zu meistern. Zuerst Richtung Westen entlang der Hauptstraße durch das Bergsteigerdorf. Vor der Kirche biegen wir rechts in den Schluchtweg hinein. Der Weg führt uns stetig bergauf, bis wir das **Zipfhäusl** und den **schönen Wasserfall** 02 am alten **Soleleitungsweg** erreichen. Die Brücke überquert, führt uns der **Soleleitungsweg** 03 auf angeneh-

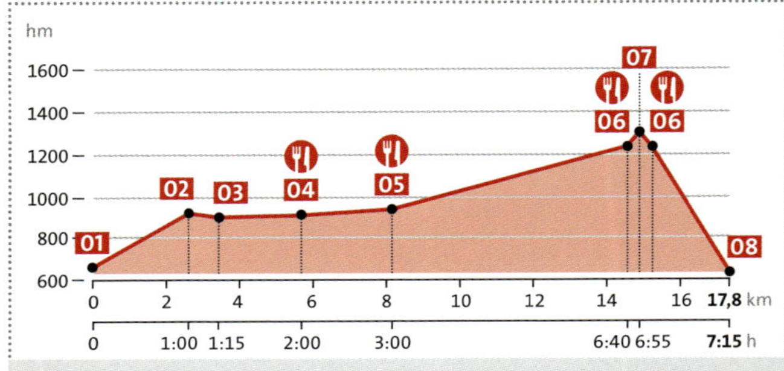

01 Tourist-Information Ramsau, 650 m; 02 Wasserfall Zipfhäusl, 930 m; 03 Alte Soleleitung, 912 m; 04 Gerstreit, 925 m; 05 Berggaststätte Söldenköpfl, 950 m; 06 Grünsteinhütte, 1220 m; 07 Grünsteingipfel, 1306 m; 08 Tourist-Information am Parkplatz Königssee, 600 m

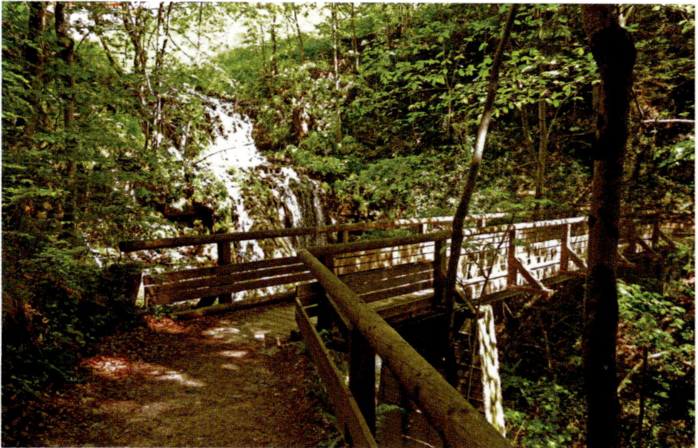

Schöner Wasserfall beim Zipfhäusl

mem Wanderweg und recht eben, meist entlang der Waldgrenze, bis zum **Berggasthof Gerstreit** (970 m) **04**.

Nach Engedey: Weiter auf den Spuren der alten Soleleitung verläuft die nächste Stunde, das **Söldenköpfl** (1022 m) umrundend, gemütlich. Durch den Wald und ohne erhebliche Höhenunterschiede genießen wir, bei der **Berggaststätte Söldenköpfl** (951 m) **05** angelangt,

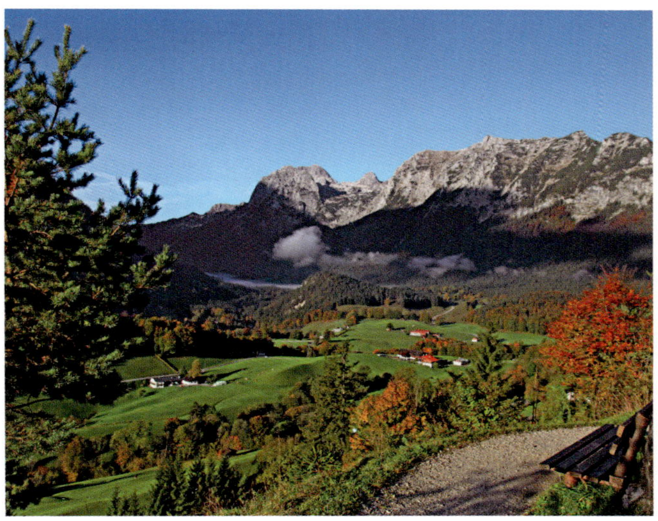

Der alte Soleleitungsweg

den Blick auf unser nächstes Zwischenziel, den **Grünstein**: Bis dorthin und noch viel weiter werden unsere Füße uns heute noch tragen. Nach **Engedey** geht es jetzt erst einmal wieder bergab. Durch Wälder, über eine Forststraße und an einem Vogelschutzgebiet vorbei gelangen wir nach Engedey. Über die **Ramsauer Ache** und den Ort durchquert, steht der Anstieg nach **Hinterschönau** und anschließend auf den **Grünstein** an.

Zum Grünstein: Von Engedey zum großen **Parkplatz Hammerstiel** sind es etwa 1,5 km über eine Forststraße. Die ersten Meter vom Aufstieg auf den Grünstein laufen wir teilweise recht steil auf einem breiten Wanderweg, bis wir bald links auf einen Waldpfad abbiegen. Unsere gesamte Strecke marschieren wir auf dem dicht bewaldeten Rücken des

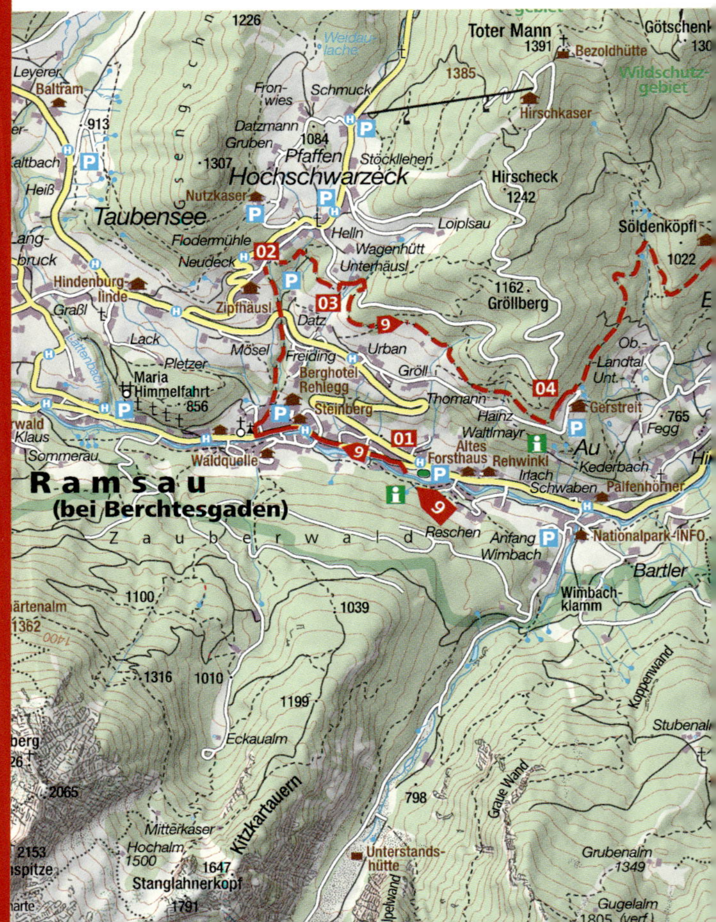

Naturschutzgebiet Berchtesgaden – Königssee

Unter dem Motto „Natur Natur sein lassen" wurde das Gebiet rund um den Königssee 1978 zum Nationalpark erklärt, unter Naturschutz steht es allerdings bereits seit 1910. So konnten sich die artenreichen Mischwälder an den Steilhängen des Königssees mit Buche, Bergahorn, Fichte, Tanne und sogar Lärche recht ungestört entfalten. Auch Fische wie die Seeforelle, der Barsch, der Hecht und der seltene Seesaibling können den Königssee ihr zu Hause nennen.

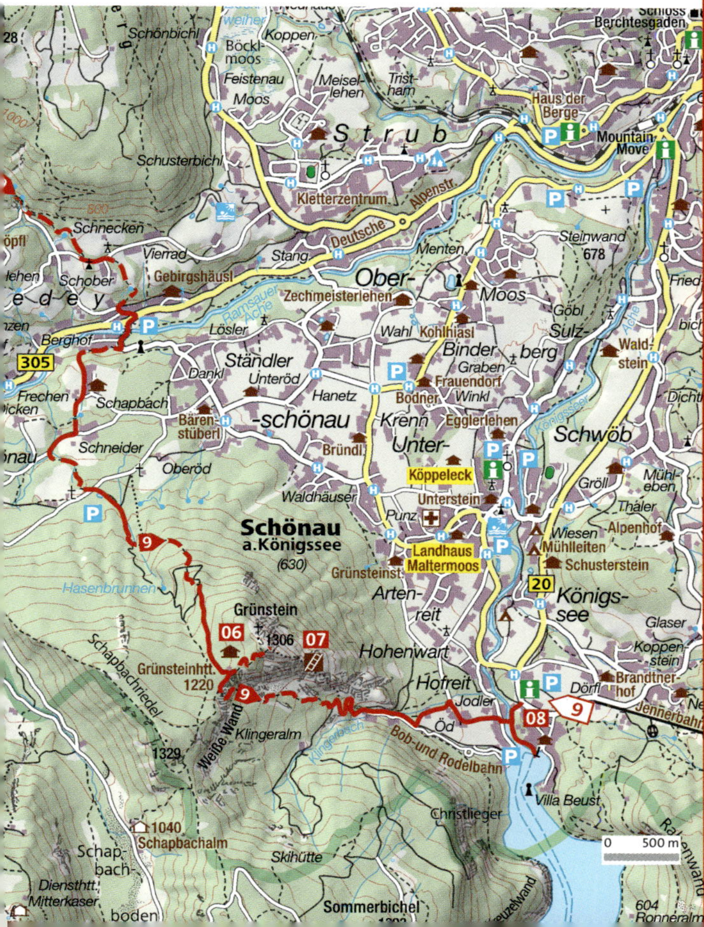

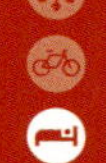

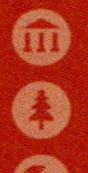

Grünsteins seinem Gipfel entgegen. Alle 100 Höhenmeter informiert uns ein Schild über die bereits zurückgelegten und die noch vor uns liegenden Höhenmeter – eine **Herz-Kreislauf-Testwanderung**. Vom Hammerstiel Parkplatz bis auf die **Grünsteinhütte** (1220 m**)** 06 brauchen wir eine gute Stunde und werden für die geleisteten Mühen mit einem ersten Ausblick auf den **Königssee** und die umliegende Bergpracht belohnt. Bevor man eine kleine Rast in der Grünsteinhütte einlegt, bietet sich der Stichweg auf den **Grünsteingipfel** (1306 m) 07 an. Die ca. 100 Höhenmeter sind schnell gemeistert und man genießt den Rundblick über die umliegenden Berge. **Berchtesgaden**, **Schönau a. Königssee** und der **Jenner** (1874 m) auf der einen Seite, während in der anderen Richtung der **Watzmann** (2713 m) und in weiterer Ferne sogar der **Hochkönig** (2941 m) zu sehen sind. **Abstieg zum Königssee:** Über Stock und Stein und im Zickzack geht es nun zügig, wieder durch den Wald, hinunter zum Königssee. Den Klingerweg erreicht und den Klingerbach überquert, biegen wir erst links in den **Rodelbahnweg** und kurz darauf rechts in den **Jodlerweg** ein. Wir folgen dem Weg, überqueren die Königsseer Ache und genießen den Blick auf den berauschenden **Königssee**, bis wir an der **Tourist-Information am Parkplatz Königssee** 08 ankommen.

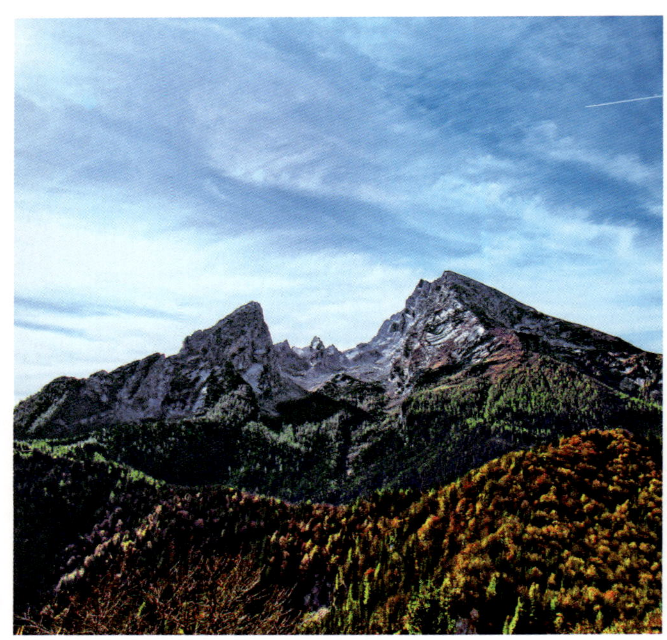

Blick vom Grünstein auf den Watzmann

VOM KÖNIGSSEE NACH BAD DÜRRNBERG

Auf den Spuren der Kelten

  18,8 km  6:30 h 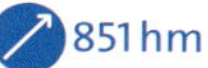 851 hm 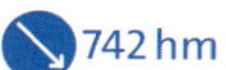 742 hm  2507

START | Tourist-Information am Parkplatz Königssee [GPS: UTM Zone 33 x: 348.797 m y: 5.272.439 m]
CHARAKTER | Technisch einfache Tour auf guten Wegen, aber Länge und Höhenmeter sind nicht zu unterschätzen.

Die 10. Etappe beginnt am malerischen Königssee. Der Wanderweg an der Königsseer Ache führt uns ohne große Steigung nach Berchtesgaden. Von hier aus führt uns der SalzAlpenSteig bis Bad Dürrnberg, dem heutigen Etappenziel.

▶ Wir starten an der **Tourist-Information am Parkplatz Königssee** 01 und nehmen den Wanderweg Richtung Berchtesgaden. Entlang der reißenden Fluten passieren wir eine **malerische Ausbuchtung in der Königsseer Ache** 02 und genießen jede Minute dieses wunderschönen Naturerlebnisses.

Zum Historischen Triftsteg: Beim **Krautkasergraben** entfernen wir uns wieder von der Ache und biegen links ab. Nachdem wir eine kleine Siedlung passiert haben, geht's auch schon wieder an den Ufern des uns begleitenden Wassers entlang. Beim **Achenstüberl** überqueren wir die Königsseer Ache, um dann gleich wieder ih-

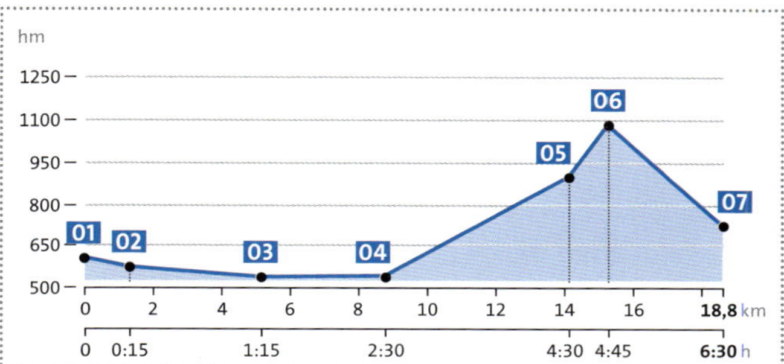

01 Tourist-Information am Parkplatz Königssee, 600 m; 02 Ausbuchtung in der Königsseer Ache, 587 m; 03 Historischer Triftsteg, 544 m; 04 Moserröscher Stollen, 546 m; 05 Auergütl, 906 m; 06 Höchster Punkt, 1075 m; 07 Tourist-Information Bad Dürrnberg, 720 m

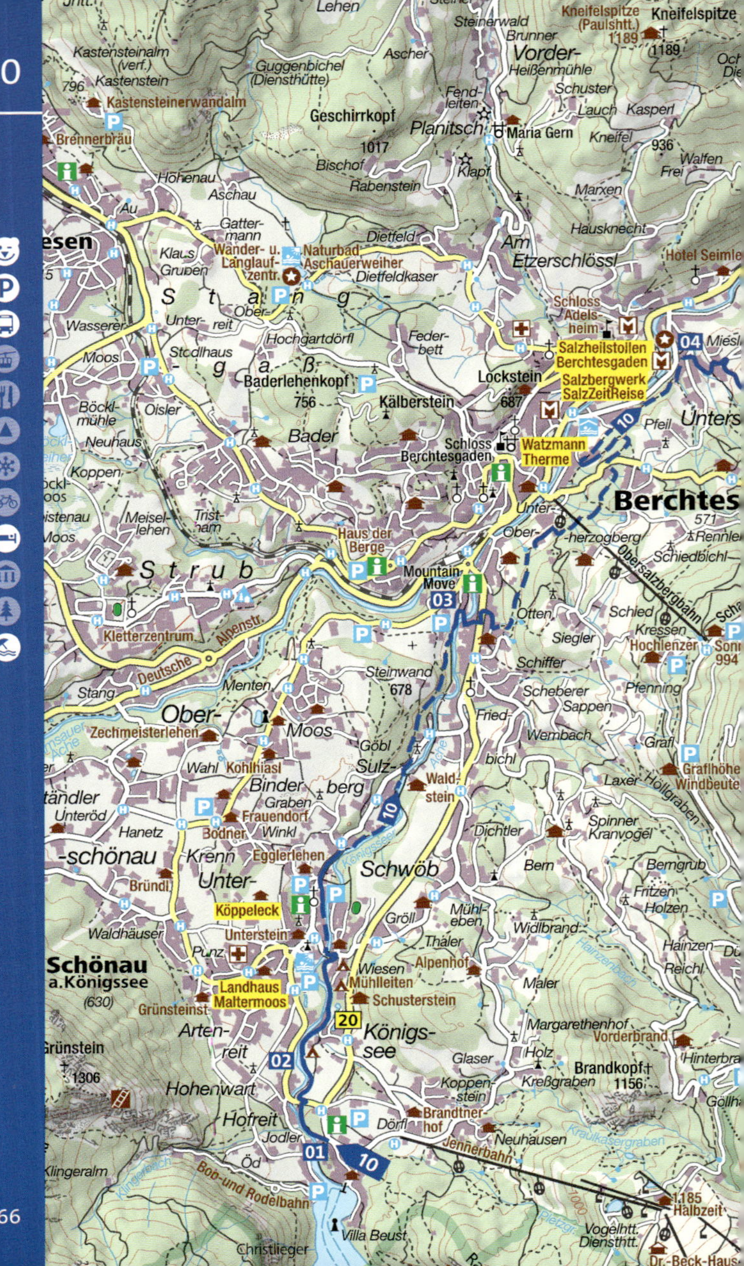
Lehen
Steinerwald
Kneifelspitze (Paulshtt.) 1189
Kneifelspitze 1189
Kastensteinalm (verf.)
796 Kastenstein
Guggenbichel (Diensthütte)
Ascher
Brunner
Vorder-
Heißenmühle
Schuster
Kastensteinerwandalm
Brennerbräu
Fend-leiten
Geschirrkopf 1017
Planitsch
Maria Gern
Lauch
Kasperl
Kneifel
936
Walfen
Frei
Bischof
Rabenstein
Klapf
Hohenau
Aschau
Au
Marxen
Gatter-mann
Wander- u. Langlauf-zentr.
Naturbad Aschauerweiher
Dietfeld
Dietfeldkaser
Hausknecht
Am Etzerschlössl
Hotel Seimler
Klaus
Gruben
Wasserer
Unter-reit
Ober-
Stolhaus
Hochgartdörfl
Feder-bett
Schloss Adels-heim
Salzheilstollen Berchtesgaden
Salzbergwerk SalzZeitReise
Lockstein 687
04
Moos
Baderlehenkopf 756
Kälberstein
Bader
Oisler
Böckl-mühle
Neuhaus
Koppen
Schloss Berchtesgaden
Watzmann Therme
10
Pfeil
Unters
Berchtes
571
Meisel-lehen
Trist-ham
Haus der Berge
Unter-
Ober-
-herzogberg
Rennle
Schiedbichl
Obersalzbergbahn
Strub
Mountain Move
03
Otten
Schied
Kressen
Hochlenzer
Siegler
Kletterzentrum
Alpenstr.
Deutsche
Steinwand 678
Schiffer
Scheberer
Sappen
Pfenning
Menten
Stang
Ober-
Zechmeisterlehen
Moos
Fried-
Wembach
Grafl
Göbl
Sulz-berg
Wahl
Kohlhiasl
bichl
Graflhöhe
Windbeutel
Binder
Graben
Wald-stein
Laxer
Höllgraben
Unteröd
Frauendorf
Hanetz
Bodner
Winkl
Dichtler
Spinner
Kranvogel
-schönau
Krenn
Egglerlehen
Königssee
Schwöb
Berngrub
Bern
Fritzen
Holzen
Unter-
Bründl
Köppeleck
Gröll
Mühl-eben
Widlbrand
Waldhäuser
Unterstein
Thaler
Hainzen
Punz
Alpenhof
Reichl
Schönau a.Königssee (630)
Wiesen
Mühlleiten
Landhaus Maltermoos
Schusterstein
Maler
Grünsteinst
20
Königs-see
Margarethenhof
Vorderbrand
Arten-reit
Grünstein 1306
02
Glaser
Holz
Brandkopf 1156
Hinterbra
Hohenwart
Koppen-stein
Kreßgraben
Hofreit
Brandtner-hof
Dörfl
Jodler
Neuhausen
Kraulkasergraben
01
10
Jennerbahn
Öd
Klingeralm
Klingerbach
Bob- und Rodelbahn
1185 Halbzeit
Vogelhtt. Dienstthtt.
Villa Beust
Christlieger
Dr.-Beck-Haus

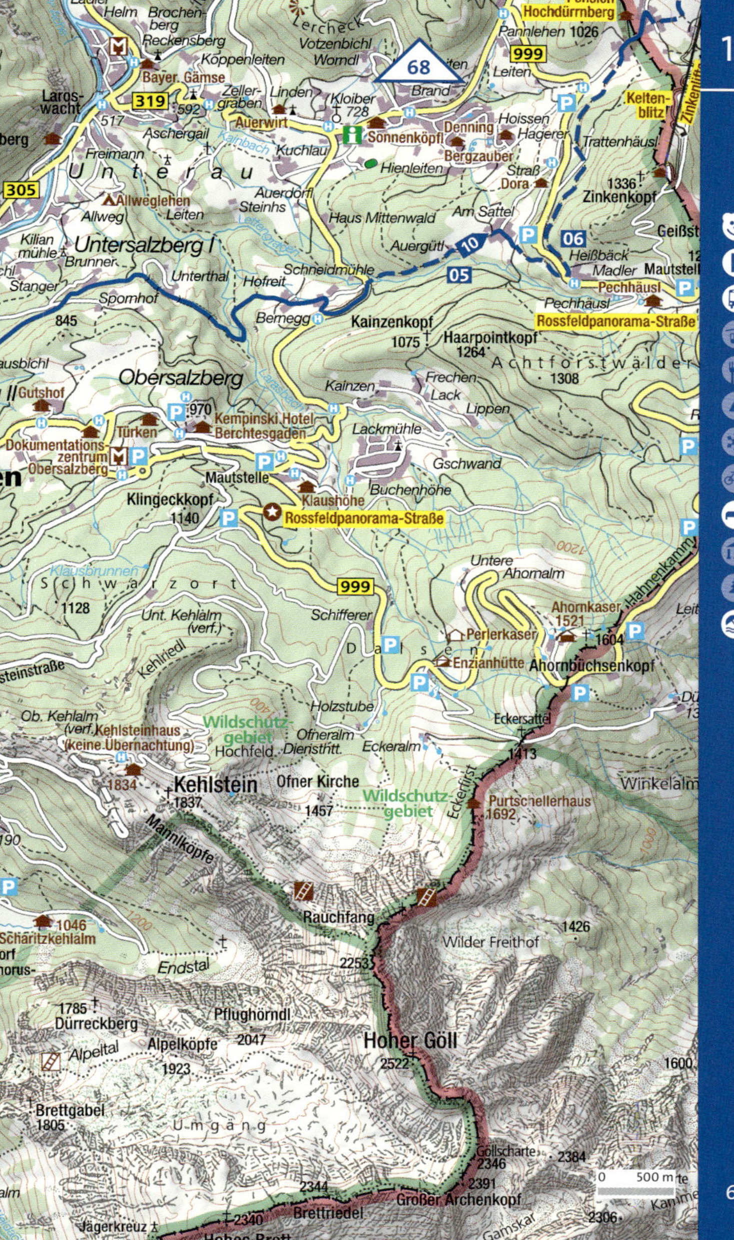
Ladler
Helm
Brochenberg
Reckensberg
Lercheck
Votzenbichl
Worndl
68
Pension
Hochdürrnberg
Pannlehen 1026
999
Leiten
Brand
Köppenleiten
Bayer. Gämse
Laroswacht
319
592
Zellergraben
Linden
Kloiber
728
Auerwirt
Sonnenköpfl
Denning
Hoissen
Hagerer
Kelten-blitz
Zinkenlift
Trattenhäusl
517
Aschergail
Kainbach
Kuchlau
Hienleiten
Bergzauber
Straß
Dora
Freimann
U n t e r a u
305
1336
Zinkenkopf
Allweglehen
Auerdorf
Steinhs
Leiten
Allweg
Haus Mittenwald
Am Sattel
Kilian mühle
Untersalzberg I
Brunner
Auergütl
10
06
Heißbäck
Madler
Mautstell
Geißst
Stanger
Unterthal
Hofreit
Schneidmühle
05
Pechhäusl
Pechhäusl
Rossfeldpanorama-Straße
Spornhof
845
Bernegg
Kainzenkopf
1075
Haarpointkopf
1264
A c h t f o r s t w ä l d e r
1308
Obersalzberg
Gutshof
Kainzen
Frechen
Lack
Lippen
970
Kempinski Hotel
Berchtesgaden
Türken
Lackmühle
Dokumentations-zentrum
Obersalzberg
Gschwand
Mautstelle
Klaushöhe
Buchenhöhe
Klingeckkopf
1140
Rossfeldpanorama-Straße
Klausbrunnen
S c h w a r z o r t
1200
Untere
Ahornalm
999
1128
Unt. Kehlalm (verf.)
Schifferer
Ahornkaser
1521
Hahnenkamm
Kehlried
Perlerkaser
1604
D a l s e n
Enzianhütte
Ahornbüchsenkopf
Holzstube
Ob. Kehlalm (verf.)
Kehlsteinhaus (keine Übernachtung)
Wildschutz-gebiet
Hochfeld
Ofneralm
Dienststt.
Eckeralm
Eckersattel
1413
Winkelalm
1834
Kehlstein
1837
Ofner Kirche
1457
Wildschutz-gebiet
Eckerfirst
Purtschellerhaus
1692
Mannlköpfe
Rauchfang
1046
Scharitzkehlalm
1426
Wilder Freithof
Endstal
2253
1785
Dürreckberg
Pflughörndl
Alpelköpfe
2047
Hoher Göll
2522
Alpeltal
1923
1600
Brettgabel
1805
U m g a n g
Göllscharte
2346
2384
2391
0
500 m
2344
Großer Archenkopf
2306
2340
Brettriedel
Jägerkreuz
Hohes Brett
Gamskar

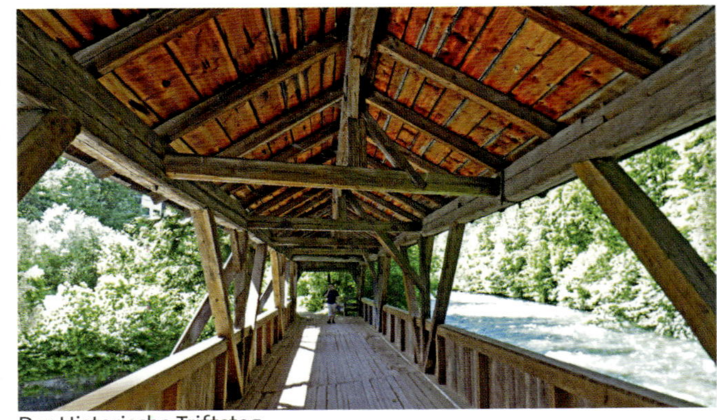

Der Historische Triftsteg

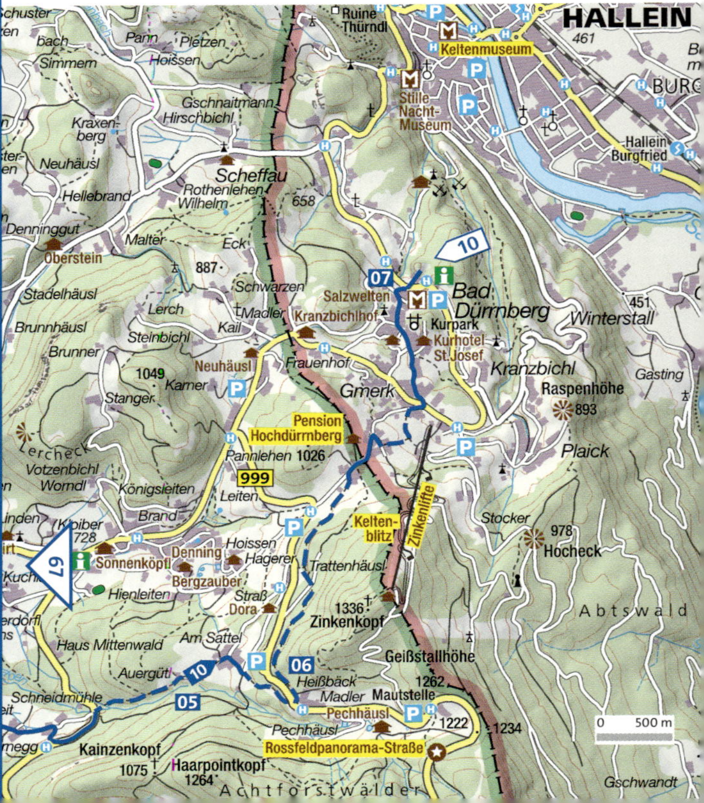

rem Verlauf zu folgen. Nach einem kurzen Stück die Ortsstraße entlang, dem Fluss folgend, bis zum Café Waldstein. Dort überqueren wir die Brücke und gehen rechts ein kurzes Stück an der Straße entlang. Nach 50 Metern führt uns der gegenüberliegende Wanderweg hinauf zum **Sulzberg**. Den wunderbaren Duft des Waldes genießend folgen wir dem Weg in Richtung Friedhof, biegen davor aber rechts hinunter über einen kleinen Pfad zurück zur Ache ab. Nun überqueren wir den Fluss über den **Historischen Triftsteg** 03.

Zum Moserröscher Stollen: Durch die kleine Ortschaft hindurch geht es nun bergauf entlang des **Hedwigsteigs**. Immer dem Wald-

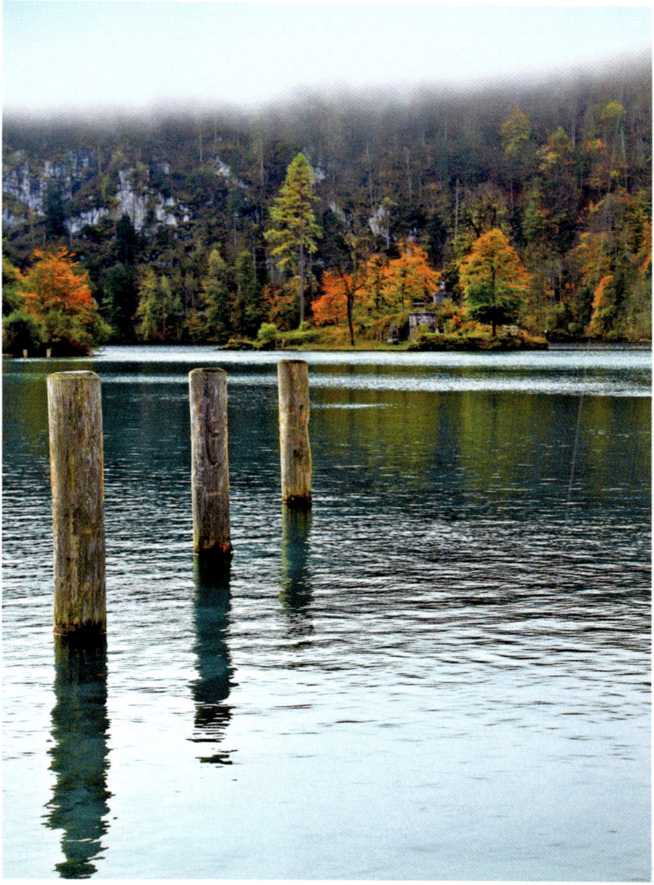

Bootsanlegestelle am malerischen Königssee

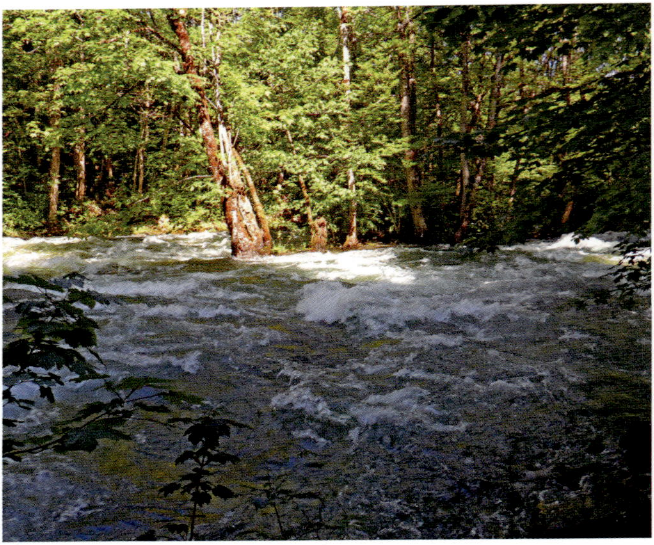

Ausbuchtung an der Königsseer Ache

weg folgend gelangen wir nach **Oberherzogberg,** wo ein wunderschöner Blick auf Berchtesgaden auf uns wartet. Kurz entlang der Straße halten wir uns abermals rechts und verschwinden wieder im Wald. Der Beschilderung Richtung **Kranzbichlweg** folgen. Von dort aus in östlicher Richtung den Waldrand entlang. Auf der linken Seite ist die Watzmann Therme zu sehen, die für Jung und Alt Badespaß bietet.

Am Ende des **Hedwigsteigs** kann ein lohnender Abstecher ins Salzbergwerk gemacht werden. Vorbei am **Moserröscher Stollen** 04 überqueren wir die Straße und gehen steil bergauf Richtung **Oberau**. Der Schotterstraße folgend passieren wir die aus dem 19. Jahrhundert stammenden Stollen des Salzbergwerks Berchtesgaden. Wir biegen immer mal wieder in den Wald ab, überqueren den Larosbach und gelangen nach Hofreit. Beim Hofreitgut gehen wir entlang der Straße und biegen beim nächsten Hof über die Wiese zur B319 ab.

Nach Bad Dürrnberg: Die Straße kurz entlang und anschließend steil durch den Wald bergauf passieren wir das **Auergütl** 05. **Am Sattel** halten wir uns rechts und haben nur noch wenige Höhenmeter bis wir die Rossfeldstraße überqueren, unseren **heutigen Höchstpunkt** 06 erreichen und den Waldweg Richtung **Gmerk** in Angriff nehmen.

Am **Rottenlift** vorbei übertreten wir die Grenze nach Österreich. Rechts abgebogen, einem Wiesenpfad folgend, passieren wir die **Talstation der Zinkenlifte,** um dann geradewegs das kleine, malerisch gelegene Ortszentrum von **Bad Dürrnberg** 07 zu erreichen.

VON BAD DÜRRNBERG NACH GOLLING

Truckentannalm – Bürgerausee – Salzach

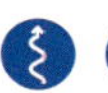 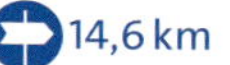 14,6 km 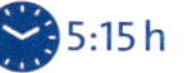 5:15 h 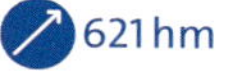 621 hm  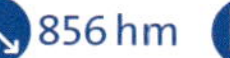 856 hm 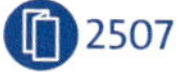 2507

START | Tourist-Information Bad Dürrnberg
[GPS: UTM Zone 33 x: 356.714 m y: 5.281.253 m]
CHARAKTER | Die technisch einfache Etappe verläuft meist auf Forstwegen.

Wir starten in **Bad Dürrnberg** am **Informationsstand** 01 und gehen weiter in Richtung Zinkenlifte. Kurz entlang der Bundesstraße zweigen wir rechts in die Straße hinauf, um dann die Skipiste zu queren. Sofort sticht uns der atemberaubende **Ausblick** 02 auf das Salzburger Becken mit Salzburger Hochthron und Gaisberg ins Auge.
Wir halten uns links und folgen dem Forstweg in Richtung des Zinkenkopfs. An einer Lichtung angekommen trennen sich nun die Forstwege und wir biegen links ab in den Wald hinein. Auch hier bietet sich ein wunderschöner Ausblick auf die Osterhorngruppe. Dem gut ausgebauten Forstweg folgend, kommen wir nach ca. 500 Metern an eine Weggabelung. Hier biegen wir rechts ab und folgen dem Weg bis wir zur **Truckentannalm** (1105 m) 03 gelangen. Eine Rast kann hier nicht verkehrt sein.
Nach Kuchl: Von der Alm, dem höchsten Punkt unserer Tour, gehen wir auf einem angenehmen Waldpfad bergab in Richtung des Schleier Wasserfalls. Unbeirrt dem Weg folgend passieren wir den beeindruckenden **Schleier-**

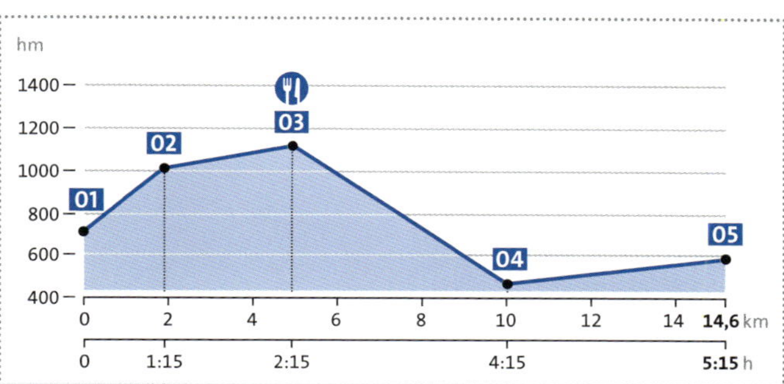

01 Tourist-Information Bad Dürrnberg, 720 m; 02 Schöne Aussicht, 1013 m; 03 Truckentannalm, 1105 m; 04 Kuchl an der Salzach, 461 m; 05 Tourist-Information Golling, Gollinger Burg, 486 m

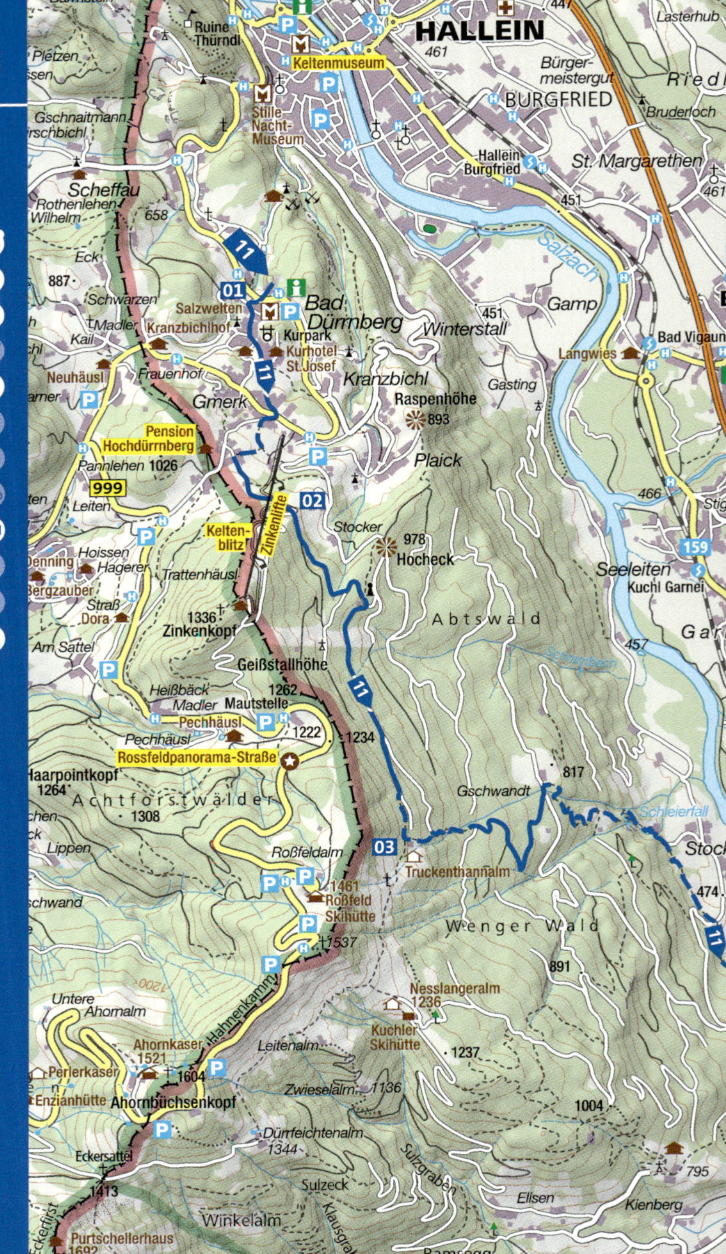
HALLEIN
Keltenmuseum
Stille Nacht-Museum
BURGFRIED
Hallein Burgfried
St. Margarethen
Salzach
Bad Dürrnberg
Salzwelten
Kurpark
Kurhotel St.Josef
Kranzbichlhof
Winterstall
Gamp
Bad Vigaun
Langwies
Kranzbichl
Raspenhöhe
Gmerk
Plaick
Pension Hochdürrnberg
Zinkenlifte
Keltenblitz
Hocheck
Stocker
Seeleiten
Kuchl Garnei
Abtswald
Zinkenkopf
Geißstallhöhe
Mautstelle
Pechhäusl
Rossfeldpanorama-Straße
Achtforstwälder
Gschwandt
Schleierfall
Roßfeldalm
Truckenthannalm
Roßfeld Skihütte
Wenger Wald
Nesslangeralm
Kuchler Skihütte
Leitenalm
Hahnenkamm
Ahornkaser
Perlerkaser
Enzianhütte
Ahornbüchsenkopf
Zwieselalm
Dürrfeichtenalm
Sulzgraben
Eckersattel
Sulzeck
Klausgraben
Winkelalm
Purtschellerhaus
Elisen
Kienberg
Ramsegg
Scheffau
Schwarzen
Neuhäusl
Pannlehen
Leiten
Hoissen
Hagener
Trattenhäusl
Bergzauber
Dora
Am Sattel
Haarpointkopf
Untere Ahornalm
Ruine Thürndl
Lasterhub
Bürgermeistergut
Riedl
Bruderloch
Gasting
Stock

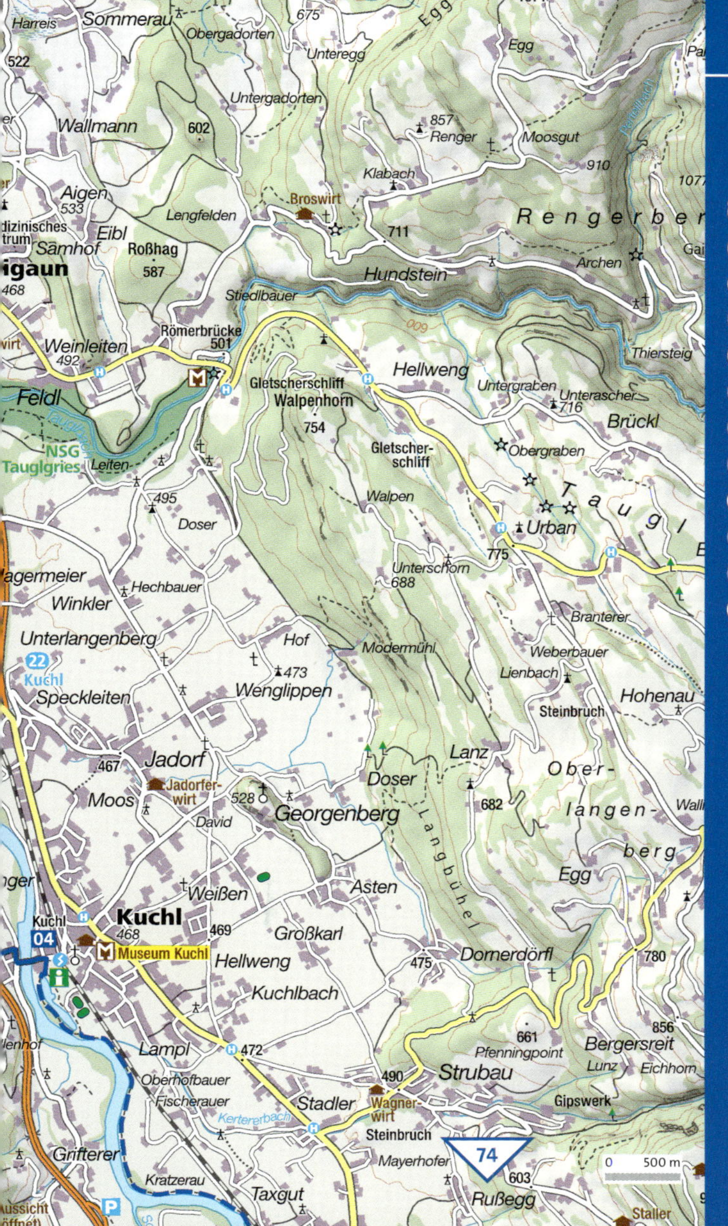
Sommerau
Obergadorten
Unteregg
Eggwald
Wallmannreit
Egg
Untergadorten
Wallmann
602
Renger
Moosgut
Klabach
Broswirt
Aigen
Lengfelden
711
Rengerberg
Eibl
Sämhof
Roßhag
587
Hundstein
Archen
Stiedlbauer
Römerbrücke
501
Weinleiten
492
Thiersteig
Hellweng
Gletscherschliff
Walpenhorn
754
Untergraben
Unterascher
716
Feldl
Brückl
NSG Tauglgries
Leiten
Gletscherschliff
Obergraben
495
Doser
Walpen
Taugl
Urban
775
Unterschorn
688
Hechbauer
Winkler
Branterer
Unterlangenberg
Hof
Modermühl
Weberbauer
22
Kuchl
473
Lienbach
Speckleiten
Wenglippen
Hohenau
Steinbruch
Jadorf
467
Lanz
Jadorferwirt
Oberlangenberg
Moos
528
Doser
682
David
Georgenberg
Langbühel
Egg
Weißen
Asten
Kuchl
04
Kuchl
468
469
Großkarl
Museum Kuchl
Hellweng
475
Dornerdörfl
780
Kuchlbach
661
856
Pfenningpoint
Bergersreit
Lampl
472
Strubau
Lunz
Eichhorn
Oberhofbauer
490
Fischerauer
Stadler
Wagnerwirt
Gipswerk
Kerterer bach
Steinbruch
74
Grifterer
Mayerhofer
603
0 500 m
Kratzerau
Taxgut
Rußegg
Staller

11

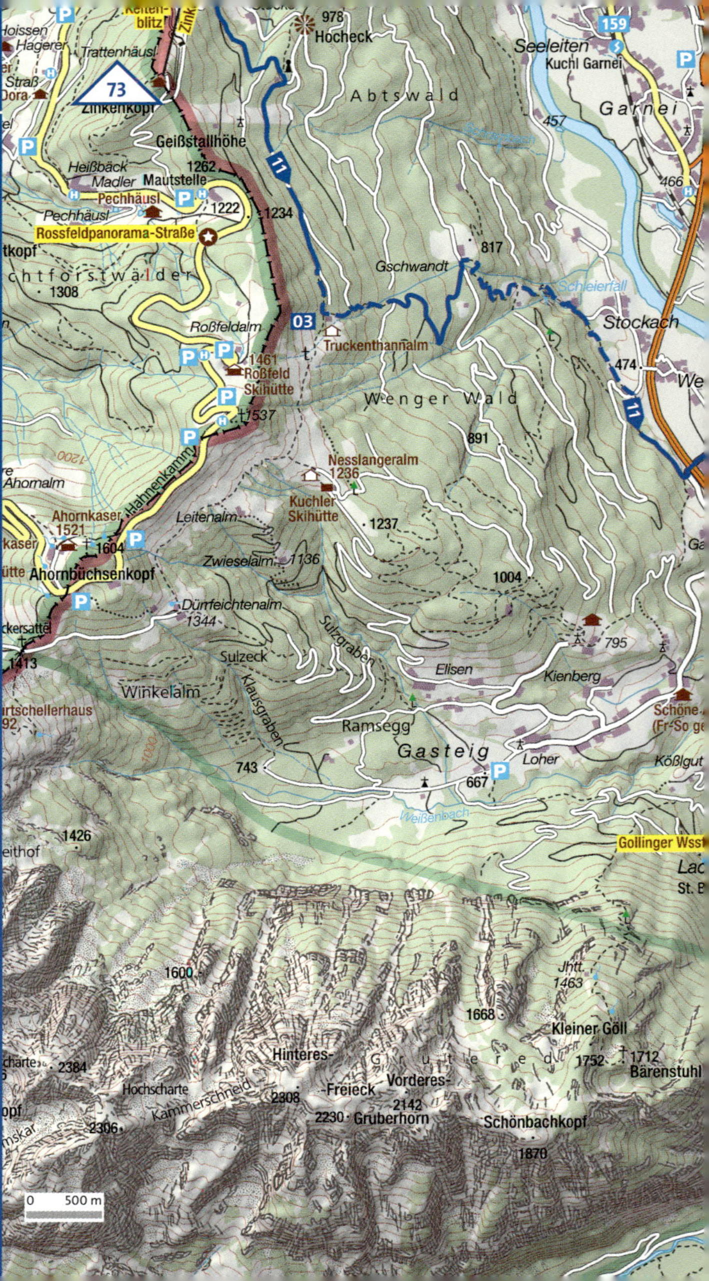

Hoissen
Hagerer
Trattenhäusl
73
Zinkenkopf
Geißstallhöhe
Heißbäck
Madler
Mautstelle
1262
Pechhäusl
1222
1234
Pechhäusl
Rossfeldpanorama-Straße
1308
Roßfeldalm
1461
Roßfeld Skihütte
1537
Hahnenkamm
Ahornalm
Ahornkaser
1521
1604
Ahornbüchsenkopf
Leitenalm
Zwieselalm
1136
Dürrfeichtenalm
1344
1413
Sulzeck
Winkelalm
Klausgraben
Sulzgraben
743
1426
978
Hocheck
Abtswald
11
Gschwandt
817
03
Truckenthannalm
Wenger Wald
891
Nesslangeralm
1236
Kuchler Skihütte
1237
1004
795
Elisen
Kienberg
Ramsegg
Gasteig
Loher
667
Weißenbach
Seeleiten
Kuchl Garnei
Garnei
159
457
466
Schleierfall
Stockach
474
Kößlgut
Gollinger Wsst
1600
1668
Jhtt.
1463
Kleiner Göll
1752
1712
Bärenstuhl
Hinteres-
-Freieck
2308
Vorderes-
2142
2230
Gruberhorn
Schönbachkopf
1870
2384
Hochscharte
Kammerschneid
2306
0 500 m

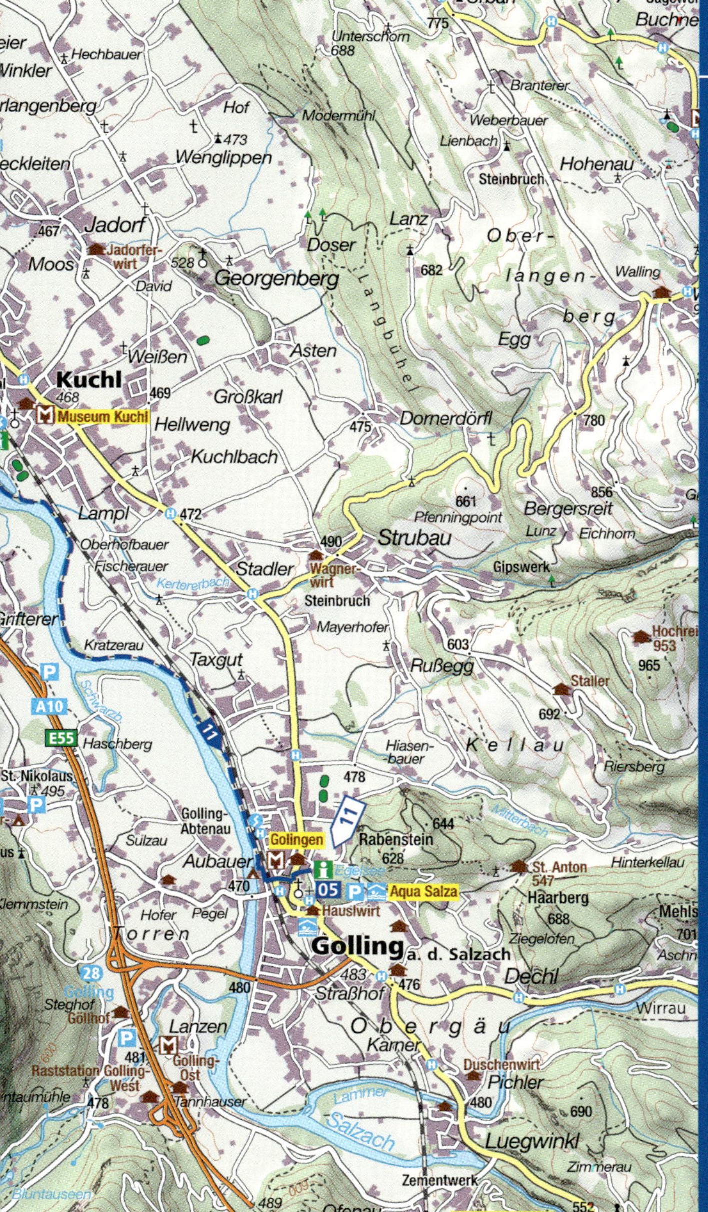
Doser
Urban
Unterschorn 688
Hechbauer
Winkler
Branterer
Hof
Modermühl
Weberbauer
Lienbach
Wenglippen
Hohenau
Steinbruch
Jadorf
Lanz
Jadorfer-wirt
Doser
Ober-langen-berg
Moos
Georgenberg
Walling
David
Langbühel
Egg
Weißen
Asten
Kuchl
Großkarl
Museum Kuchl
Hellweg
Dornerdörfl
Kuchlbach
Lampl
Pfenningpoint
Bergersreit
Oberhofbauer
Strubau
Lunz
Eichhorn
Fischerauer
Stadler
Wagner-wirt
Gipswerk
Kertererbach
Steinbruch
Mayerhofer
Hochrei
Kratzerau
Taxgut
Rußegg
Staller
A10
E55
Haschberg
Hiasen-bauer
Kellau
Riersberg
St. Nikolaus
Golling-Abtenau
Mitterbach
Sulzau
Golingen
Rabenstein
St. Anton
Hinterkellau
Aubauer
Egelsee
Aqua Salza
Haarberg
Hauslwirt
Hofer
Pegel
Ziegelofen
Torren
Golling a. d. Salzach
Dechl
Straßhof
Wirrau
Golling
Steghof
Göllhof
Lanzen
Obergäu
Karner
Raststation Golling-West
Golling-Ost
Duschenwirt
Pichler
Tannhauser
Lammer
Salzach
Luegwinkl
Zimmerau
Zementwerk
Bluntauseen
Ofenau
Erlebnisschlucht Salzachöfen

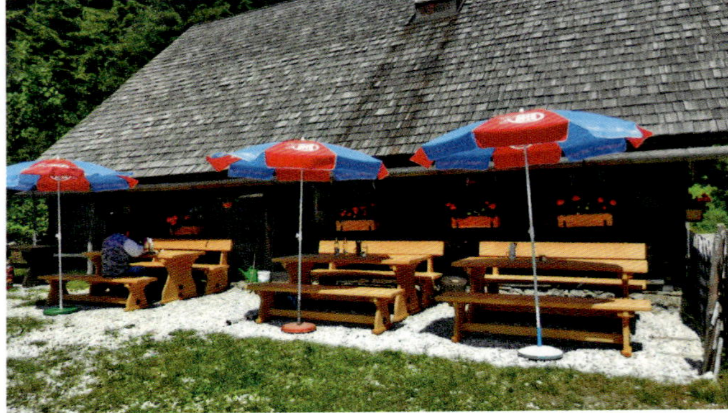
Die Truckentannalm

fall, um dann in Richtung Südosten durch das Quellschutzgebiet immer mehr an Höhe zu verlieren. Nach einem Mix aus Wald und Lichtungen erreichen wir die Gasteigstraße, welche uns durch die Unterführung nach **Kuchl** 04 führt.

Nach Golling: Wir überqueren die Salzach, um bei der ersten Abzweigung rechts abzubiegen und schließlich den Bürgerausee zu erreichen. Einen Sprung ins kühle Nass haben wir uns hier auf jeden Fall verdient. Entlang des Südwest-Ufers gehen wir den Schotterweg, der uns weiter entlang der Salzach Richtung Süden führt. Die wunderbare Auenlandschaft genießend kommen wir unserem Tagesziel immer näher. Wir folgen weiterhin dem Verlauf des Weges und erreichen auch schon bald den Gollinger Bahnhof. Hier biegen wir links ab, überqueren die Gleise und nähern uns dem Ortszentrum. Entlang der Hauptstraße schlendern wir durch die malerische Ortschaft mit seinen kleinen Läden und Cafés. Kulturbegeisterte kommen bei einem Besuch im **Museum Burg Golling** 05 voll auf ihre Kosten.

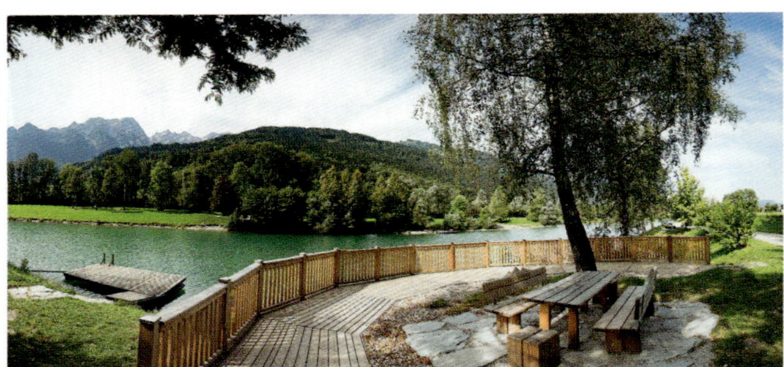
Bürgerausee – Kuchl

VON GOLLING NACH SCHEFFAU

Entlang der Salzach und der Lammer

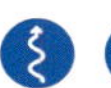  13 km  4:15 h 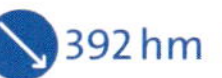 393 hm  392 hm 2507

START | Tourist-Information Golling, Burg Golling
[GPS: UTM Zone 33 x: 365.669 m y: 5.272.351 m]
CHARAKTER | Leichte und kurze Etappe entlang wunderbarer Auenlandschaften, die wenig anstrengend einen imposanten Ausblick auf die hohen Berge gewährt

Die Salzachöfen

Die unbändige Kraft des Wassers – Vom nahe gelegenen Pass Lueg aus sind es nur wenige Schritte bis zur wildromantischen Schlucht „Salzachöfen". Der Durchbruch zwischen Tennen- und Hagengebirge in den Dachsteinkalk ist über 80 m tief. Im beeindruckenden „Dom" scheinen sich die Felswände völlig zu schließen.
Action in der Erlebnisschlucht Salzachöfen – einzigartiges Naturprojekt mit geführter Tour und Flying Fox, www.erlebnisschlucht.at

Unsere heutige Tour starten wir im Ortszentrum von **Golling**. Vorbei an der **Burg Golling** 01 geht es Richtung Bahnhof. Dort überqueren wir die Gleise, biegen links ab und gehen geradeaus die **Salzachstraße** entlang nach Süden. Wir gehen unterhalb der Lammertal-Bundestraße hindurch und entlang der Salzach weiter.

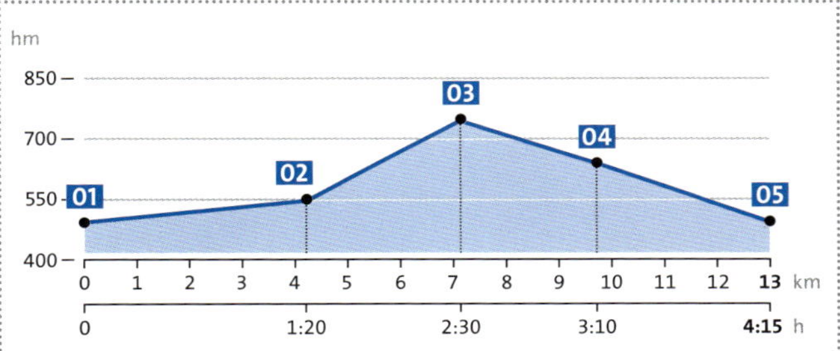

01 Tourist-Information Golling, Gollinger Burg, 486 m; 02 Salzachklamm, 550 m; 03 Höchster Punkt, 734 m; 04 Infangalm, 630 m; 05 Tourist-Information Unterscheffau, St. Ulrichskirche, 486 m

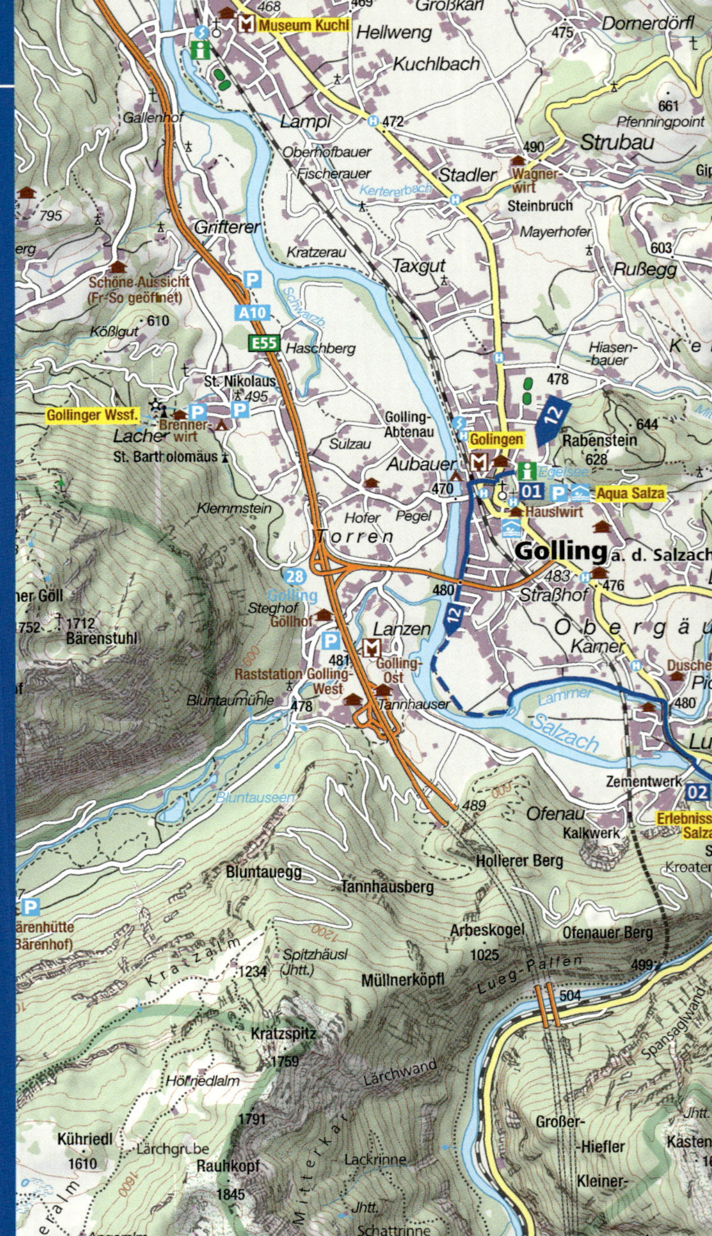

Kuchl
468
469
Großkarl
Museum Kuchl
Hellweng
475
Dornerdörfl
Kuchlbach
661
Pfenningpoint
Gallenhof
Lampl
472
Strubau
Oberhofbauer
490
Fischerauer
Stadler
Wagner-wirt
Kerterer bach
Steinbruch
795
Grifterer
Mayerhofer
Kratzerau
603
Taxgut
Rußegg
Schöne Aussicht (Fr-So geöffnet)
A10
Schwarzb.
Kößlgut
610
E55
Haschberg
Hiasen-bauer
St. Nikolaus
495
478
Gollinger Wssf.
Brenner-wirt
Golling-Abtenau
644
Lacher
Sulzau
Golingen
Rabenstein
St. Bartholomäus
Aubauer
628
Egelsee
470
01
Aqua Salza
Klemmstein
Hofer
Pegel
Hauslwirt
Torren
Golling a. d. Salzach
28
Golling
480
483
476
Straßhof
Steghof
Göllhof
Lanzen
Obergäu
1712
Bärenstuhl
Kamer
481
Golling-Ost
Raststation Golling-West
Tannhauser
Lammer
480
Bluntaumühle
478
Salzach
Zementwerk
02
Bluntauseen
489
Ofenau
Kalkwerk
Erlebniss
Hollerer Berg
Kroater
Bluntauegg
Tannhausberg
Arbeskogel
Ofenauer Berg
1025
Spitzhäusl (Jhtt.)
1234
Krazalm
Müllnerköpfl
Lueg-Paß
499
504
Kratzspitz
1759
Lärchwand
Spansaglwand
Hörriedlalm
1791
Großer-
Kühriedl
1610
-Hiefler
Kasten
Lärchgrube
Rauhkopf
Lackrinne
Kleiner-
1845
Mitterkar
Jhtt.
Schattrinne
Angeralm

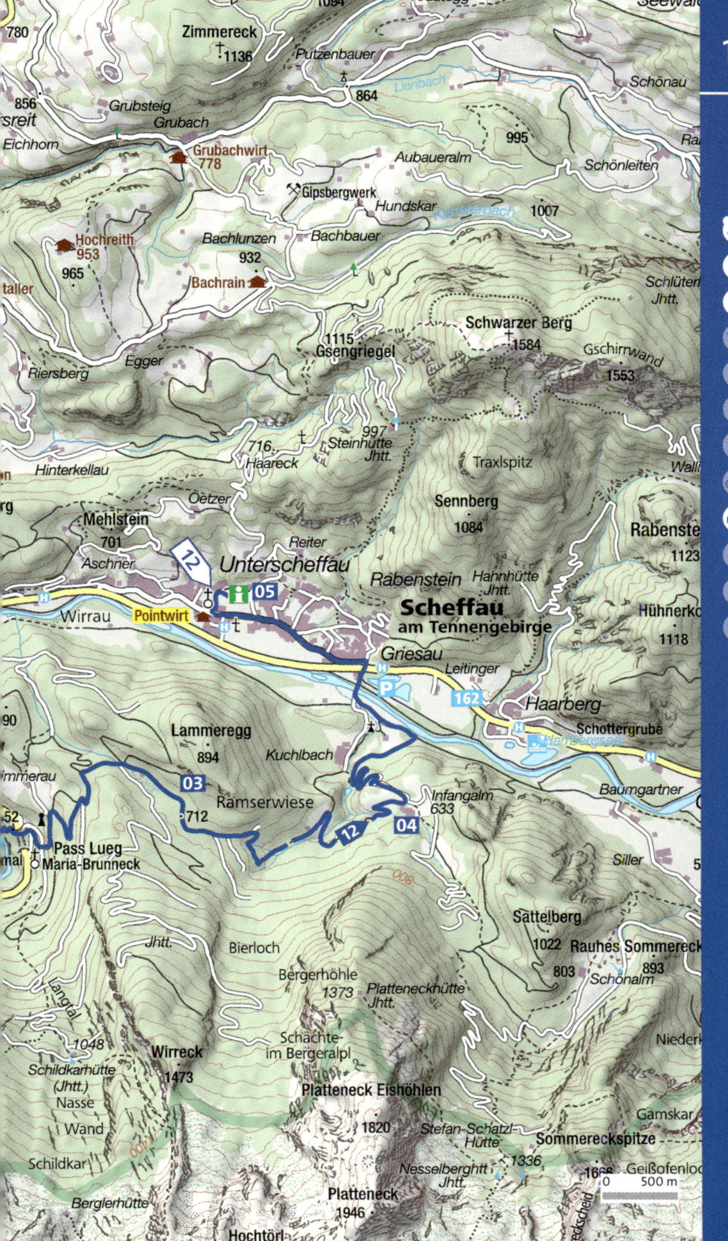

Zimmereck
1136
1094
Krautegg
Seewald
Putzenbauer
864
Lienbach
Schönau
780
856
Grubsteig
Grubach
Eichhorn
Grubachwirt
778
995
Aubaueralm
Schönleiten
Gipsbergwerk
Hundskar
1007
Hochreith
953
965
Bachlunzen
932
Bachbauer
Bachrain
Schlüterl
Jhtt.
Schwarzer Berg
1584
1115
Gsengriegel
Gschirrwand
1553
Egger
Riersberg
997
Steinhütte
Jhtt.
716
Haareck
Traxlspitz
Hinterkellau
Oetzer
Sennberg
1084
Mehlstein
701
Reiter
Rabenste
1123
Aschner
12
Unterscheffau
Rabenstein
Hahnhütte
Jhtt.
05
Scheffau
am Tennengebirge
Wirrau
Pointwirt
Hühnerk
1118
Griesau
Leitinger
162
Haarberg
Lammeregg
894
Schottergrube
Kuchlbach
Baumgartner
03
Ramserwiese
Infangalm
633
712
04
Pass Lueg
Maria-Brunneck
Siller
Sattelberg
1022
Rauhes Sommereck
803
893
Schönalm
Jhtt.
Bierloch
Bergerhöhle
1373
Platteneckhütte
Jhtt.
Langtal
1048
Schildkarhütte
(Jhtt.)
Nasse
Wand
Schildkar
Wirreck
1473
Schächte
im Bergeralpl
Platteneck Eishöhlen
1820
Stefan-Schatzl-
Hütte
Sommereckspitze
Niederk
Gamskar
1336
Nesselberghtt
Jhtt.
Geißofenloc
Berglerhütte
Platteneck
1946
Hochtörl
0 500 m

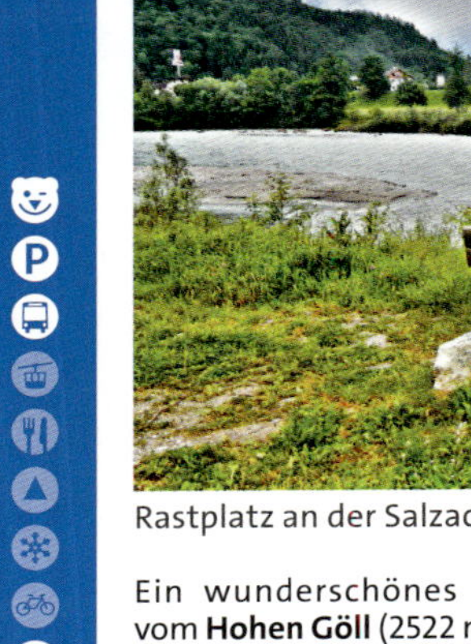

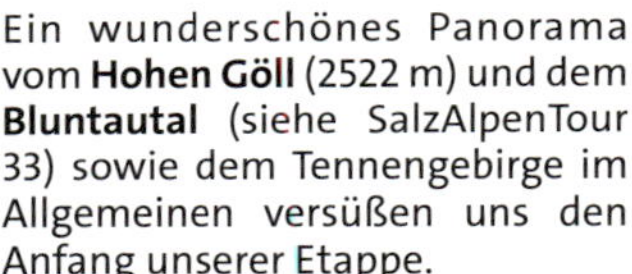

Rastplatz an der Salzach

Ein wunderschönes Panorama vom **Hohen Göll** (2522 m) und dem **Bluntautal** (siehe SalzAlpenTour 33) sowie dem Tennengebirge im Allgemeinen versüßen uns den Anfang unserer Etappe.

Zur Klamm: Wir verlassen die Straße und folgen dem Verlauf der Salzach auf einem Pfad. An der Mündung der Lammer gehen wir entlang dieser weiter und gelangen bald an die Salzachtal-Bundesstraße. Dort biegen wir rechts ab und überqueren den Fluss, um ca. 250m der Linkskurve entlang der Bundesstraße auf dem Gehweg zu folgen. Dann biegen wir rechts Richtung Industriegelände ab und nehmen gleich anschließend den Pfad links nach oben Richtung **Salzachklamm** 02

Vorbei an den **Salzachöfen** genießen wir das Rauschen der Wassermassen. Hier geht es nun bergauf. Festes Schuhwerk ist unbedingt erforderlich. Abermals überqueren wir die Bundesstraße und wandern in Richtung **Lammeregg hinauf** 03, bis wir unseren **höchsten Punkt** erreicht haben.

Abstieg: Südlich des Gipfels geht es dann bergab Richtung **Infangalm** 04, die wir nach ca. einer halben Stunde erreicht haben. Links hinunter in Richtung Lammer und **Scheffau** folgen wir dem Wanderweg, bis wir an den Fluss kommen. Hier biegen wir links ab und gehen entlang des Wassers. Kurze Zeit später erreichen wir die Straße und überqueren mit ihr die Lammer. Die B 162 überquerend biegen wir in **Griesau** links ab und gehen Richtung **Unterscheffau**. Wir folgen dem Straßenverlauf und erreichen das Ziel unserer heutigen Tour, die **Tourist-Information Scheffau** 05.

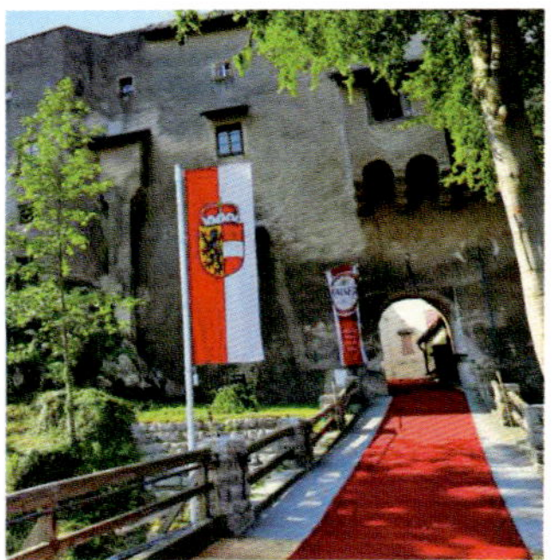

Die Burg in Golling

VON SCHEFFAU NACH ABTENAU

Winnerfall – Tricklfall – Dachserfall

 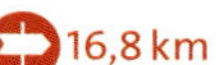 16,8 km  6:15 h  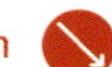 761 hm 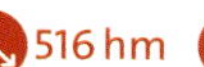 516 hm 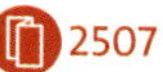 2507

START | Tourist-Information Unterscheffau, St. Ulrichskirche [GPS: UTM Zone 33 x: 365.669 m y: 5.272.351 m]
CHARAKTER | Sehr schöne und abwechslungsreiche Tour, vor allem geprägt durch das Thema Wasser. Folglich kann es etwas rutschiger werden. Wege sind im Allgemeinen aber gut zu begehen.

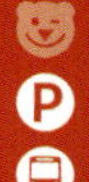

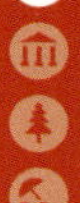

Die ersten 2 Kilometer dieser Tour überschneiden sich mit den Zielkilometern der 12. Etappe. Nachdem wir die Lammer überquert haben, biegen wir anschließend nicht rechts Richtung Infangalm ab, sondern wandern parallel ihrem Verlauf weiter durch die Auenlandschaft.

Zur Marmorkugelmühle: Durch den Wald und über Almwiesen wandern wir Richtung Oberscheffau an die Stelle, an der sich die Lammer teilt: Ab hier folgen wir südwärts dem Verlauf des **Schwarzenbachs**. Wir überqueren den Bach einmal und gelangen über eine Forststraße am Ostufer, in knapp 2 Stunden, bis zur **Marmorkugelmühle** 02. Dieser liebevoll, mit roten Herzchen markierte Weg lädt außerdem mit mehreren Stationen zum Krafttanken ein und informiert über die hiesige Flora.

Zu den Abtenauer Wasserfällen: Wildromantisch führt der Weg durch die moosbewachsene Landschaft, vorbei an zahlreichen klei-

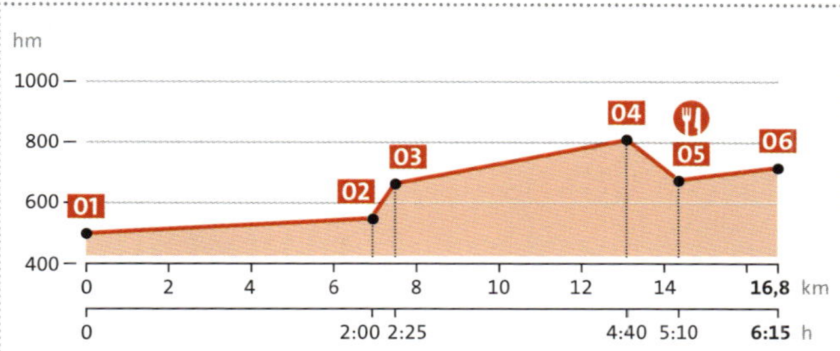

01 Tourist-Information Unterscheffau, St. Ulrichskirche, 486 m; 02 Marmorkugelmühle, 555 m; 03 Winnerfall, 658 m; 04 Abtenauer Wasserfälle, 805 m; 05 Wandalm, 668 m; 06 Tourist-Information Abtenau, 720 m

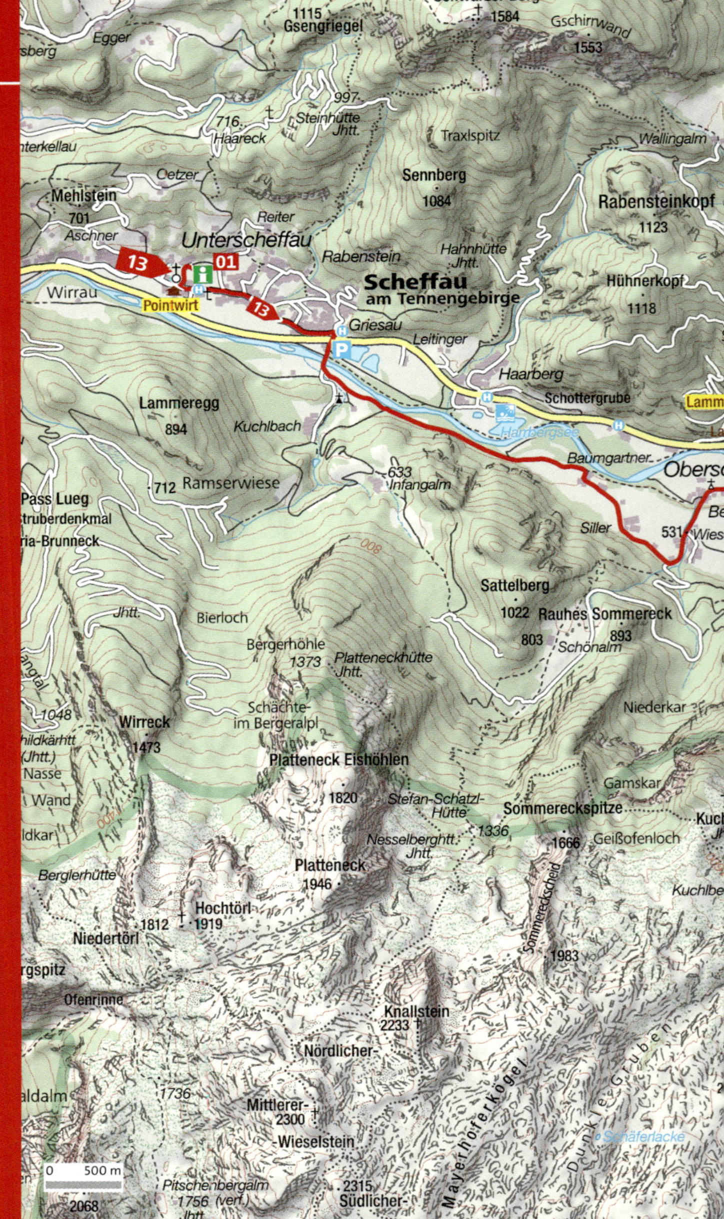

Schwarzer Berg
1584
1115
Gsengriegel
Gschirrwand
1553
Egger
997
Steinhütte
Jhtt.
716
Haareck
Traxlspitz
Wallingalm
Oetzer
Sennberg
1084
Rabensteinkopf
1123
Mehlstein
701
Aschner
Reiter
Unterscheffau
Rabenstein
Hahnhütte
Jhtt.
13
01
Scheffau
am Tennengebirge
Hühnerkopf
1118
Wirrau
Pointwirt
13
Griesau
Leitinger
Haarberg
Schottergrube
Lammeregg
894
Kuchlbach
Harbergsee
Baumgartner
712
Ramserwiese
633
Infangalm
Pass Lueg
Siller
531
Sattelberg
1022
Rauhes Sommereck
803
893
Schönalm
Jhtt.
Bierloch
Bergerhöhle
1373
Platteneckhütte
Jhtt.
Niederkar
1048
Wirreck
1473
Schächte
im Bergeralpl
Platteneck Eishöhlen
Nasse
Wand
1820
Stefan-Schatzl-
Hütte
Gamskar
Sommereckspitze
1336
Nesselberghtt.
Jhtt.
1666
Geißofenloch
Platteneck
1946
Berglerhütte
Hochtörl
1812
1919
Niedertörl
Sommereckscheid
1983
Ofenrinne
Knallstein
2233
Nördlicher-
1736
Mittlerer-
2300
Wieselstein
Mayerhoferkögel
Dunkle Gruben
Schäferlacke
0
500 m
Pitschenbergalm
1756 (verf.)
Jhtt.
2315
Südlicher-
2068

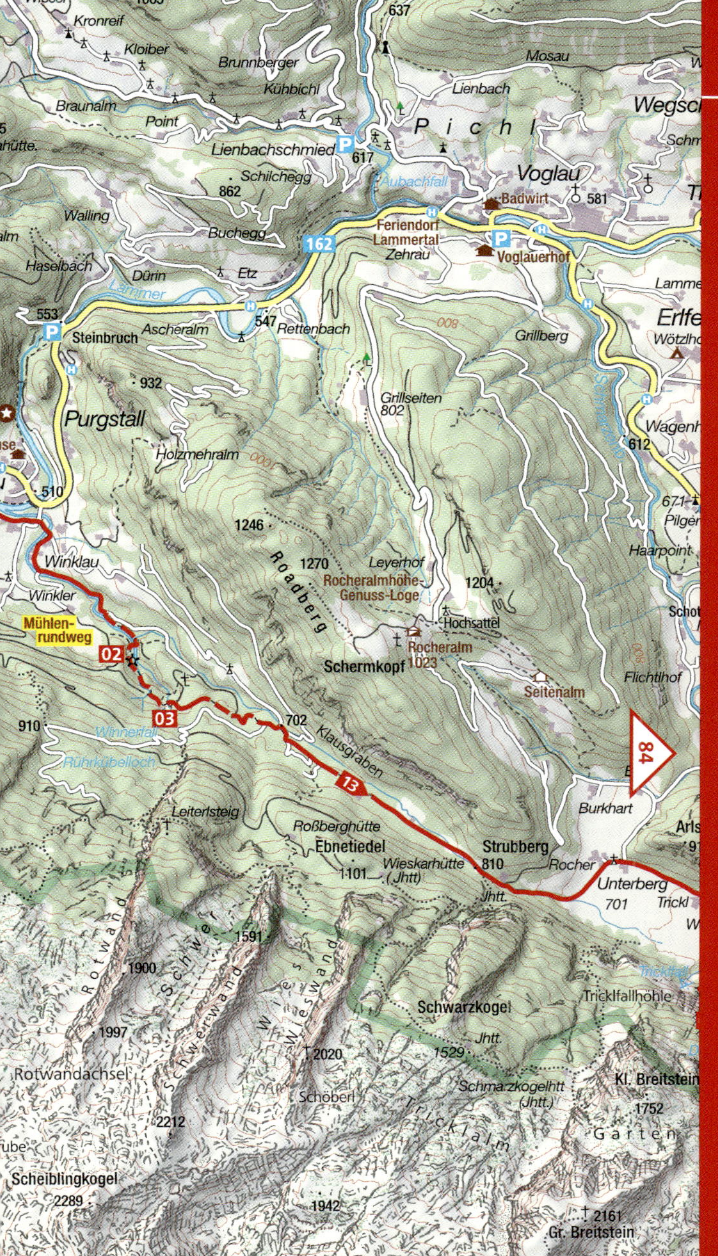
Wieser
1065
Kronreif
Kloiber
Brunnberger
Kühbichl
Braunalm
Point
Lienbachschmied
617
637
1132
Mosau
Lienbach
Pichl
Wegsc
Voglau
Badwirt
581
Schilchegg
862
Aubachfall
Walling
Buchegg
162
Feriendorf
Lammertal
Zehrau
Voglauerhof
Haselbach
Dürin
Etz
Lammer
553
547
Rettenbach
Steinbruch
Ascheralm
Grillberg
Erlfe
Wötzlho
932
Grillseiten
802
Purgstall
Holzmehralm
Wagenh
612
510
671
Pilger
1246
Haarpoint
Winklau
1270
Leyerhof
Roadberg
Rocheralmhöhe
Genuss-Loge
1204
Winkler
Mühlen-
rundweg
02
Hochsattel
Rocheralm
1023
Schermkopf
Seitenalm
Flichtlhof
03
910
702
Winnerfall
Klausgraben
84
Rührkübelloch
13
Burkhart
Leiterlsteig
Roßberghütte
Ebnetiedel
Strubberg
810
Wieskarhütte
1101
(Jhtt)
Rocher
Unterberg
701
Trickl
Jhtt.
1591
Rotwand
1900
Schwer
Schwerwand
Wies
Wieswand
Schwarzkogel
Tricklfall
Tricklfallhöhle
1997
2020
1529
Jhtt.
Rotwandachsel
Schöberl
Schmalzkogelhtt
(Jhtt.)
Kl. Breitstein
1752
Garten
Tricklalm
2212
Scheiblingkogel
2289
1942
2161
Gr. Breitstein

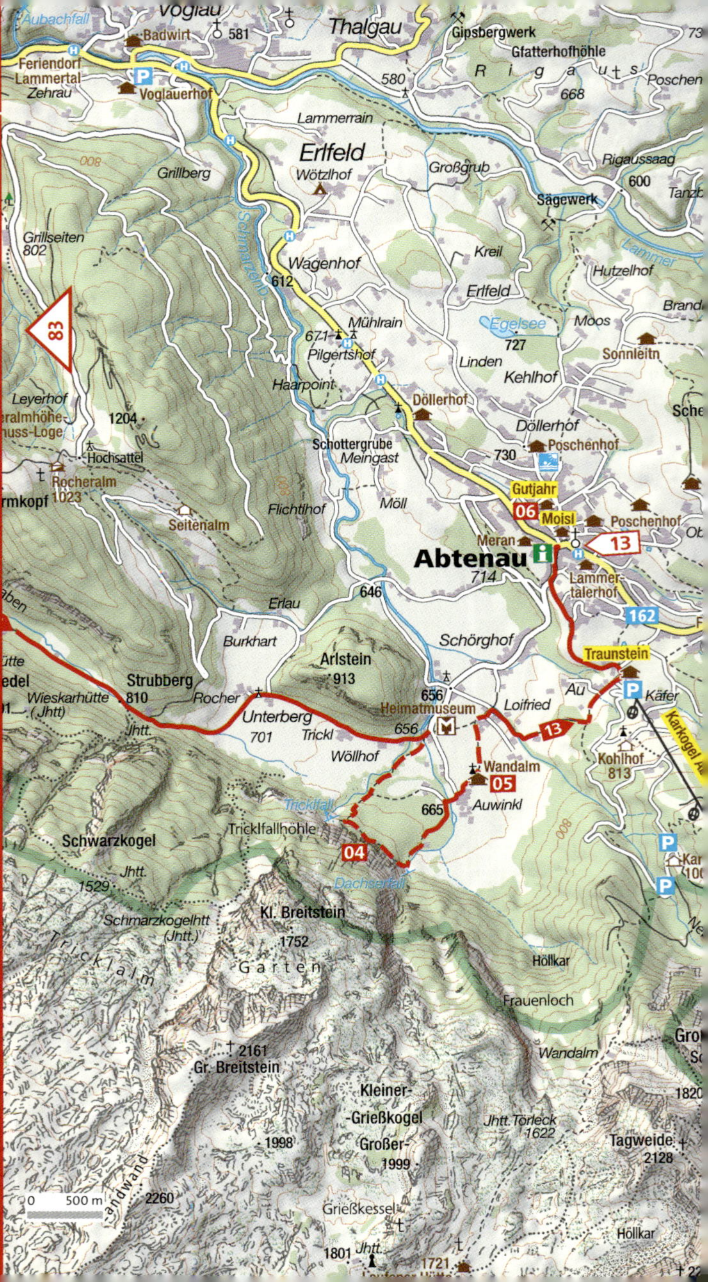

Aubachfall
Voglau
581
Thalgau
Gipsbergwerk
Gfatterhofhöhle
Badwirt
Feriendorf
Lammertal
Zehrau
Voglauerhof
580
R i g a u s
668
Poschen
Lammerrain
Erlfeld
Wötzlhof
Großgrub
Rigaussaag
600
Grillberg
Sägewerk
Grillseiten
802
Schwarzenb
Wagenhof
612
Kreil
Lammer
Hutzelhof
Erlfeld
Brand
83
671
Mühlrain
Pilgertshof
Egelsee
727
Moos
Sonnleitn
Linden
Kehlhof
Haarpoint
Leyerhof
Döllerhof
Sche
ralmhöhe
nuss-Loge
1204
Schottergrube
Meingast
Döllerhof
Hochsattel
Poschenhof
730
Rocheralm
1023
Gutjahr
rmkopf
Flichtlhof
Möll
06
Moisl
Seitenalm
Poschenhof
Meran
13
Ob
Abtenau
714
Lammer-
talerhof
646
Erlau
162
Schörghof
Burkhart
Arlstein
913
Traunstein
Strubberg
810
Rocher
656
Au
Wieskarhütte
(Jhtt)
Unterberg
701
Heimatmuseum
Loifried
Käfer
Trickl
656
13
Jhtt.
Wöllhof
Kohlhof
813
Karkogel
Wandalm
05
Trickfall
665
Auwinkl
Tricklfallhöhle
Schwarzkogel
04
Jhtt.
1529
Dachserfall
Schmarzkogelhtt
(Jhtt.)
Kl. Breitstein
1752
Trickl alm
G a r t e n
Höllkar
Frauenloch
Wandalm
2161
Gr. Breitstein
Kleiner-
-Grießkogel
Jhtt. Törleck
1622
1820
Großer-
1998
1999
Tagweide
2128
Landwand
2260
0 500 m
Grießkessel
Höllkar
1801
Jhtt.
1721

nen Wasserfällen und Gumpen. Bergauf gelangen wir so zum beeindruckenden **Winnerfall** 03. Dieser periodisch auftretende Wasserfall ist der Überlauf der Schwarzenbachquelle.

Über die Brücke und weiter durch den Wald bergauf wandern wir durch den Klausgraben und gelangen so auf dem Weg Nr. 13/120 bis auf den **Strubberg** (810 m).

Ab hier geht es wieder ein Stück bergab. Links über eine Wiese und wir passieren Unterberg, halten uns rechts, halb um den **Arlstein** (913 m) herum und biegen an der Abtenauer Mühle und am Heimatmuseum rechts auf einen Pfad ab. Dieser Weg führt uns, wieder bergauf, zu den **Abtenauer Wasserfällen: Tricklfall und Dachserfall** 04. Durch die imposanten Wasserfälle wird hier die Kraft des Wassers besonders deutlich.

Abstieg: Über einen schmalen Pfad gelangen wir vom Tricklfall zum Dachserfall und nehmen dann wasserabwärts links den Weg Richtung Auwinkl und **Wandalm** 05.

Die Pension und Jausenstation bietet sich für eine Pause an, bevor man die letzten Kilometer über die Karkogel-Talstation bis zur **Tourist-Information in Abtenau** 06 bewältigt.

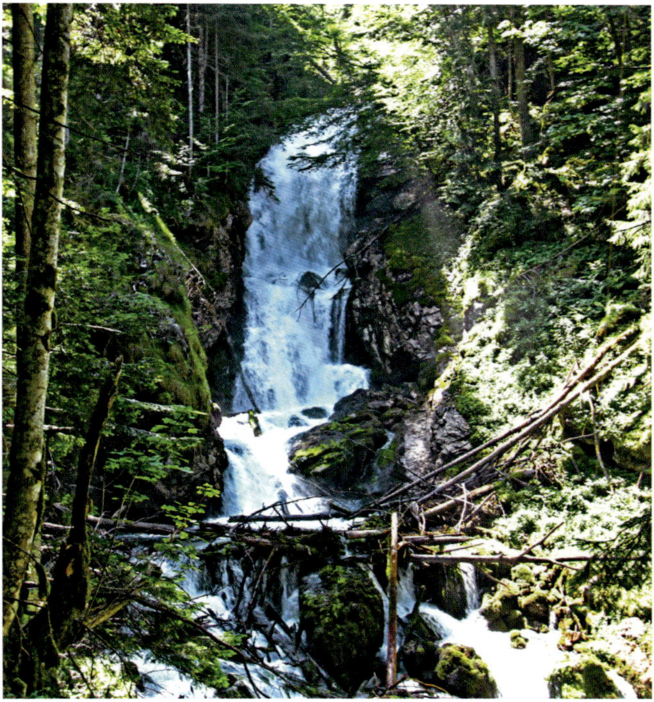

Der Winnerfall

VON ABTENAU NACH ANNABERG

Zwischen den Gipfeln des Großen Traunsteins und des Schobers

 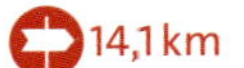 14,1 km  7:10 h  1209 hm 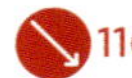 1164 hm 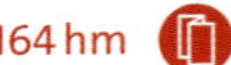 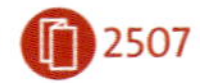 2507

START | Tourist-Information Abtenau
[GPS: UTM Zone 33 x: 375.395 m y: 5.269.127 m]
CHARAKTER | Schöne Tour durch das Naturschutzgebiet Tennengebirge, die etwas Kondition und Trittsicherheit erfordert.

Die 14. Etappe des SalzAlpenSteigs führt uns von Abtenau durch das Naturschutzgebiet Tennengebirge bis ins Lammertal.

▶ **Zur Karalm**: An der **Tourist-Information in Abtenau** 01 nehmen wir ein kurzes Stück die Hauptstraße Richtung Osten, bevor wir gleich am Hotel Post rechts abbiegen und der Straße bis zur Talstation der Karkogelbahn folgen. Wir queren den großen Parkplatz und folgen dem Wanderweg geradeaus über Almwiesen und in den Wald hinein. Der Weg führt nun stetig bergauf und trifft etwas weiter oben wieder auf die

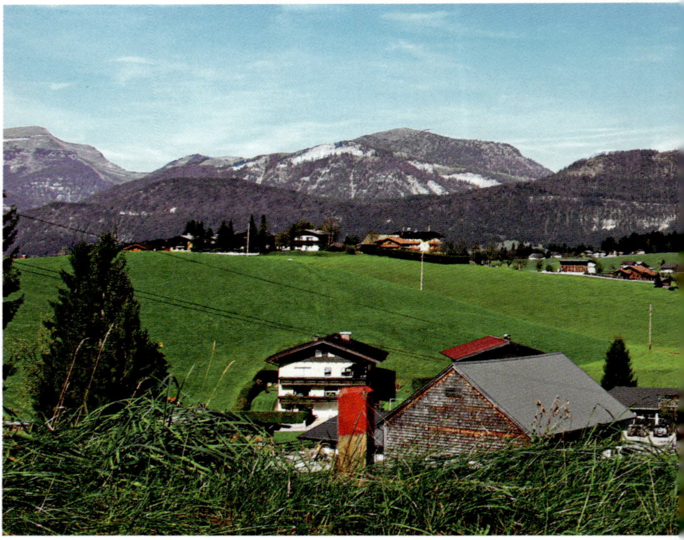

Die Talstation der Karkogelbahn

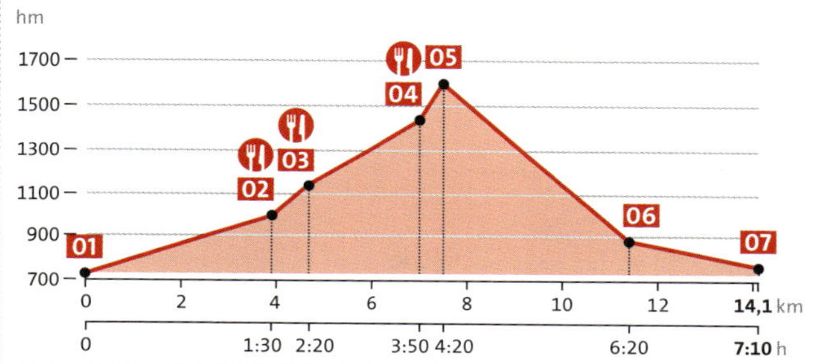

01 Tourist-Information Abtenau, 720 m; **02** Karalm, 1004 m; **03** Karkogelhütte, Bergstation, 1134 m; **04** Gsengalm, 1447 m; **05** Schöner Ausblick, 1601m; **06** Gedenkstein, 887 m; **07** Tourist-Information Annaberg, 765 m

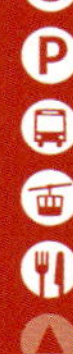
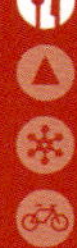
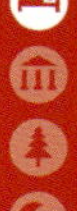

Forststraße, welcher wir bis zur **Karalm 02** folgen.

Zur Karkogelhütte: Über den Parkplatz an der Karalm hinüber und auf dem Waldpfad hinauf. Über Wurzelwerk geht es nun quer durch den Waldstrich bis auf die Skipiste der Karkogelbahn. Zwischen Skipiste und Waldgrenze wandern wir die letzten Meter bis zur **Karkogelhütte** und der **Bergstation der Karkogelbahn 03**. Hier haben wir etwa die Hälfte der Höhenmeter hinter uns gebracht

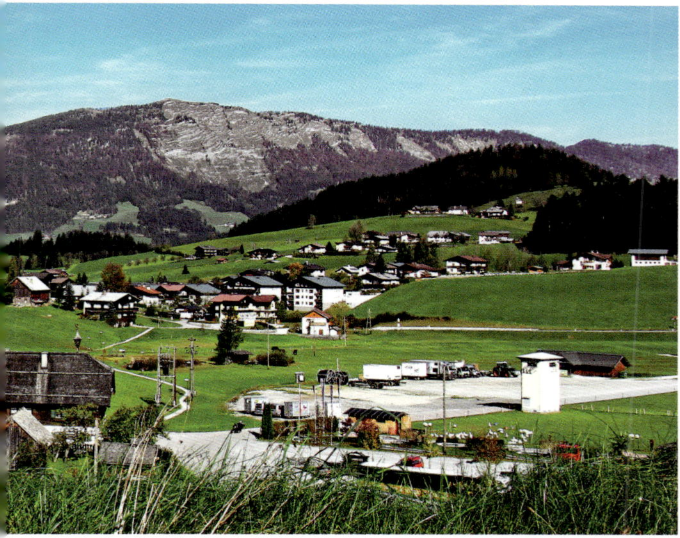

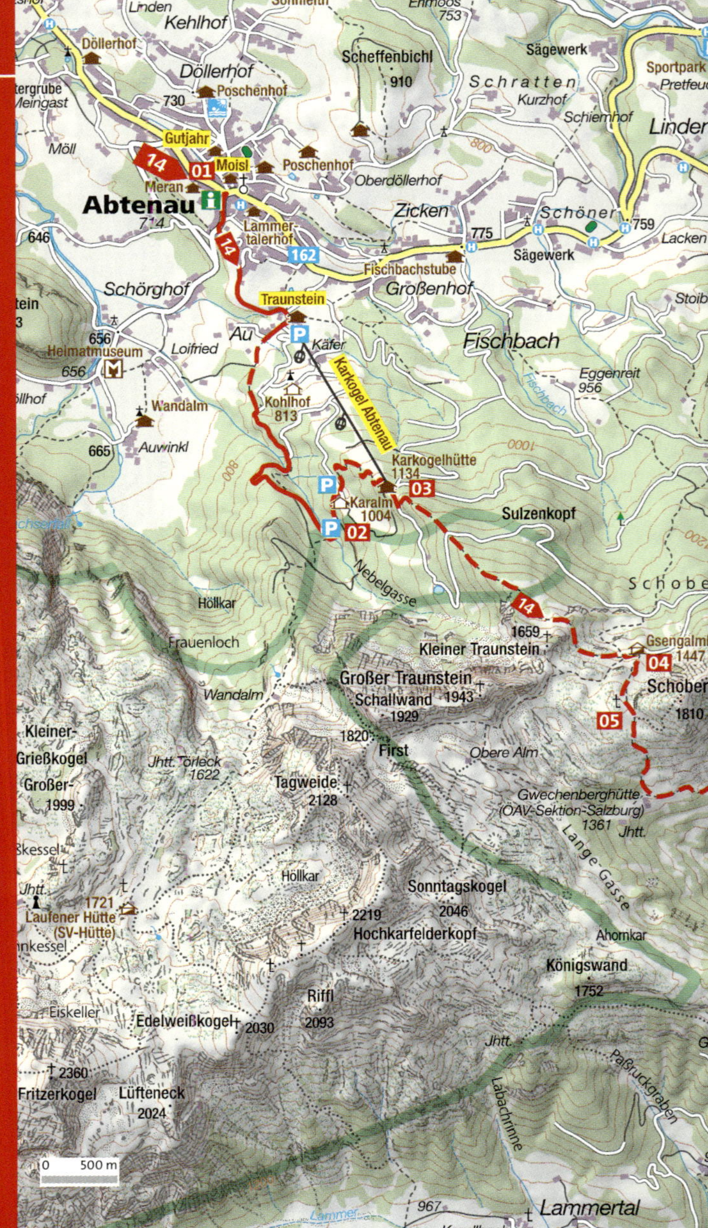
Abtenau
714
Gutjahr
Moisl
Meran
Lammertalerhof
Traunstein
Karkogel Abtenau
Kohlhof
813
Karkogelhütte
1134
Karalm
1004
01
02
03
04
05
14
Sulzenkopf
Nebelgasse
Kleiner Traunstein
1659
Gsengalm
1447
Schober
1810
Großer Traunstein
Schallwand
1943
1929
First
1820
Tagweide
2128
Obere Alm
Gwechenberghütte
(ÖAV-Sektion-Salzburg)
1361
Lange Gasse
Höllkar
Frauenloch
Wandalm
Kleiner-
Grießkogel
Großer-
1999
Jhtt. Törleck
1622
Laufener Hütte
(SV-Hütte)
1721
Sonntagskogel
2046
2219
Hochkarfelderkopf
Königswand
1752
Ahornkar
Riffl
2093
Edelweißkogel
2030
Eiskeller
Fritzerkogel
2360
Lüfteneck
2024
Labachrinne
Paßruckgraben
Lammertal
Kendlbach
967
Lammer
0 500 m
Kehlhof
Döllerhof
Poschenhof
Sonnleitn
Scheffenbichl
910
Erlmoos
753
Sägewerk
Schratten
Kurzhof
Schiemhof
Sportpark
Linden
Oberdöllerhof
Zicken
Schöner
775
759
Lacken
Sägewerk
Fischbachstube
Großenhof
162
Fischbach
Stoibl
Eggenreit
956
Käfer
Au
Schörghof
Loifried
Heimatmuseum
656
Wandalm
Auwinkl
665
646
Möll
730
727

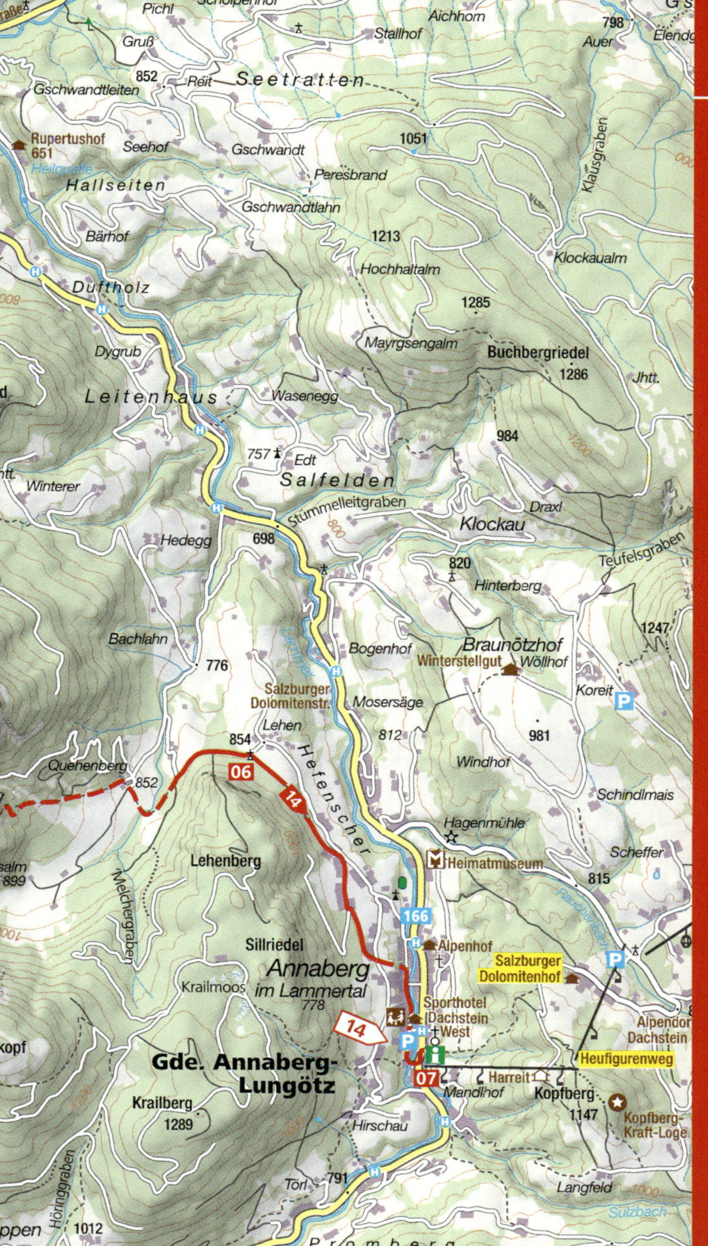
Seetratten
Hallseiten
Duftholz
Leitenhaus
Salfelden
Klockau
Buchbergriedel
Braunötzhof
Winterstellgut
Salzburger Dolomitenstr.
Hefenscher
Heimatmuseum
Alpenhof
Salzburger Dolomitenhof
Sporthotel Dachstein West
Alpendorf Dachstein
Heufigurenweg
Annaberg im Lammertal
778
Gde. Annaberg-Lungötz
Lehenberg
Sillriedel
Krailmoos
Krailberg
1289
Kopfberg
1147
Kopfberg-Kraft-Loge
Harreit
Mandlhof
Hirschau
Törl
791
Langfeld
Sulzbach
Promberg
Rupertushof
651
Heilquelle
Seehof
Gschwandt
Gschwandtleiten
Gschwandtlahn
Peresbrand
Bärhof
Dygrub
Winterer
Hedegg
Bachlahn
Quehenberg
852
854
Lehen
Wasenegg
Edt
Stümmelleitgraben
Bogenhof
Mosersäge
Windhof
Hagenmühle
Schindlmais
Scheffer
Koreit
Wöllhof
Hinterberg
Teufelsgraben
Draxl
Klockaualm
Klausgraben
Hochhaltalm
Mayrgsengalm
Pichl
Gruß
Scholpenhof
Stallhof
Aichhorn
Auer
Reit
Melchergraben
Höringgraben
Rauchenbach
Lammer
06
14
07
166

und eine kleine Pause mit Blick auf Abtenau bietet sich an.

Zur Gsengalm: Hinter der **Karkogelhütte** nehmen wir ein kurzes Stück die Forststraße, bevor unser Weg gleich links auf einem Wanderpfad nach oben führt. Auf einem bewaldeten Bergrücken des Traunsteinmassivs wandern wir Richtung Gsengalmhütte (1447 m).

Auf den ersten Metern haben wir noch den offenen Blick nach Abtenau im Rücken, bis der Wald etwas dichter wird. Stetig bergauf wandernd queren wir eine Forststraße. So führt uns der Weg (Nr. 227) halb um den Kleinen Traunstein herum, mit Blick Richtung Schobermassiv und unserem **Zwischenziel, der Gsengalmhütte** 04. Gleich unterhalb des Kleinen Traunsteins führt der Weg ein kurzes Stück steil bergab auf die Gsengalm zu. Nach etwa 1 Stunde und 30 Minuten haben wir uns eine Pause auf der Almhütte verdient.

Abstieg: Bevor wir den heutigen Abstieg antreten, wandern wir hinter der Gsengalm, dem Pfad Nr. 226 folgend, etwa eine halbe Stunde direkt am Schober bergauf und genießen, am Gsengsattel angelangt, den **schönen Ausblick** 05 Richtung Tagweide (2128 m). Nun geht es über busch- bzw. latschenbewachsene Hänge, Wiesen und Schotterwege, teilweise recht steil bergab. An der Selbstversorgerhütte **Gwechenberghütte** (1361 m) vorbei und bis nach Quehenberg hinunter. Einmal rechts über die Wiese und links am Waldrand entlang, kommen wir in einem großen Bogen am **Gedenkstein für Freiheitskämpfer** 06 vorbei und wandern die letzten 3 Kilometer den Markierungen folgend bis nach **Annaberg** 07 hinein.

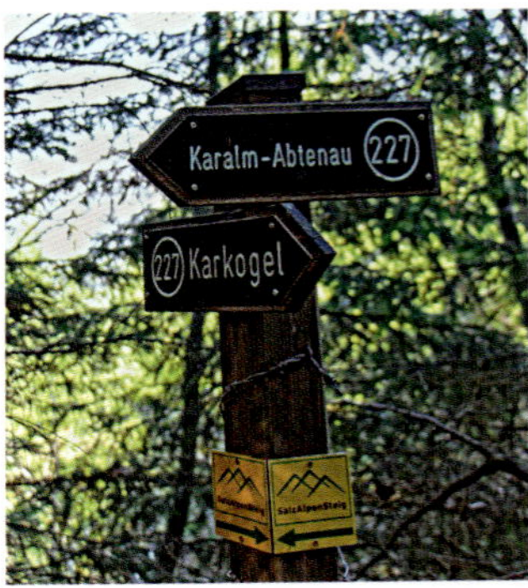

Wegweiser auf die Karkogelhütte

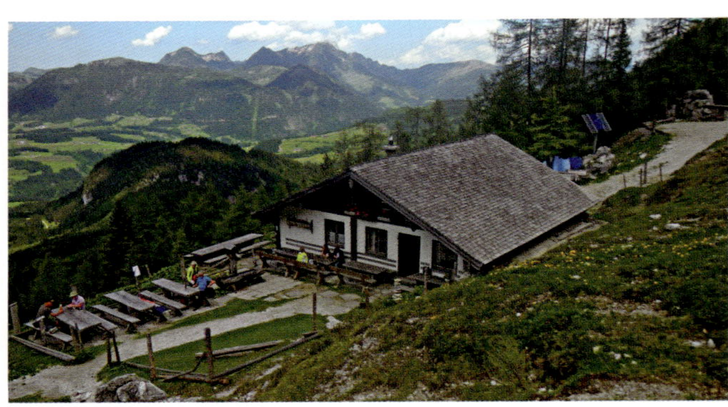
Die Gsengalm

VON ANNABERG ZUR GABLONZER HÜTTE

Von der Mutter Anna über die Stuhlalm auf die Gablonzer Hütte

 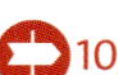 10,85 km  6:15 h 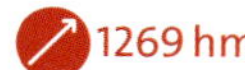 1269 hm 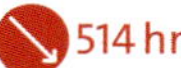 514 hm  2507

START | Kirche Annaberg, Bushaltestelle Annaberg-Ortsmitte [GPS: UTM Zone 33 x: 381.994 m y: 5.263.302 m]
CHARAKTER | Zügige Anstiege, anschließend mal Forstweg, dann Pfad, oder Steig, teils relativ steil und sonnig, über Geröllfelder. Trittsicherheit erforderlich.

Am Ende dieser Tour kann man zum Vorderen Gosausee absteigen oder die Gondel nehmen und die müden Füße, mit Blick zum Hohen Dachstein, im kühlen Wasser entspannen.

Zum Kopfberg Gipfel: Vom **Tourismusbüro Annaberg** 01 geht es vorbei an der Kirche gleich zügig bergauf zur **Bergstation Kopfbergbahn**. Weiter über den Treppensteig meistert man die ersten 500–600 Höhenmeter durch einen schönen Mischwald bis zum bewaldeten **Gipfel des Kopfbergs**. Die **Kapelle Mutter Anna** 02 lädt mit einem kleinen Rastplatz zum Verweilen ein.

Zum Parkplatz Pommer: Von dort geht es auf schmalem Weg wieder bergab, bis man den Wald bei **Langfeld** 03 verlässt und auf eine Forststraße trifft. Sich auf der Forststraße links haltend, biegt der angenehme Wanderweg nach we-

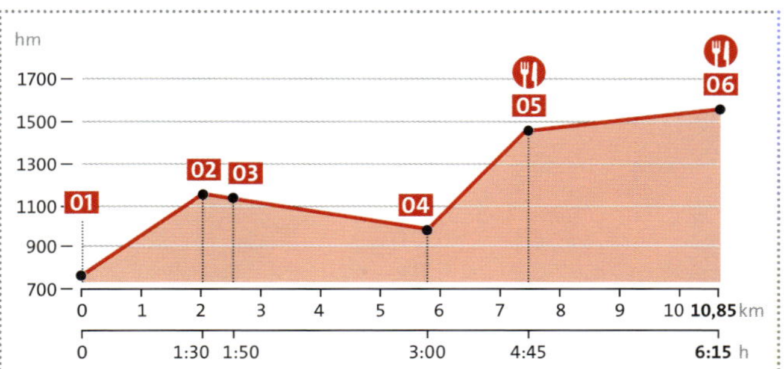

01 Tourist-Information Annaberg, 765 m; 02 Mutter Anna am Kopfberg, 1147 m; 03 bei Langfeld, 1130 m; 04 Parkplatz Pommer, 990 m; 05 Stuhlalm, 1467 m; 06 Gablonzer Hütte, 1550 m

nigen Metern wieder rechts in den Wald. Dem Weg Nr. 55 im Schatten eine Weile folgend wird der Wanderweg kurzzeitig zur asphaltierten Straße mit offenem Blick und Sonnenschein, bis man den **Parkplatz Pommer** 04 erreicht. **Zur Stuhlalm:** Beim **Parkplatz Pommer** noch ein Stück Forststraße, bevor man bald rechts auf den Fußweg abbiegt. Bis hierhin recht eben, meist vom Schatten der Bäume vor zu viel Sonne geschützt, geht es jetzt mit etwas mehr Sonne im Nacken noch ein Weilchen den Weg bergauf. Die letzten 500 Höhenmeter, bis man die **Stuhlalm** erreicht, lassen einen noch einmal ins Schwitzen kommen. Ohne den Schutz der Baumwipfel, auf schmalem Fußweg geht es schweißtreibend recht steil bergauf, vorbei an weidenden Kühen, bis man die rettenden Dachspitzen der Stuhlalm 05 erblickt. **Zur Gablonzer Hütte:** Nach einer ausgiebigen Pause geht es

Die Stuhlalm

Die gemütliche kleine Alm ist bewirtschaftet und bietet sogar Möglichkeiten zur Übernachtung. Der atemberaubende Blick auf die imposanten Gipfel des Gosaukammes mit der mächtigen Bischofsmütze lässt alle Mühen vergessen.
www.stuhlalm.at

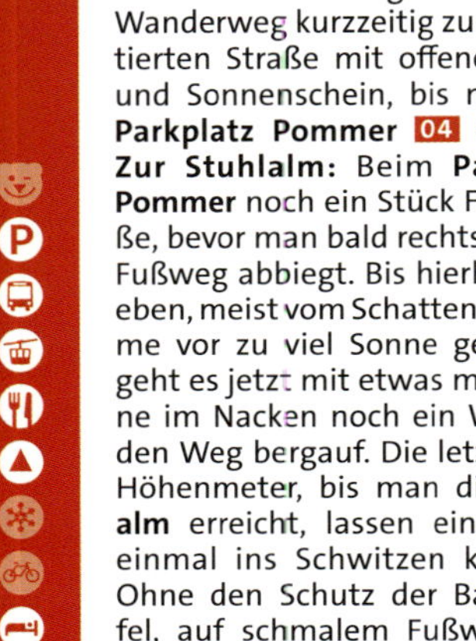

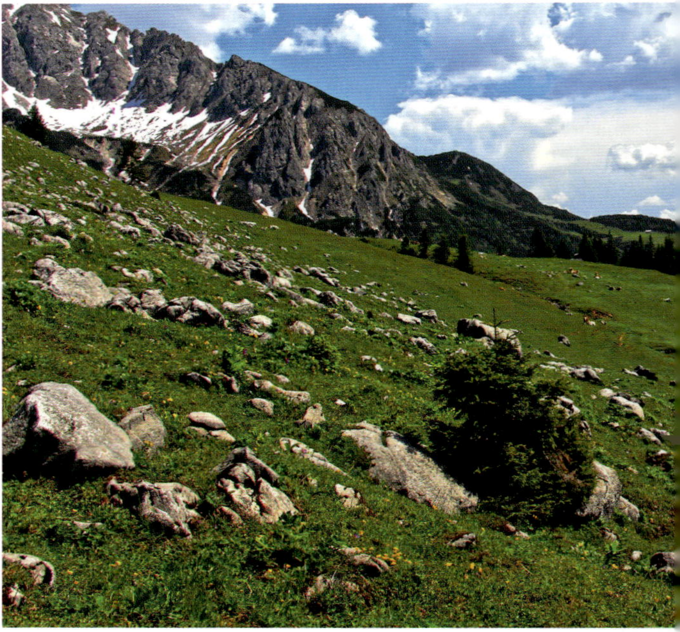

Der Blick zur Stuhlalm

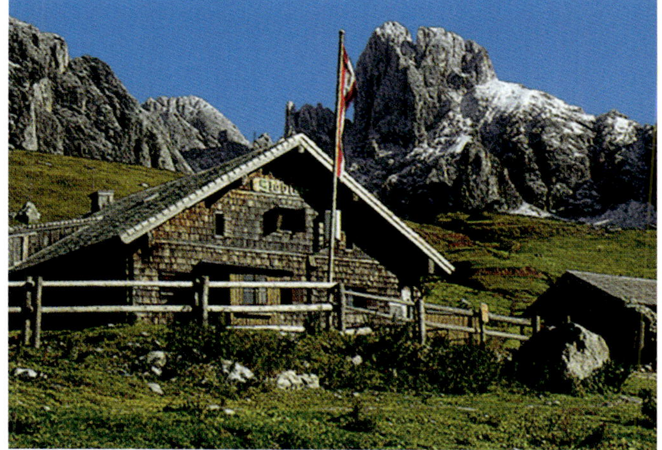

Die Stuhlalm mit Bischofsmütze im Hintergrund

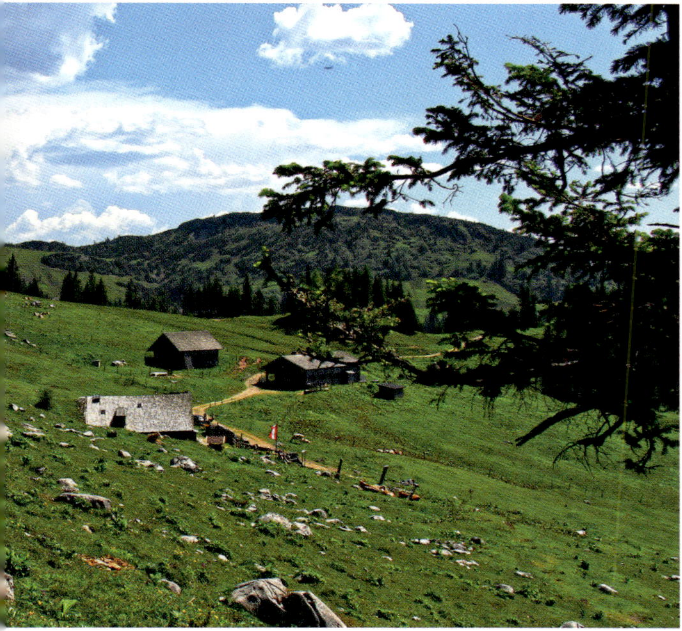

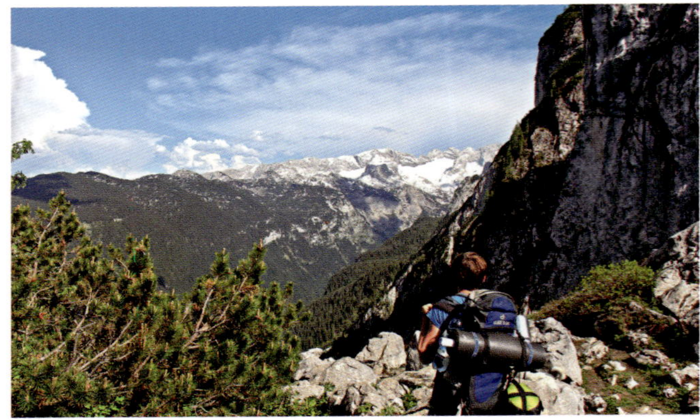

Der Blick Richtung Dachstein

auf dem schönen Fußweg (Nr. 611/601 A) über Stock und Stein weiter in Richtung **Gablonzer Hütte**. Da der Weg sich nun mit recht kleinen Auf- und Abstiegen zufriedengibt, kann man das herrliche Panorama genießen. Von den Hohen Tauern, über das Hochkönig- und Tennengebirgsmassiv bis hin zur Osterhorngruppe und den Salzburger Hausbergen kann man den Blick an schönen Tagen schweifen lassen.

Aber Vorsicht! Auch der Weg bedarf ein wenig Aufmerksamkeit, wenn man Geröllfelder überqueren muss und Trittsicherheit gefragt ist. Die Steine reflektieren das Sonnenlicht und schützende Bäume gibt es nicht – um einen klaren Kopf zu bewahren, kommt eine Wasserquelle, um sich abzukühlen und seine Trinkflasche zu füllen.

Hat man den **Unteren Törlecksattel** am Fuße des **Donnerkogels** passiert, bestaunt man den Klettersteig auf den **Großen Donnerkogel** und bleibt auf dem Wanderweg, der unterhalb des Törlecks (Sender) vorbei an der **Breiningalm,** bis zur **Gablonzer Hütte** 06 führt.

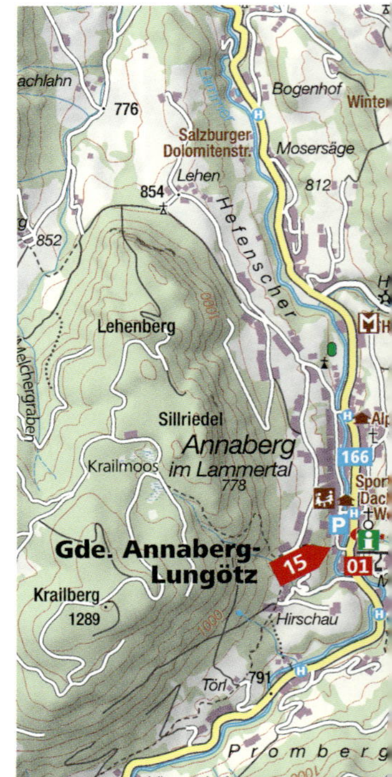

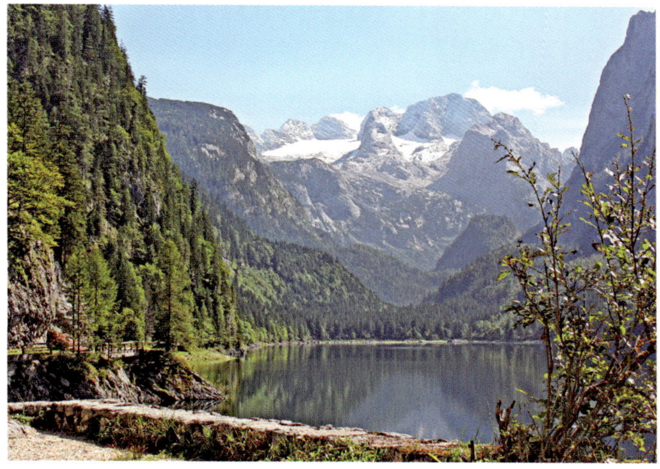

Gosausee

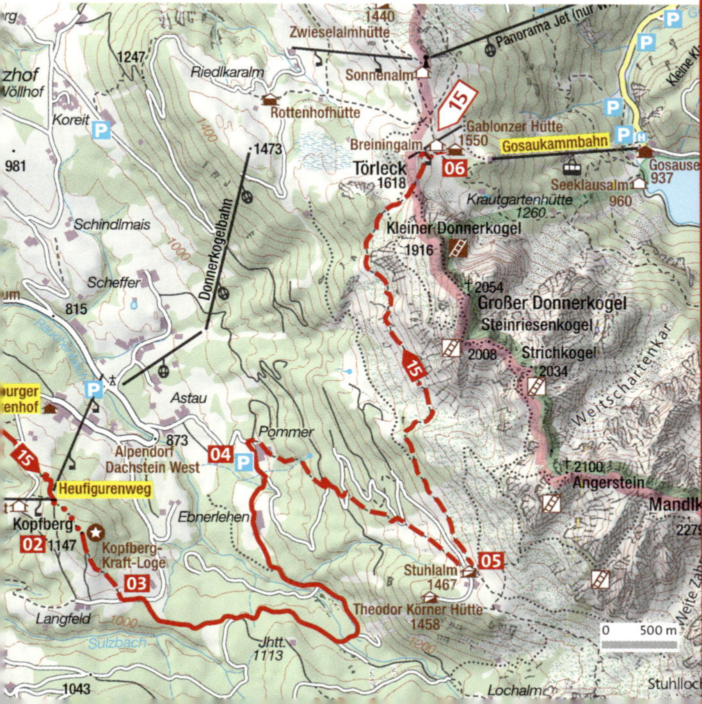

Zwieselalmhütte
1440
Panorama Jet
Sonnenalm
Riedlkaralm
Rottenhofhütte
1247
Koreit
981
1473
Gablonzer Hütte
1550
Breiningalm
Gosaukammbahn
Törleck
1618
06
Seeklausalm
960
Gosausee
937
Krautgartenhütte
1260
Schindlmais
Donnerkogelbahn
Kleiner Donnerkogel
1916
Scheffer
815
2054
Großer Donnerkogel
Steinriesenkogel
2008
Strichkogel
2034
Weitschartenkar
Astau
873
Pommer
04
Alpendorf
Dachstein West
2100
Angerstein
Heufigurenweg
Kopfberg
02 1147
Kopfberg-Kraft-Loge
03
Ebnerlehen
Stuhlalm
1467
05
Theodor Körner Hütte
1458
Langfeld
Sulzbach
Jhtt.
1113
1043
Lochalm
0 500 m

VON DER GABLONZER HÜTTE NACH GOSAU

Über Almen bergab bis zum Ortszentrum

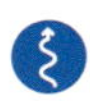 9,1 km  3:15 h 117 hm 903 hm 293, 2507

START | Gablonzer Hütte, alternativ Talstation Vorderer Gosausee [GPS: UTM Zone 33 x: 385.632 m y: 5.265.526 m]
CHARAKTER | Kurze, leichte Tour durch den Wald und über Almen. Es geht nur bergab!

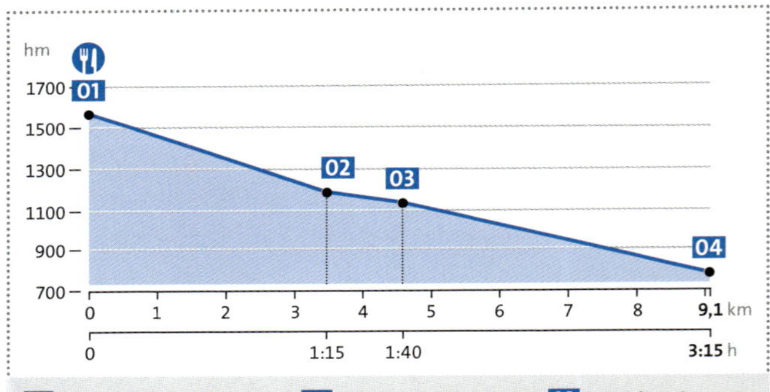

01 Gablonzer Hütte, 1550 m; 02 Falmbergalm, 1190 m; 03 Mittelstation Hornspitz-Express II, 1126 m; 04 Tourist-Information Gosau, 780 m

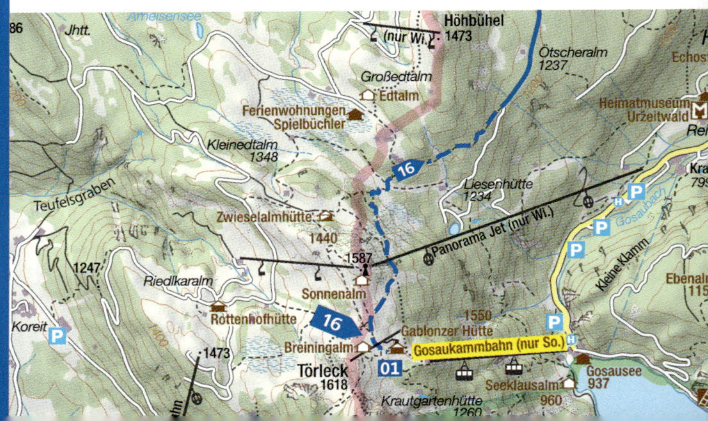

Diese Tagesetappe verlangt einem etwas Disziplin ab, da es, für die Knie anstrengend, ca. 3 Stunden bergab geht, bis man den Zielpunkt in der Ortsmitte von Gosau errreicht hat.

▶ Von der **Gablonzer Hütte** 01 folgen wir dem breiten Wanderweg 611 bergab. Nach einem kurzen Stück dürfen wir die **Abzweigung rechts** auf einen Waldpfad nicht verpassen. Der Fußweg führt gemäßigt durch den Wald, bis wir eine Skipiste überqueren. Auf sehr schön angelegten etwas erhöhten **Holzstegen**, um keine nassen Füße zu bekommen, geht es entlang des Herrenwegs durch den Wald, immer wieder über

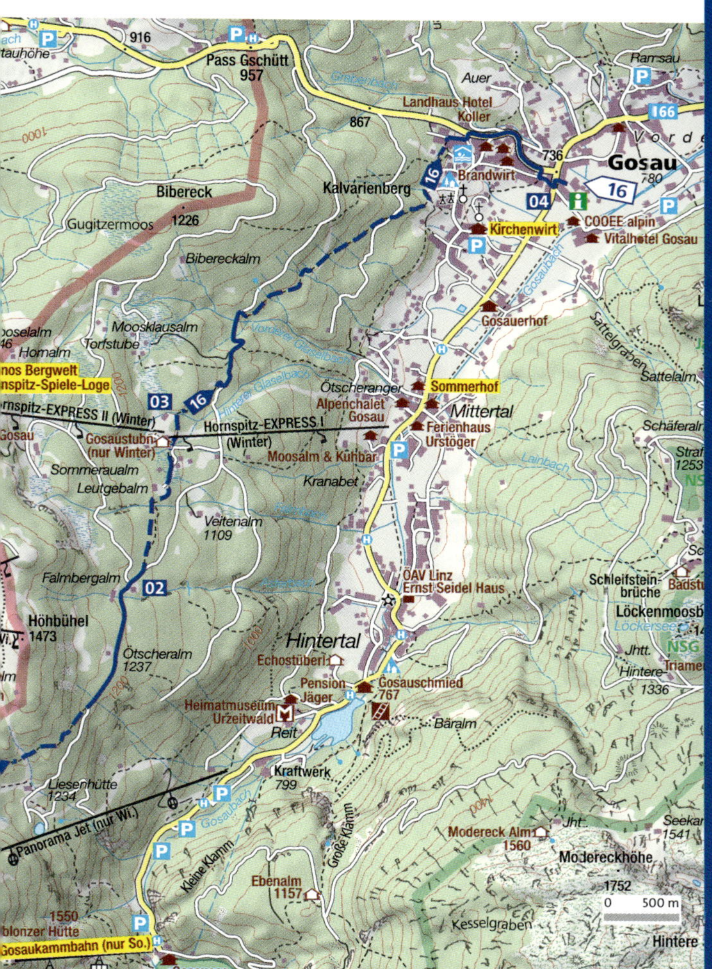

Bäche und langsam bergab. Der Weg wird zur Forststraße, führt vorbei an der **Ötscheralm** und der **Falmbergalm** 02, bis wir links wieder auf einen Fußweg abbiegen. Nachdem wir die Station des **Hornspitz-Express II** 03 passiert haben, folgt man noch eine Weile dem Weg E4/611/Herrenweg, bis man bei Gosau auf die Alte Gschüttstraße trifft. Die letzten Meter nach Gosau führen entlang der stark befahrenen Straße bis zur **Tourist-Information Gosau** 04.

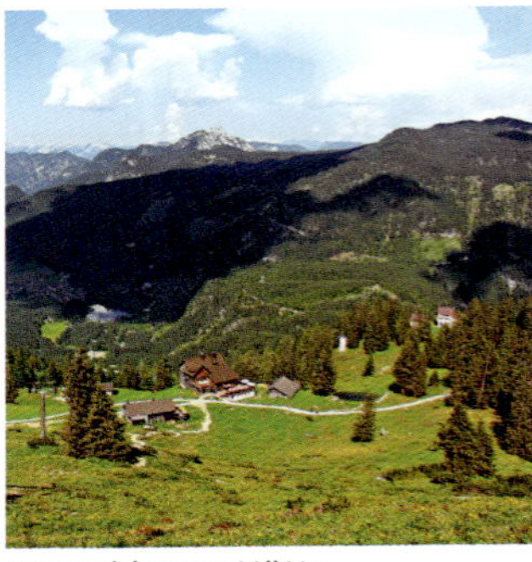

Die Gablonzer Hütte

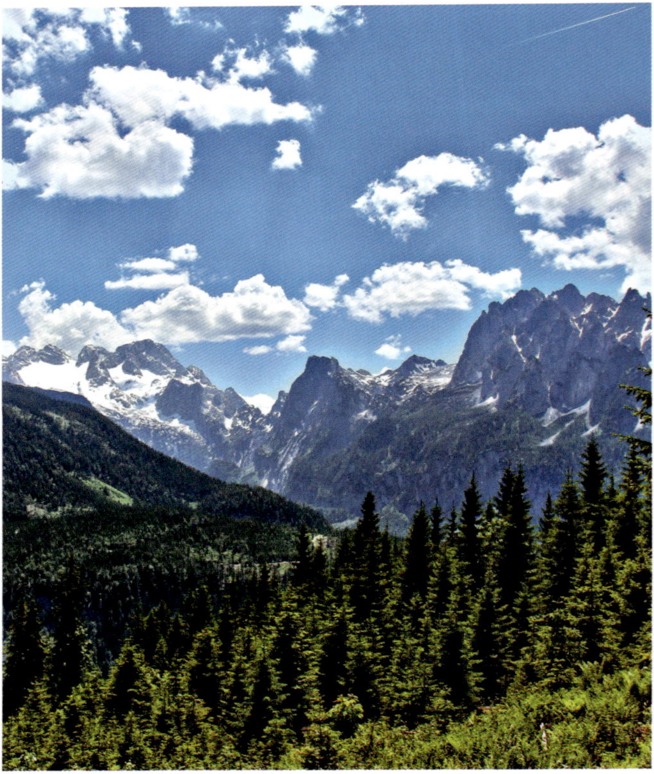

Blick durch die Wälder Richtung Dachstein

VON GOSAU NACH BAD GOISERN

Traumhafte Almlandschaften entlang der Via Alpina

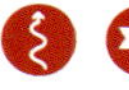 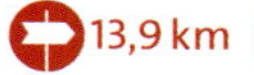 13,9 km 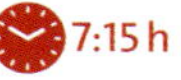 7:15 h 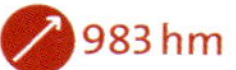 983 hm 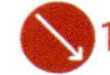 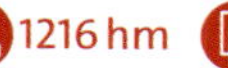 1216 hm 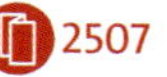 2507

START | Tourist-Information Gosau
[GPS: UTM Zone 33 x: 389.830 m y: 5.270.967 m]
CHARAKTER | Teils auf Forstwegen, meist auf schmaleren Pfaden durch den Wald sind einige Höhenmeter zu meistern. Idyllische Almlandschaften laden zum Rasten ein.

Aus dem Gosautal hinaus wandern wir über die Iglmoosalm und die Goiserer Hütte bis ins schöne Bad Goisern am Hallstätter See.

Zur Iglmoosalm: Von der **Tourist-Information in Gosau** 01 gehen wir die ersten Meter kurz durch den Ort und bei der Kreuzung links hinauf. Nach ca. 500 Metern biegen wir, der Markierung folgend, am Landhaus Hotel Koller rechts in den Wald ab und überqueren den **Grabenbach**. Ein kurzes Stück durch den Wald, dann über Almen immer entlang des Waldrands und oberhalb kleiner Ortschaften, wandern wir recht eben, gemütlich dahin. Auf der Via Alpina biegen wir **bei Ramsau scharf links** wieder in den Wald ab. Wir nehmen den Waldweg bis zur **Iglmoosalm** (1206 m) 02 ca. 400 Meter bergauf. Oben angelangt, bietet sich eine Rast an. **Zur Goiserer Hütte:** An der Iglmoosalm vorbei folgen wir weiter den SAS-Markierungen Richtung Goiserer Hütte und unterhalb des Sonnenwendkogels (1638 m). Der Weg Nr. 40/41/42 – meist ein lichter Waldpfad, teils Forststraße – führt uns weiter stetig bergauf. Einmal

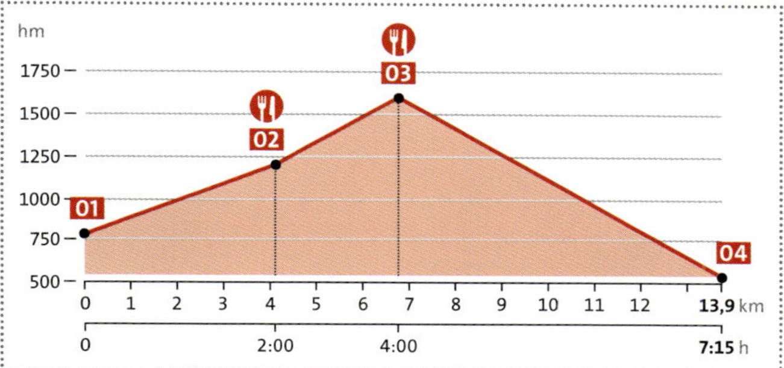

01 Tourist-Information Gosau, 780 m; 02 Iglmoosalm, 1206 m;
03 Goiserer Hütte, 1592 m; 04 Tourist-Information Bad Goisern, 502 m

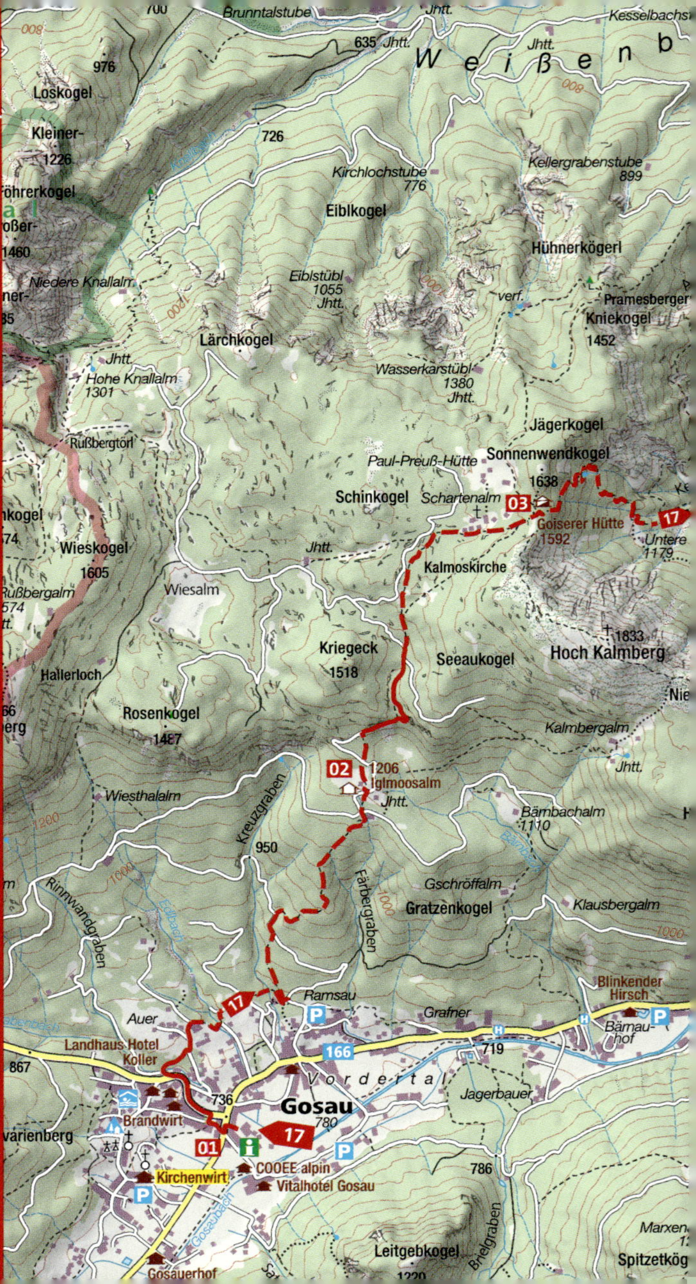

Brunntalstube
635 Jhtt.
Weißenb
976
Loskogel
Kleiner-
1226
726
Kirchlochstube
776
Kellergrabenstube
899
Eiblkogel
Hühnerkögerl
Niedere Knallalm
Eiblstübl
1055
Jhtt.
verf.
Pramesberger
Kniekogel
1452
Lärchkogel
Jhtt.
Hohe Knallalm
1301
Wasserkarstübl
1380
Jhtt.
Rußbergtörl
Jägerkogel
Paul-Preuß-Hütte
Sonnenwendkogel
1638
Schinkogel
Schartenalm
03
Goiserer Hütte
1592
17
Untere
1179
Wieskogel
1605
Jhtt.
Kalmoskirche
Wiesalm
1833
Kriegeck
1518
Seeaukogel
Hoch Kalmberg
Hallerloch
Rosenkogel
1487
Kalmbergalm
02
1206
Iglmoosalm
Jhtt.
Jhtt.
Wiesthalalm
Bämbachalm
1110
Kreuzgraben
950
Rinnwandgraben
Gschröffalm
Gratzenkogel
Klausbergalm
Färbergraben
Blinkender Hirsch
Ramsau
17
Grafner
Auer
Bämau-hof
166
Landhaus Hotel Koller
719
867
Vordertal
Jagerbauer
736
Gosau
780
Brandwirt
17
01
COOEE alpin
786
Kirchenwirt
Vitalhotel Gosau
Leitgebkogel
Marxen
Spitzetkög
Gosauerhof

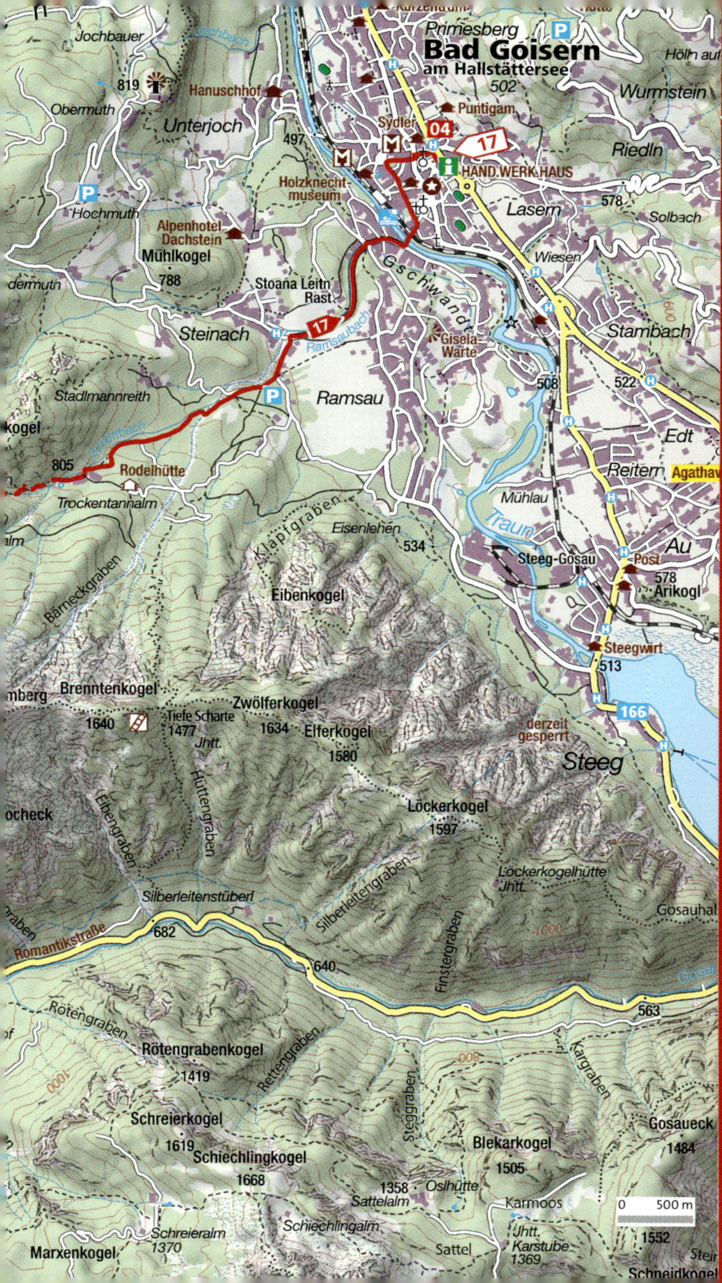

Primesberg
Bad Goisern
am Hallstättersee
502
Höll n auf
Wurmstein
Jochbauer
Jochbach
819
Hanuschhof
Obermuth
Unterjoch
Puntigam
Sydler
04
17
Riedln
497
HAND.WERK.HAUS
Holzknecht-
museum
578
Hochmuth
Lasern
Solbach
Alpenhotel
Dachstein
Mühlkogel
Wiesen
dermuth
788
Stoana Leitn
Rast
Gschwandt
Stambach
Steinach
17
Ramsaubach
Gisela-
Warte
Stadlmannreith
Ramsau
508
522
Edt
kogel
805
Rodelhütte
Reitern
Agathaw
Trockentannalm
Mühlau
Eisenlehen
Traun
534
Au
Klapfgraben
Steeg-Gosau
Post
578
Arikogl
Bärneckgraben
Eibenkogel
Steegwirt
513
mberg
Brenntenkogel
Zwölferkogel
166
1640
Tiefe Scharte
1477
Jhtt.
1634
Elferkogel
derzeit
gesperrt
1580
Steeg
Huttengraben
ocheck
Eibengraben
Löckerkogel
1597
Löckerkogelhütte
Jhtt.
Silberleitenstüberl
Silberleitengraben
Gosauhal
Romantikstraße
682
1000
Finstergraben
640
Gosau
563
Rötengraben
Rötengrabenkogel
Rettengraben
Kargraben
1419
800
1000
Steggraben
Schreierkogel
Gosaueck
1484
1619
Schiechlingkogel
Blekarkogel
1668
1505
1358
Oslhütte
Sattelalm
Karmoos
0 500 m
Schiechlingalm
Schreieralm
1370
1552
Marxenkogel
Sattel
Jhtt.
Karstube
1369
Stein
Schneidkogel

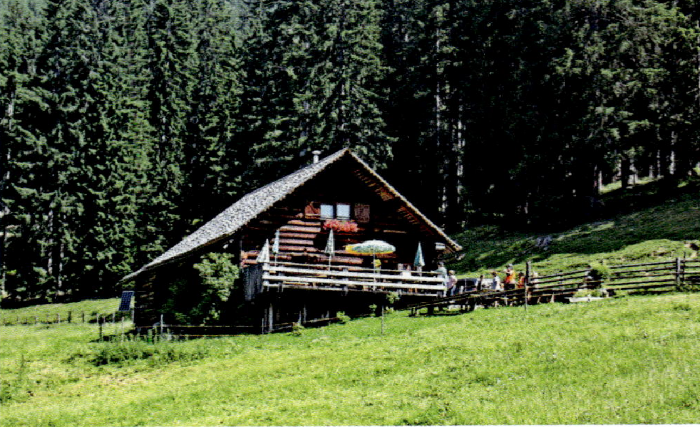

Die Iglmoosalm

rechts und an der zweiten Kurve links und man kann einen **schönen Blick** auf die umliegenden Berge erhaschen. Noch einmal rechts halten und links an der **Schartenalm** vorbei und man hat die **Goiserer Hütte** (1592 m) 03 und somit auch den höchsten Punkt dieser Tour erreicht.

Abstieg: Nach einer Einkehr und einer aussichtsreichen Pause machen wir uns an den Abstieg und auf den Weg nach Bad Goisern. Erst Richtung Dichtlerinquelle und dann in Serpentinen auf schmalem Pfad bergab. In vielen Kehren wandern wir im Kesselgraben bis zur **Trockentannalm** (805 m).

Ab hier auf einer Forststraße und entlang des Schüttbachs folgen wir dem Weg bis in den Ort. Wir überqueren die Traun und die Bahngleise, biegen links ab und wandern zur **Tourist-Information in Bad Goisern** 04.

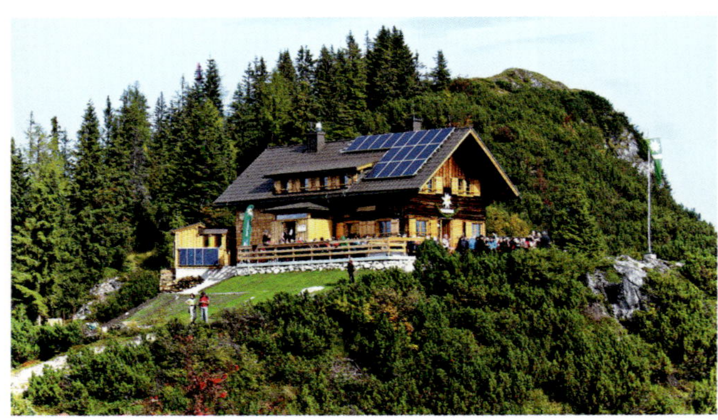

Die Goiserer Hütte

VON BAD GOISERN NACH HALLSTATT

18

Auf den Spuren des Weißen Goldes

 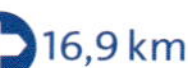 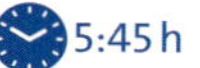 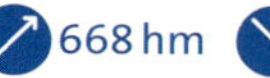 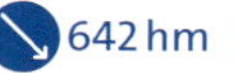 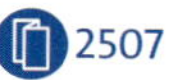

16,9 km | 5:45 h | 668 hm | 642 hm | 2507

START | Tourist-Information Bad Goisern [GPS: UTM Zone 33 x: 396.228 m y: 5.277.439 m]
CHARAKTER | Schöne, leichte und nicht anstrengende Tour auf angenehmem Wanderweg. Kleiner Anstieg am Ende mit wunderschöner Aussicht. Das Thema Salz steht im Mittelpunkt. *ACHTUNG!! Der Soleleitungsweg zwischen Bad Goisern und Hallstatt ist bis auf weiteres gesperrt. Eine Umleitungsstrecke am Ostufer des Hallstätter Sees ist ausgeschildert.*

Die letzte Etappe dieser besonderen Wanderung steht noch einmal ganz im Zeichen des Salzes: Stetig auf den Spuren der **alten Soleleitung** geht es oberhalb vom **Hallstätter See** bis zum ältesten **Salzbergwerk der Welt**. Eine Schifffahrt mit Panoramablick auf das Dachsteinmassiv macht das Erlebnis komplett.

Zum Wasserfall: Von der **Tourist-Information in Bad Goisern** 01 machen wir uns auf Richtung Hallstätter See. Wir überqueren die Traun und wandern in einer großen Kurve entlang des Ramsaubachs Richtung Goiserer Hütte. Die Abzweigung nach links, zum Sportzentrum mit Sprungschanze, dürfen wir nicht verpassen. Wir folgen der Straße bis nach Eisenlehen, laufen über eine Schotterhalde und gelangen so auf den Wanderweg der alten Soleleitung. Immer auf dem Sole-

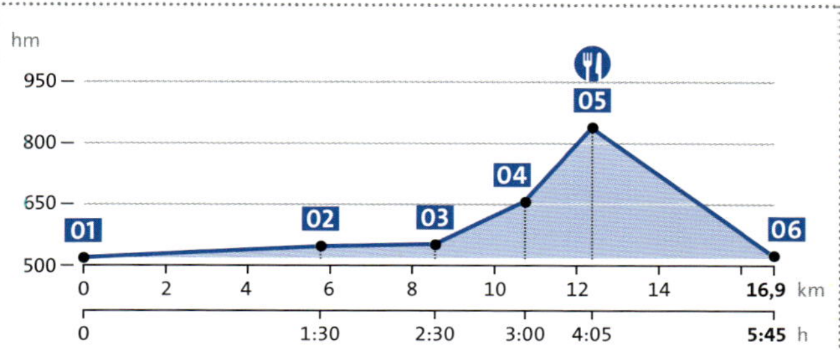

01 Tourist-Information Bad Goisern, 502 m; 02 Wasserfall am Soleleitungsweg, 548 m; 03 Gosauzwangbrücke, 554 m; 04 Hausgraben am Gosaueck, 655 m; 05 Bergstation Salzbergbahn, Gasthof Rudolfsturm, 843 m; 06 Obertraun, 510 m

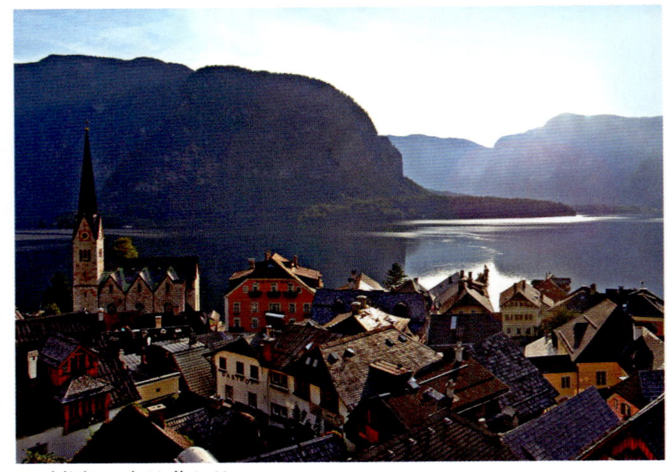

Ausblick nach Hallstatt

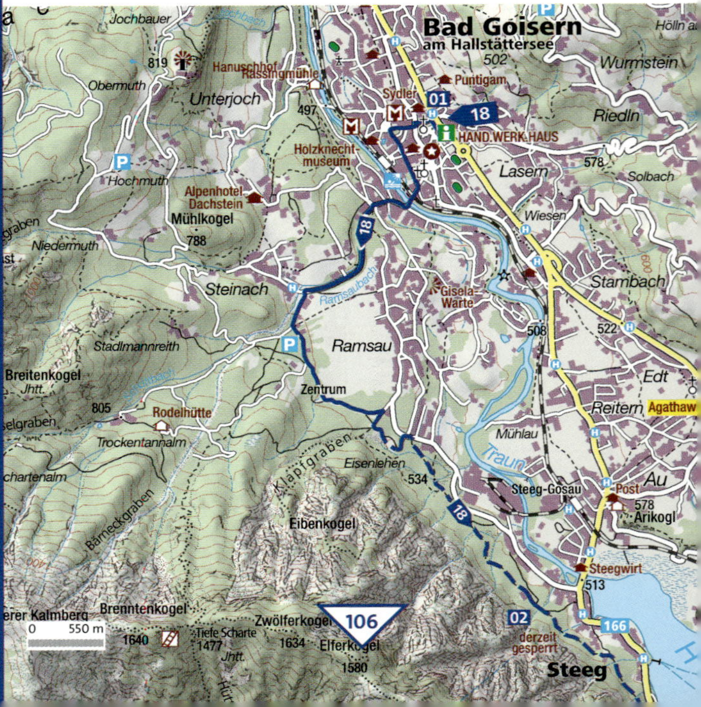

leitungsweg durch den Wald passieren wir den Schützenverein bei Steeg und kommen wenig später zum **Wasserfall** 02 und dem **Wasserkraftwerk** mit den imposanten **Druckrohrleitungen**.

Zum Gasthof Rudolfsturm: Fast ohne Anstrengung geht es ca. eine weitere Stunde auf dem Weg oberhalb des Sees voran. Wir genießen von Zeit zu Zeit den wunderbaren Blick hinunter aufs Wasser oder hinüber auf den **Hohen Sarstein** (1975 m). Bei **Gosauzwang** überqueren wir, über die **Soleleitungsbrücke** 03, den Gosaubach. Auf sieben Pfeilern überquert die Sole in 43 Metern Höhe die Schlucht.

Wir entfernen uns vom Ramsaugebirge und wandern nun leicht bergauf, immer entlang der alten Soleleitung bis zum **Hausgraben am Gosaueck** (655 m) 04. Bevor wir nach Hallstatt hineinlaufen, nehmen wir zuvor die Abzweigung links, zügig hinauf zur **Bergstation der Salzbergbahn und zum Gasthof Rudolfsturm** 05. Hier kann man auf Kaffee und Kuchen einkehren oder einen Abstecher zum Salzbergwerk machen.

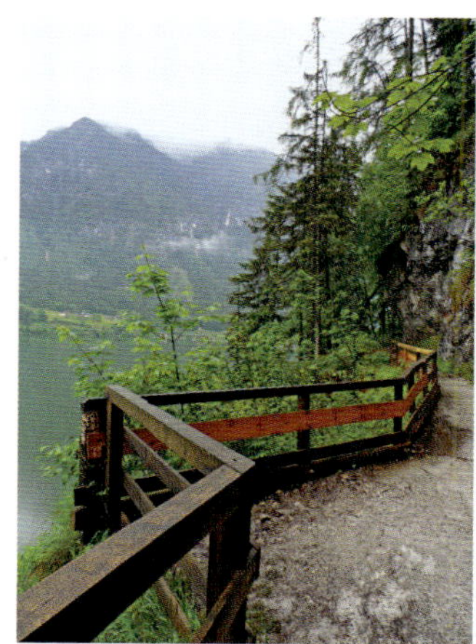

Der Weg nach Hallstatt

Abstieg: Bevor es nach Hallstatt hinuntergeht genießen wir den **UNESCO-Welterbeblick** auf den Hallstätter See und die umliegende Bergpracht bis nach Obertraun hinüber – unserem Etappenziel.

Im Zickzack hinunter, durch **Hallstatt** hindurch und zum Anlegeplatz. Auf dem **Schiff** genießen wir die letzten Meter bis nach **Obertraun** 06.

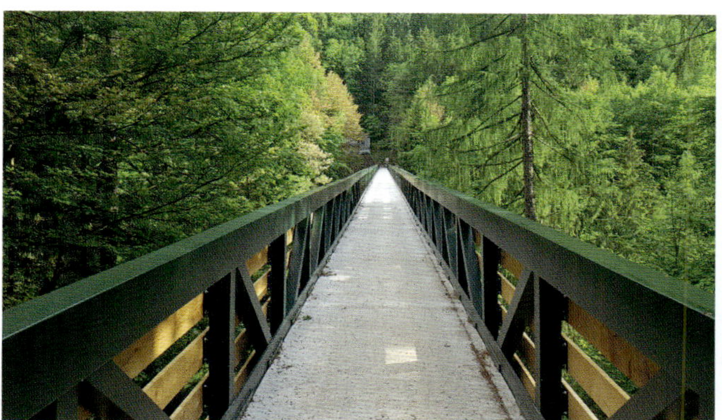

Gosauzwangbrücke

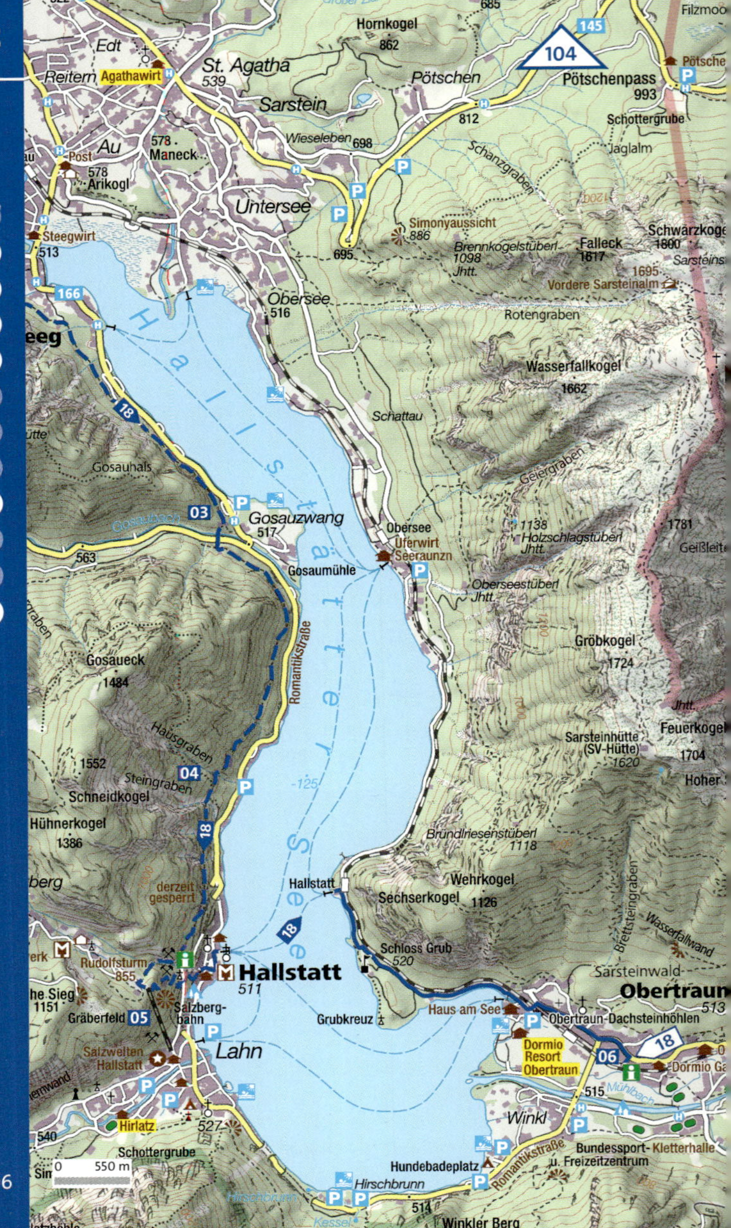

St. Agatha
539
Sarstein
Reitern
Agathawirt
Edt
Hornkogel
862
Pötschen
104
145
Pötschenpass
993
Schottergrube
Jaglalm
Au
Post
578
Arikogl
578
Maneck
Wieseleben 698
812
Schanzgraben
Untersee
Simonyaussicht
886
695
Steegwirt
513
Brennkogelstüberl
1098
Jhtt.
Falleck
1617
Schwarzkogel
1800
Vordere Sarsteinalm
166
Obersee
516
Rotengraben
Hallstätter See
Wasserfallkogel
1662
Schattau
Geiergraben
Gosauhals
Gosauzwang
517
Obersee
Uferwirt
Seeraunzn
1138
Holzschlagstüberl
Jhtt.
1781
563
Gosaumühle
Oberseestüberl
Jhtt.
Gröbkogel
1724
Gosaueck
1484
Romantikstraße
Feuerkogel
Sarsteinhütte
(SV-Hütte)
1620
1704
Hausgraben
1552
Steingraben
Schneidkogel
-125
Hühnerkogel
1386
Bründlriesenstüberl
1118
derzeit
gesperrt
Hallstatt
Wehrkogel
Sechserkogel
1126
Wasserfallwand
Schloss Grub
520
Sarsteinwald
Rudolfsturm
855
Hallstatt
511
Obertraun
513
Gräberfeld
Salzberg-
bahn
Grubkreuz
Haus am See
Obertraun-Dachsteinhöhlen
Salzwelten
Hallstatt
Lahn
Dormio
Resort
Obertraun
Dormio
515
Mühlbach
Winkl
Hirlatz
527
540
Schottergrube
0 550 m
Hundebadeplatz
Romantikstraße
Bundessport- Kletterhalle
u. Freizeitzentrum
Hirschbrunn
514
Winkler Berg
Kessel

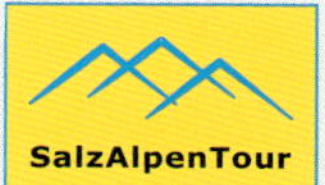

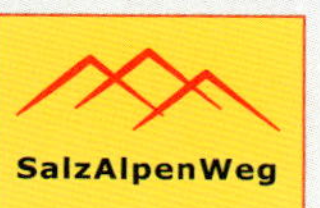

Die SalzAlpenTouren und SalzAlpenWege

Als Erweiterungs- und Kombinationsmöglichkeit liegen die ausgewählten und ebenfalls als Premiumweg zertifizierten Rundtouren und Wege meist entlang des Steigs.
Mit 20 Rundtouren und 2 Wegen wird das Wandervergnügen rund um den SalzAlpenSteig ergänzt und vervollständigt. Die Wunschurlaubsregion kann so, sowohl auf Etappen des Steigs, als auch auf ausgewählten Rundtouren entdeckt werden.
Auf den folgenden Seiten werden die 20 SalzAlpenTouren und die 2 SalzAlpenWege einzeln vorgestellt und beschrieben.

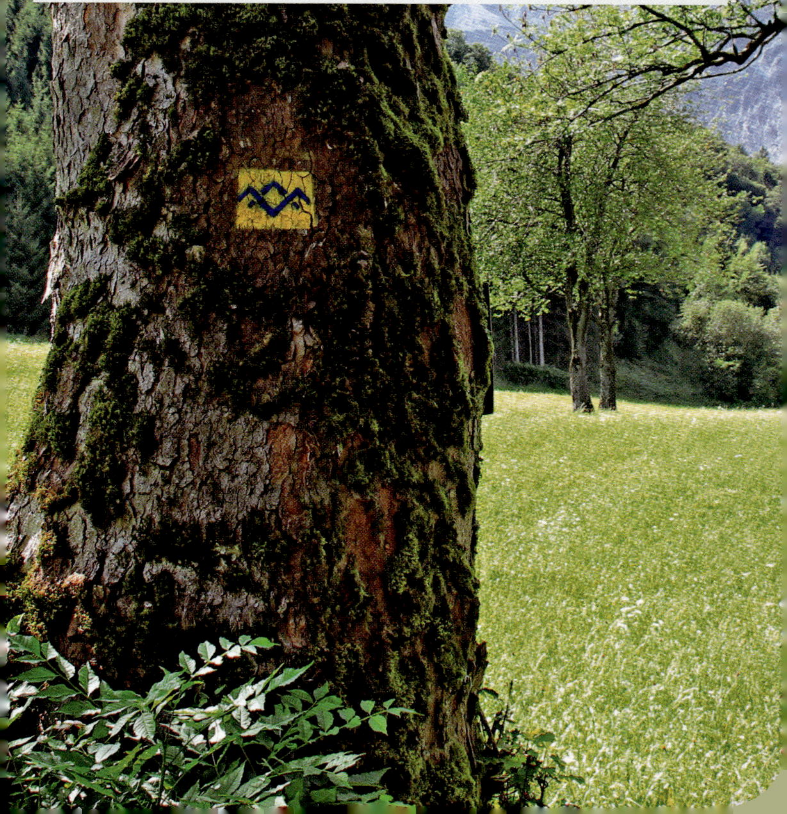

CHIEMSEE-ALPENLAND

Eine aussichtsreiche 4-Tagestour am Samerberg, über den Heuberg und die Hochries bis nach Aschau

  50 km 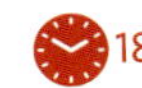 18:00 h 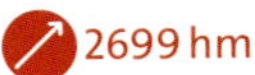 2699 hm 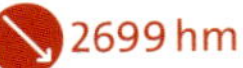 2699 hm  10

START | Talstation der Hochriesbahn bei Grainbach [GPS: UTM Zone 33 x: 292.952 m y: 5.294.371 m]
CHARAKTER | Sehr abwechslungsreiche 4-Tagestour über Almwiesen, Moränenlandschaften und Gipfel. Sowohl Forstwege, als auch Waldwege und Steige. Wegen der Länge konditionell sehr anspruchsvoll.

4 Tage kann man auf dieser Rundtour im schönen Chiemsee-Alpenland zu Fuß die Natur erleben. Von der Gemeinde Samerberg nach Nußdorf am Inn, weiter über die Hochries und bergab nach Aschau und über die Kräuterwiesen zurück zur Talstation der Hochriesbahn bei Grainbach/Samerberg. Jede Tour kann auch als Tagestour einzeln gegangen werden.

▶ **Tag 1: Zur Dandlbergalm:** Unser Ausgangspunkt ist der **Parkplatz an der Talstation der Hochriesbahn** 01 gleich oberhalb von Grainbach. Wir folgen den Markierungen entlang der Hochriesstraße in westlicher Richtung und gelangen so zum Steinbach. Wir überqueren diesen, biegen rechts entlang des Bachs ab, kommen am Landeplatz der Paragleiter vorbei, biegen links ab und gelangen leicht bergan nach Törwang und ein Stückchen weiter zur **Aussichtskapelle bei Obereck** (755 m) 02. Hier haben wir eine

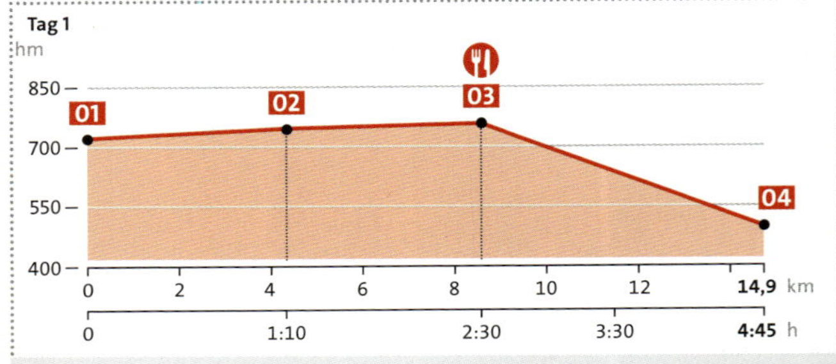

01 Talstation Hochriesbahn, Samerberg, 711 m; 02 Aussichtskapelle bei Obereck, 755 m; 03 Dandlbergalm, 766 m; 04 Tourist-Information Nußdorf am Inn, 481 m

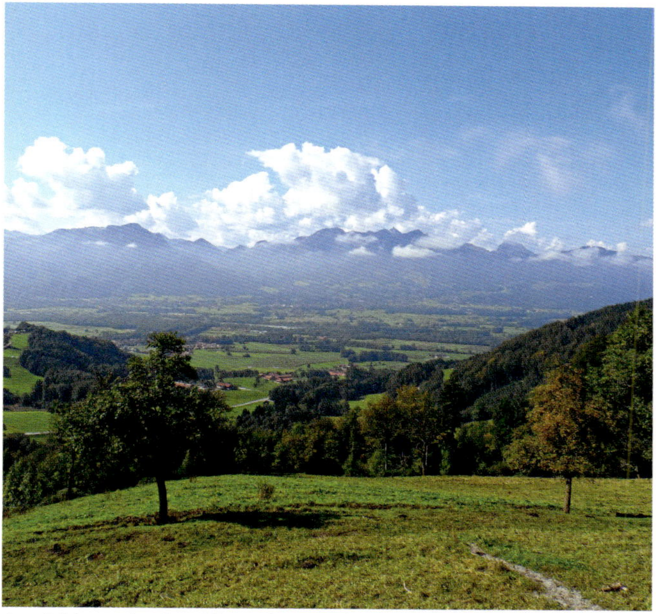

Aussicht von der Dandlbergal

grandiose Aussicht auf die Moränenlandschaft des Alpenvorlands und die Hochries, die das Ziel der 2. Hälfte dieser Rundtour sein wird.
Von Obereck weiter Richtung Südwesten, über Almen, vorbei an Häusern und durch den Wald geht es mal bergab und dann wieder bergauf (keine großen Anstiege) bis zur **Dandlbergalm** 03. Bei bester Aussicht legen wir hier eine kleine Pause ein.
Nach Nußdorf: Wieder bergab bis nach **Roßholzen**, vorbei an der Kirche, durch das Örtchen hindurch und links an der Hauptstraße um dann gleich wieder nach rechts Richtung Haus abzubiegen. Nach der Siedlung zweigen wir links auf eine Forststraße ab, die bergab führt. Geradeaus folgend geht es talwärts Richtung Mühltal. Hier halten wir uns rechts und wandern auf der Straße bis wir linker Hand eine Brücke mit den Wegweisern Mühlenweg, Nussdorf erreichen. Am Mühlenweg mal rechts, mal links des Steinbachs bis ins **Ortszentrum zur Tourist-Information** 04 in **Nußdorf am Inn**.

Tag 2: Zur Bichlerhütte: Von der **Tourist-Information in Nußdorf am Inn** folgen wir der Steinbach Achen in östlicher Richtung. Gleich zu Beginn der Tour biegen wir bei Steinschmid links in den Kirchwald hinein ab, passieren die **Wallfahrtskirche Mariä Heimsuchung**, halten uns rechts und wandern gemütlich auf der Forststraße bis zur **Daffnerwaldalm** 05 hinauf. Ab der Alm verläuft der

Tag 2 – Anspruchsvolle Variante über die Bichleralm und Heuberg

Zu Beginn der Tour überqueren wir die Steinbach Achen bei Steinschmid und wandern am Fuße des Heuberges Richtung Überfilzen am Waldrand entlang, bis uns der Weg Nr. 224 links hinauf zur Bichlerhütte (1026m) führt. Im Zickzack nach oben, links am Steinbruch vorbei und entlang der **Kindlwand** erreichen wir die exponierte Hütte. Wir genießen die Aussicht und erholen uns von dem doch anstrengenden Aufstieg. Steil führt der Steig uns weiter auf den bewaldeten Rücken der Kindlwand und gewährt uns immer wieder einen Blick Richtung **Wasserwand** (1367 m) und **Heuberg** (1338 m). Wir biegen rechts auf den Steig Nr. 2 ab und steigen westseitig auf den Heuberg auf. Am grasigen Gipfelplateau ist das Panorama berauschend. Östlich steigen wir, erst durch den Wald und anschließend über eine Almwiese, zügig bis zur **Daffnerwaldalm** ab.

Weg wieder deckungsgleich. Diese Variante lässt die Überschreitung des Heubergs aus, überwindet nicht so viele Höhenmeter und ist deswegen weniger anstrengend.

Zur Wagneralm: Bei den Daffnerwaldalmen halten wir uns rechts und wandern entlang des Hangs über Almwiesen und schließlich über eine Forststraße bis zur **Euzenaueralm** bergab. Nun folgt der nächste anstrengende Anstieg. Hinter der Alm links, über die Wiese und rechts auf die Forststraße Richtung **Wagneralm** (1050 m) 06.

Zum Feichteck: Von der Wagneralm müssen wir im Zickzack ca. 400 Höhenmeter aufsteigen, bis wir das **Feichteck** (1514 m) 07 erreicht haben.

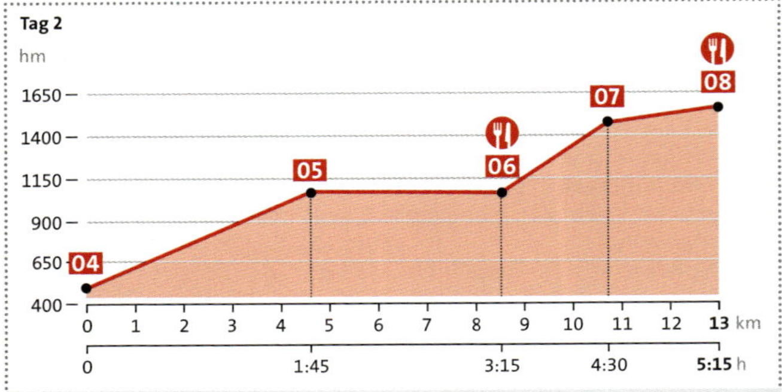

04 Tourist-Information Nußdorf am Inn, 481 m; 05 Daffnerwald Almen, 1050 m; 06 Wagneralm, 1050 m; 07 Gipfel Feichteck, 1480 m; 08 Bergstation Hochriesbahn, 1546 m

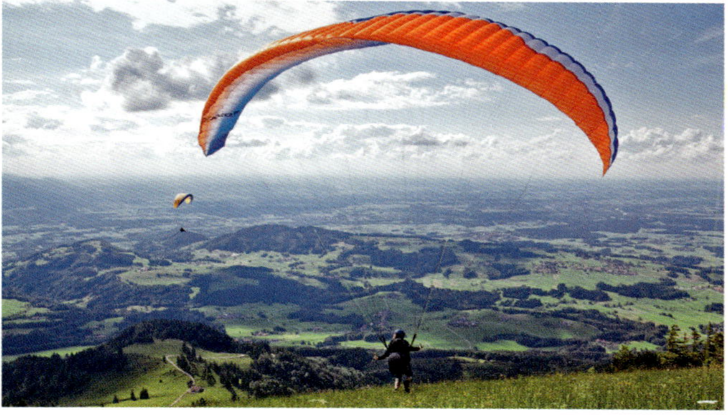
Ein Gleitschirmflieger auf der Hochries

Die **Aussicht auf das Alpenvorland** genießend gehen wir gleich weiter und steigen ein Stückchen ab, um die letzten Höhenmeter bis zum **Gipfel der Hochries** (1568 m) 08 in Angriff zu nehmen. Etwa 45 Minuten später haben wir den **Karkopf** (1496 m) halb umrundet (nicht überschritten) und auf dem Höhenweg Nr. 26 die **Hochries** erklommen. Der 360°-Blick auf die umliegende Kulturlandschaft ist ein gelungener Abschluss unserer anstrengenden aber sehr lohnenswerten Runde.

Tag 3: Von der **Bergstation der Hochriesbahn** wandern wir entlang der Schulter der Hochries Richtung Nordosten. Der Wanderweg führt, vorbei an einer kleinen Kapelle und der Riesenalm, in etwa 30 Minuten über Wiesen bis zur **Riesenhütte** (1346 m) 09 (Zum Zeitpunkt der Wanderführererstellung geschlossen. Aktuelle Informationen unter https://www.davplus.de/riesenhuette) .
Wir nehmen den Weg weiter bergab, biegen einmal halb rechts

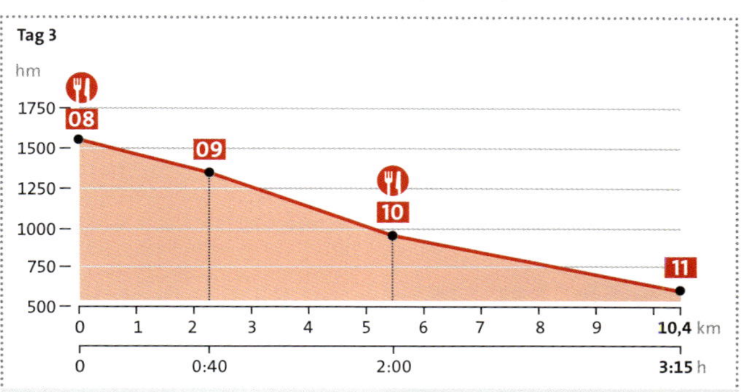

08 Bergstation Hochriesbahn, 1546 m; 09 Riesenhütte, 1346 m; 10 Hofalm, 968 m; 11 Tourist-Information Aschau im Chiemgau, 608 m

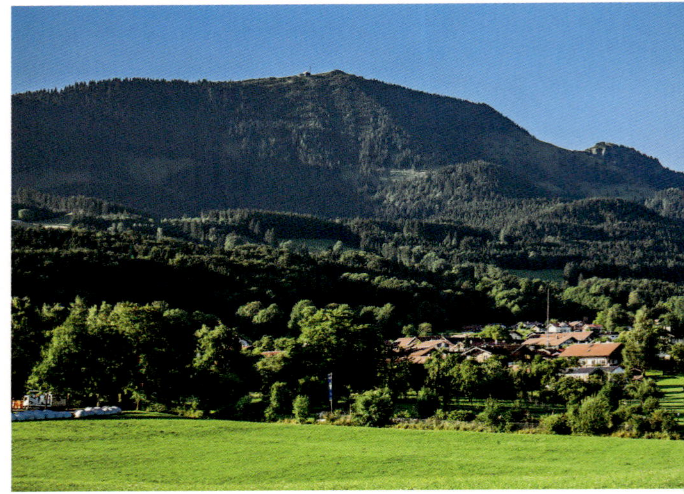

Das Wandergebiet Samerberg

auf einen Wanderweg ab und folgen der Markierung Richtung **Hofalm**. Der Blick gerade zum Chiemsee zeigt uns zusätzlich den Weg an. Noch einmal rechts über eine Almwiese und wir haben die **Hofalm** (968 m) **10** erreicht. Hinter der Hofalm ein Stückchen durch den Wald bergab, geradeaus und einmal links gen Norden immer parallel zum Hang und über Wiesen. Wir queren zwei

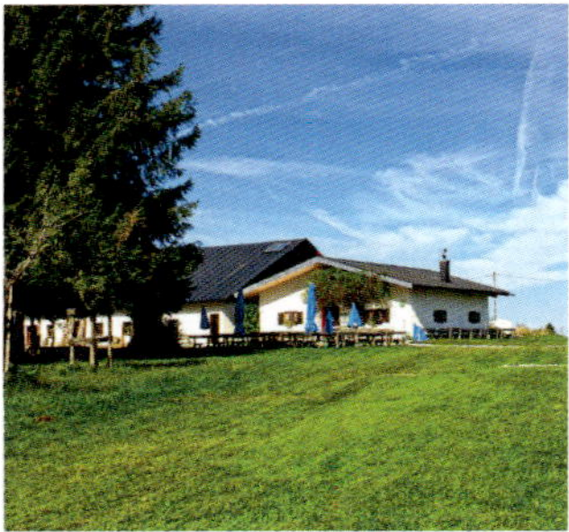

Die Hofalm

kleine Bachläufe und biegen bei Pölching rechts ins **Ortszentrum von Aschau** **11** ab.

Tag 4: Den letzten Tag dieser Mehrtagestour starten wir nordwestlich aus Aschau raus Richtung Pölching und Waldrand. Um den **Aschauer Kopf** (1076 m) herum und am Fuße des **Fellererbergs** entlang kommen wir an einem kleinen gemütlichen **Rastplatz mit Bank** **12** vorbei. Wir treffen auf die Hauptstraße, halten uns aber gleich links und gelangen in einen Wald hinein. Hier halten wir uns links, entlang der Markierung und queren nach dem Wald die Wiese und das Bächlein schräg nach oben. Wir erreichen die Straße Richtung **Sagberg** **13**, die wir links nach oben wandern. Anschließend folgen wir dem Wanderweg Richtung Zellboden bis zur **Schmiedalm** (935 m) **14**.

An der Alm vorbei und über die nächste Abzweigung rechts passieren wir über Almwiesen die

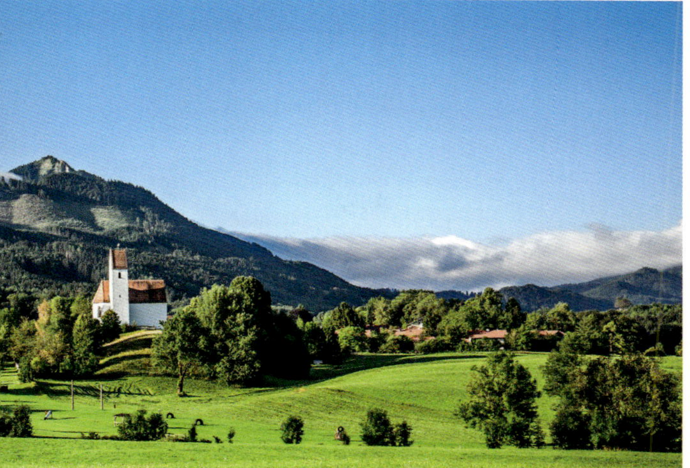

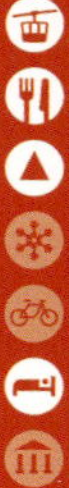

Winterstubn. Noch ein kleines Stückchen bergauf, dann geht es durch den Fichtenwald auf einer Forststraße bis zur **Kräuterwiesenalm** bergab.
Entlang des Haberbachs wandern wir über die Heißnalm bis zur **Käseralm** 15. Wir biegen rechts auf die Forststraße und gleich wieder links zur Kräuterhexe und Mittelstation der Hochriesbahn ab. Diese unterquert, zweigen wir auf halbem Weg zur Moserbodenalm rechts auf einen Waldweg ab. Diesem folgen wir bergab, unterqueren den Sessellift und kommen, den Bikepark Samerberg passierend, zurück zum Parkplatz der **Hochriesbahn-Talstation** 01.

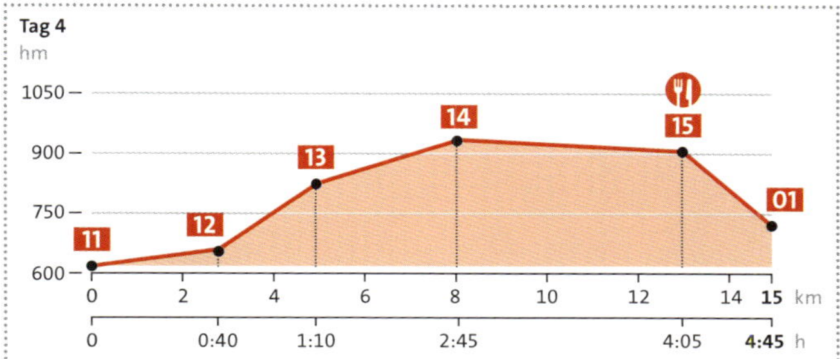

11 Tourist-Information Aschau im Chiemgau, 608 m; 12 Rastplatz, 658 m;
13 Sagberg, 825 m; 14 Schmiedalm, 935 m;
15 Käseralm, 903 m; 01 Talstation Hochriesbahn, 711 m

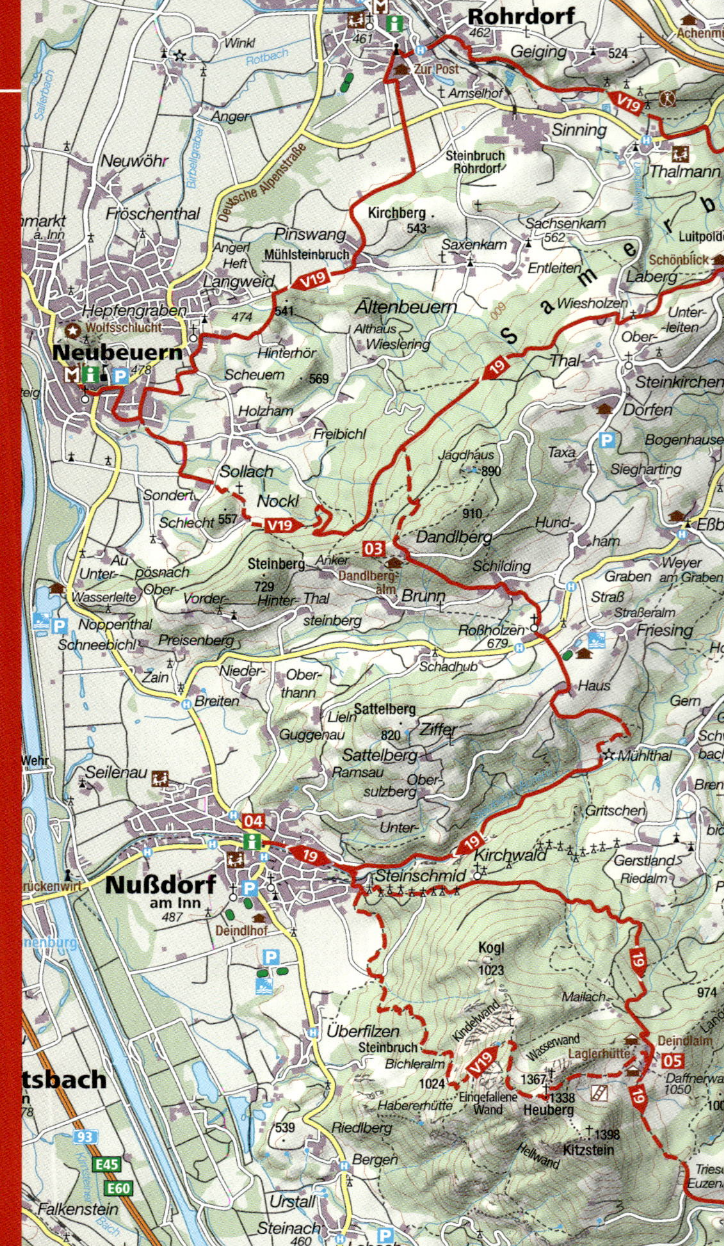

Rohrdorf
Heimathaus
Zur Post
Geiging
Amselhof
Sinning
Thalmann
Steinbruch Rohrdorf
Kirchberg
543
Sachsenkam
Saxenkam
Entleiten
Laberg
Schönblick
Samerberg
Wiesholzen
Neuwöhr
Fröschenthal
Deutsche Alpenstraße
Pinswang
Mühlsteinbruch
Langweid
Hepfengraben
Wolfsschlucht
Neubeuern
478
Altenbeuern
Althaus
Wieslering
Hinterhör
Scheuern
569
Holzham
Freibichl
Thal
Steinkirchen
Dorfen
Taxa
Jagdhaus
890
Sieghartıng
Sollach
Nockl
Schlecht
557
910
Dandlberg
Hund-ham
Eßbach
Steinberg
729
Dandlberg-alm
Brunn
Schilding
Graben
Weyer am Graben
Roßholzen
679
Friesing
Noppenthal
Schneebichl
Preisenberg
Schadhub
Haus
Breiten
Sattelberg
820
Ziffer
Guggenau
Ramsau
Mühlthal
Seilenau
Kirchwald
Gritschen
Gerstland
Riedalm
Nußdorf am Inn
487
Deindlhof
Steinschmid
Kogl
1023
Mailach
974
Überfilzen
Steinbruch
Bichleralm
1024
Kindelwand
Wasserwand
Laglerhütte
Deindlalm
Daffnerwaldalm
1050
1367
1338
Eingefallene Wand
Heuberg
Habererhütte
1398
Kitzstein
Hellwand
Riedlberg
Bergen
Urstall
Steinach
460
Labach
Falkenstein
539
V19
19
03
04
05
E45
E60
93

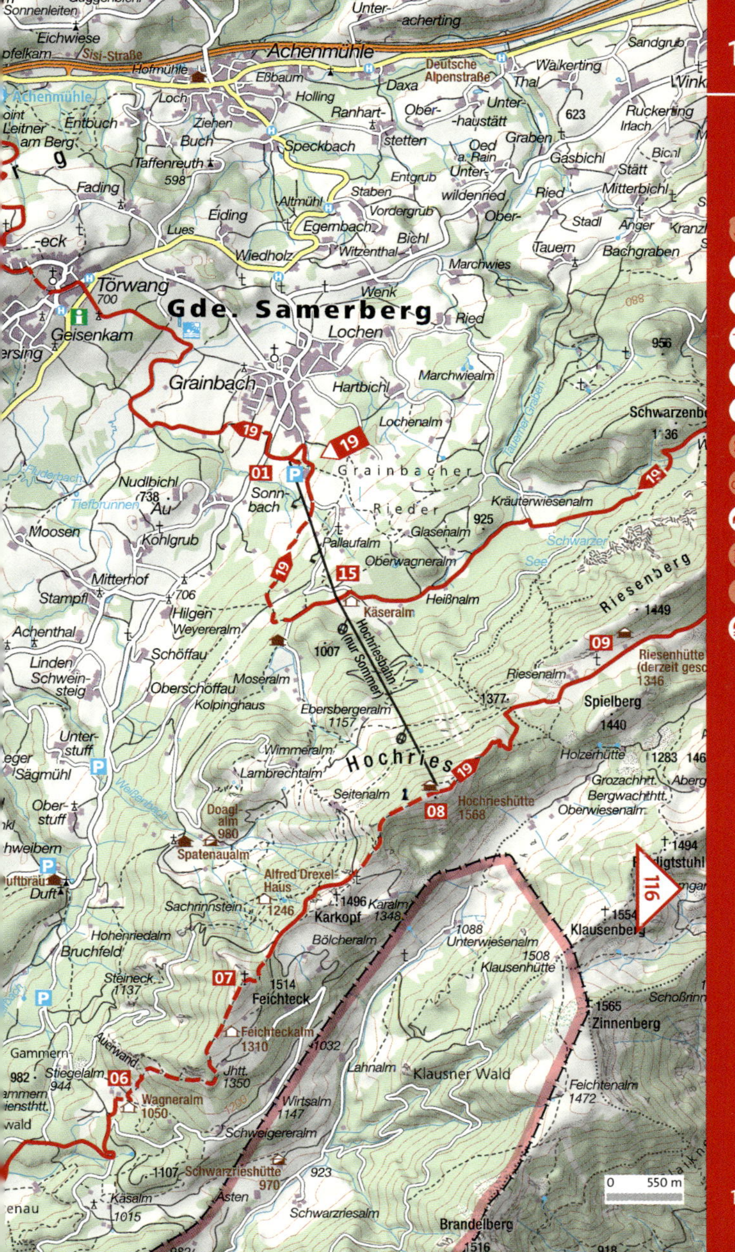
Guggenbichl
Sonnenleiten
Eichwiese
Rocka
Unter-
acherting
Achenmühle
Sisi-Straße
Hofmühle
Deutsche Alpenstraße
Sandgrub
Walkerting
Eßbaum
Daxa
Thal
Achenmühle
Loch
Holling
Ranhart-
Ober-
Unter-
-haustätt
623
Ruckerting
Irlach
Leitner am Berg
Entbuch
Ziehen
Buch
Speckbach
stetten
Oed a. Rain
Graben
Gasbichl
Bichl
Taffenreuth
598
Entgrub
Unter-
wildenried
Stätt
Fading
Altmühl
Staben
Ried
Mitterbichl
Eiding
Vordergrub
Ober-
Stadl
Anger
Kranzl
Lues
Egernbach
Bichl
-eck
Wiedholz
Witzenthal
Tauern
Bachgraben
Marchwies
Törwang
700
Wenk
Gde. Samerberg
Ried
Geisenkam
Lochen
956
Grainbach
Hartbichl
Marchwiealm
Schwarzenb
Lochenalm
1136
19
19
01
Grainbacher
Sonnbach
Nudlbichl
738
Au
Tiefbrunnen
Rieder
925
Kräuterwiesenalm
19
Moosen
Kohlgrub
Pallaufalm
Glasenalm
Schwarzer See
Oberwagneralm
19
15
Heißnalm
Riesenberg
Mitterhof
706
Stampfl
Hilgen
Käseralm
1449
Weyereralm
Achenthal
1007
Hochriesbahn (nur Sommer)
09
Schöffau
Riesenhütte
1346
Linden
Schwein-
steig
Moseralm
Riesenalm
Oberschöffau
Kolpinghaus
1377
Spielberg
Ebersbergeralm
1157
1440
Unter-
stuff
Wimmeralm
Hochries
19
Holzerhütte
1283
Sägmühl
Lambrechtalm
Grozachhtt.
Bergwachthtt.
Seitenalm
Hochrieshütte
1568
08
Oberwiesenalm
Ober-
stuff
Doaglalm
980
Spatenaualm
1494
Alfred Drexel Haus
1246
116
Duft
Sachrinnstein
1496
Karkopf
Karalm
1348
1554
Klausenberg
Hohenriedalm
Bölcheralm
1088
Unterwiesenalm
Bruchfeld
1508
Klausenhütte
Steineck
1137
07
1514
Feichteck
1565
Zinnenberg
Feichteckalm
1310
1032
Gammern
Auerwand
Jhtt.
1350
Lahnalm
Klausner Wald
982
Stiegelalm
944
06
Feichtenalm
1472
Wagneralm
1050
Wirtsalm
1147
Schweigereralm
1107
Schwarzrieshütte
970
923
0
550 m
Kasalm
1015
Asten
Schwarzriesalm
Brandelberg
1516
918

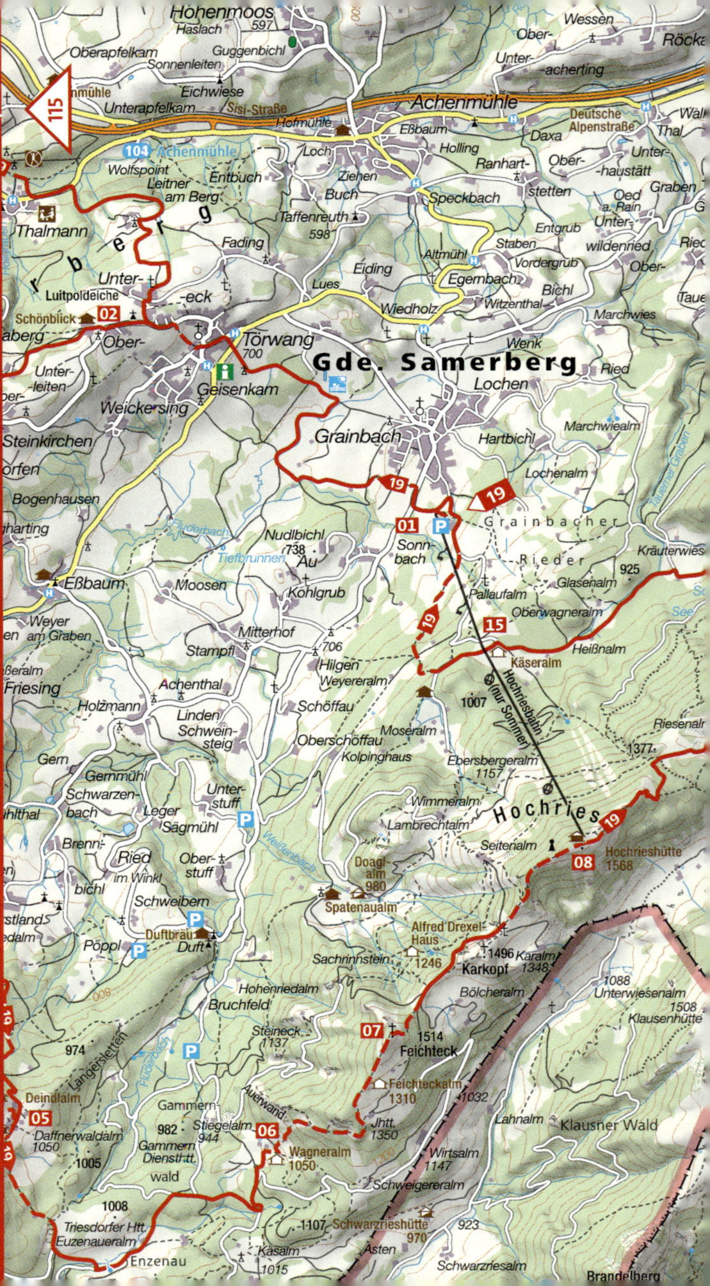

Hohenmoos
Haslach 597
Oberapfelkam
Guggenbichl
Sonnenleiten
Wessen
Ober-
Unter-
-acherting
115
Eichwiese
Unterapfelkam
Sisi-Straße
Achenmühle
Hofmühle
Eßbaum
Deutsche Alpenstraße
Daxa
Thal
104 Achenmühle
Wolfspoint
Loch
Holling
Ranhart-
-stetten
Ober-
Unter-
-haustätt
Leitner am Berg
Entbuch
Ziehen
Speckbach
Graben
Oed a. Rain
Thalmann
Buch
Taffenreuth 598
Entgrub
Unter-
wildenried
Fading
Staben
Altmühl
Vordergrub
Ober-
Eiding
Egernbach
Unter-
Luitpoldeiche
-eck
Lues
Bichl
Wiedholz
Witzenthal
Marchwies
Schönblick 02
Ober-
Törwang 700
Wenk
Gde. Samerberg
Ried
Lochen
Unter-
-leiten
Geisenkam
Weickersing
Grainbach
Hartbichl
Marchwiealm
Steinkirchen
Lochenalm
Bogenhausen
19
Grainbacher
01
Sonnbach
Nudlbichl 738
Au
Kohlgrub
Rieder
925
Kräuterwies
Tiefbrunnen
Eßbaum
Moosen
Pallaufalm
Glasenalm
Oberwagneralm
Weyer am Graben
15
Mitterhof
Stampfl
706
Hilgen
Weyereralm
Käseralm
Heißnalm
Friesing
Achenthal
1007
Hochriesbahn (nur Sommer)
Holzmann
Linden
Schweinsteig
Schöffau
Oberschöffau
Moseralm
Riesenalm
Kolpinghaus
Ebersbergeralm 1157
1377
Gern
Gernmühl
Schwarzenbach
Unterstuff
Wimmeralm
Lambrechtalm
Hochries
Leger
Sägmühl
Seitenalm
Hochrieshütte 1568
Brenn-
bichl
Ried im Winkl
Oberstuff
Doaglalm 980
08
Spatenaualm
Schweibern
Duftbräu
Duft
Alfred Drexel-Haus 1246
Pöppl
Sachrinnstein
1496
Karkopf
Karalm 1348
Hohenriedalm
Bruchfeld
Bölcheralm
1088
Unterwiesenalm
1508
Klausenhütte
Steineck 1137
07
1514
Feichteck
974
Langersletten
Feichteckalm 1310
1032
Deindlalm
Gammern
05
982
Stiegelalm 944
Jhtt. 1350
Lahnalm
Klausner Wald
Daffnerwaldalm 1050
06
Auerwand
Gammern Dienstr.tt.
Wagneralm 1050
1005
wald
Wirtsalm 1147
Schweigereralm
1008
Triesdorfer Htt.
Euzenaueralm
1107
Schwarzrieshütte 970
923
Enzenau
Käsalm
1015
Asten
Schwarzriesalm
Brandelberg

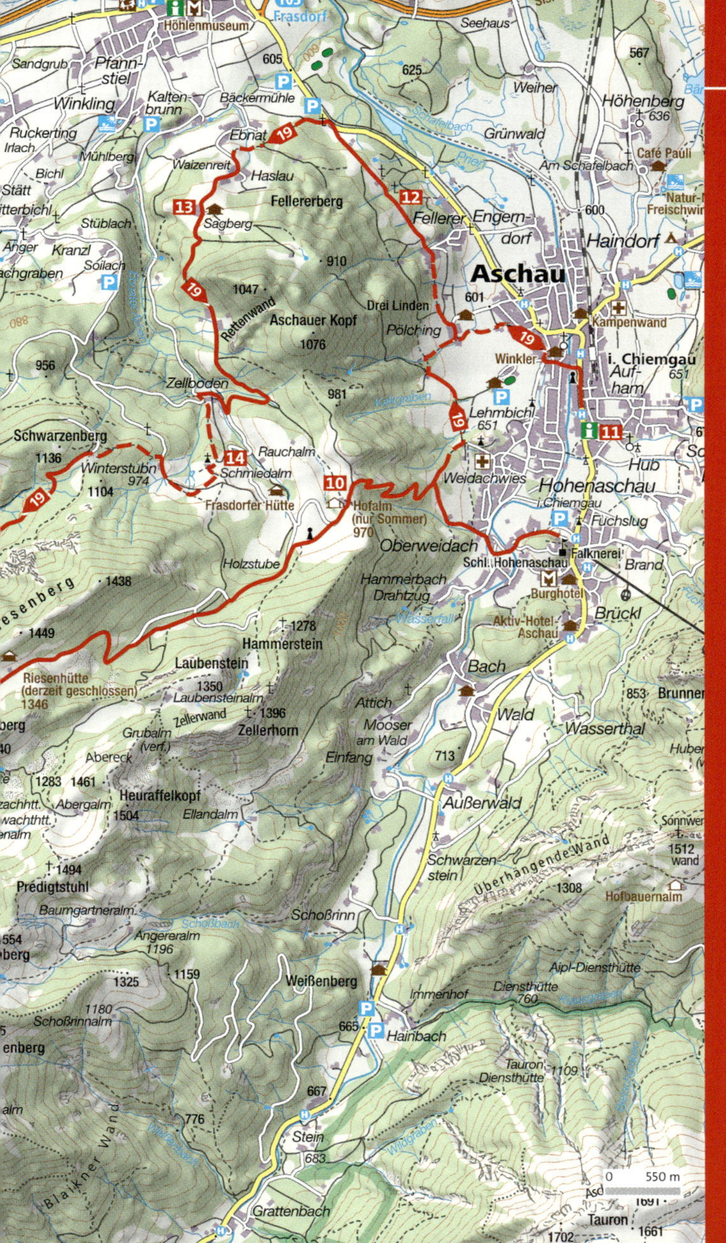
Aschau
Höhlenmuseum
Frasdorf
Hohenaschau
Kampenwand
Aschauer Kopf
Fellererberg
Zellboden
Schmiedalm
Frasdorfer Hütte
Hofalm (nur Sommer) 970
Riesenhütte (derzeit geschlossen) 1346
Laubenstein
Hammerstein
Zellerhorn
Heuraffelkopf
Predigtstuhl
Weißenberg
Hainbach
Grattenbach
Burghotel
Aktiv-Hotel-Aschau
Café Pauli
0 550 m

ÜBER DIE GRASSAUER ALMEN

Die perfekte Familienwanderung mit Bergerlebnispfad und „Streichelzoo“

 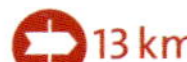 13 km 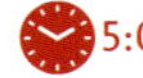 5:00 h 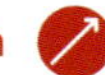 711 hm 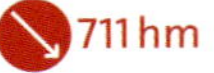 711 hm 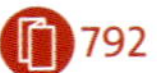 792

START | Museum Salz & Moor, direkt an der B305 zwischen Grassau und Rottau
[GPS: UTM Zone 33 x: 307.197 m y: 5.295.653 m]
CHARAKTER | Einfache, familienfreundliche Almwanderung auf Forstwegen, mit viel Information rund um Natur, Tier und Mensch; auch zum Anfassen.

Das Museum Salz & Moor als Start- und Zielpunkt rundet unsere heutige Tour mit zahlreichen Informationen zum Weg des Salzes wunderbar ab. Aber auch auf der Tour selbst erwarten uns Schilder und Stationen, an denen es die Natur spielerisch zu erkunden gilt.

▶ **Zur Hefteralm:** Wir nehmen die vielen Stufen hinter dem Museum **01** hinauf. An der Hochreserve angelangt führt uns der Weg rechts in den Wald hinein. Nach etwa 10 Minuten leicht bergan, gelangen wir an den sogenannten **Sandkasten am Grießenbach**. Die kleine Brücke überquert, nehmen wir den Pfad links bergauf, bis wir an eine Kreuzung gelangen. Von rechts unten kommt die 1. Etappe des SAS von Prien nach Grassau. **Wir gehen links**, meist auf gut ausgebautem Wanderweg, immer leicht bergauf, bis wir an einen **Aussichtspunkt** mit Rastmöglichkeit gelangen. Der Blick auf Rottau und den Chiemsee im Hintergrund blieb uns an diesem Tag wegen trüben Wetters leider

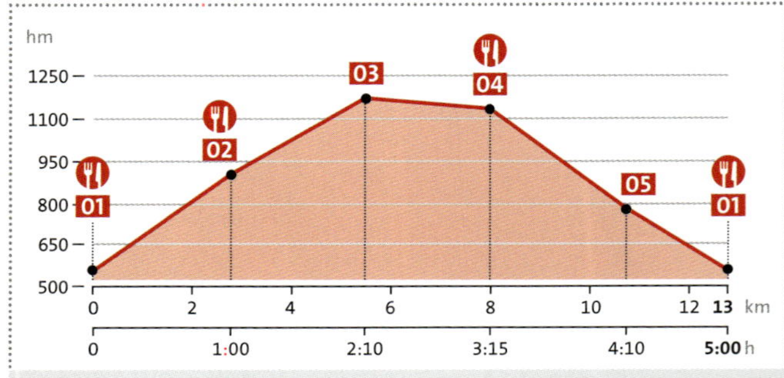

01 Museum Salz & Moor, 553 m; **02** Hefteralm, 900 m; **03** Rastplatz am Großen Staffn, 1190 m; **04** Staffnalm, 1050 m; **05** Zeppelindenkmal, 790 m

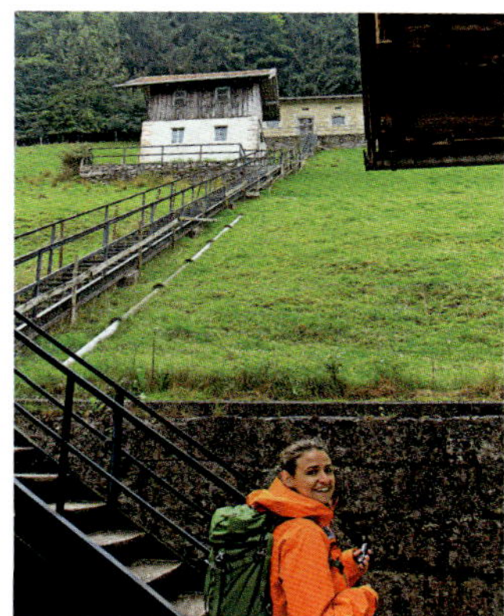

Die ersten Meter am Museum Salz & Moor

verwehrt. Der Beschilderung folgend nehmen wir den Weg zur **Hefteralm** 02, auf der uns überraschenderweise nicht nur Kaffee und Kuchen erwarten, sondern Mini-Shetlandponys, zwei Hasen, ein Meerschweinchen und eine Horde Ziegen. **Zur Staffnalm:** Die Forststraße bergauf, vorbei an der **Moieralm** und weiter, bis man sich entscheiden kann: Links dem Blick folgend direkt Richtung **Staffnalm** oder die zusätzliche Runde auf dem wunderschön angelegten **Bergwalderlebnispfad** um den Kleinen und den Großen Staffen herum mitnehmen – die 40 Minuten extra lohnen sich allemal. Dieser extrem liebevoll gestaltete und angenehm zu wandernde Weg ist geziert mit zahlreichen Informationen rund um unsere Natur, die es spielerisch zu erfahren gilt. Wunderbare Aussichten 03 auf das Chiemgauer-Bergpanorama mit dem Chiemsee inklusive. Wieder auf Kurs, marschieren wir vorbei an Klanghölzern, durch

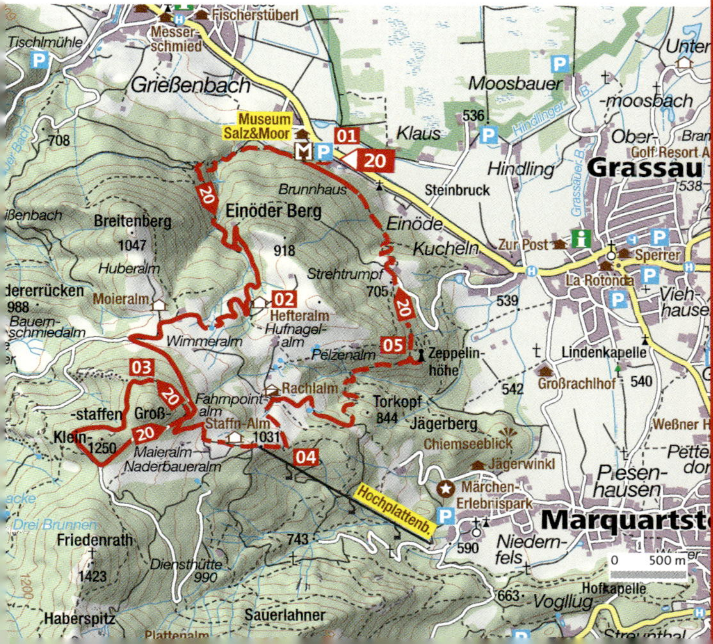

Das Museum Salz & Moor

befindet sich im Brunnhaus Klaushäusl, der einzigen vollständig erhaltenen Pumpstation entlang der 107 km langen Soleleitung von Berchtesgaden bis nach Rosenheim. Das Herz des Museums bildet die Reichenbach'sche Wassersäulenmaschine – 150 Jahre lang wurde so die Sole von der Nieder- zur Hochreserve gepumpt. Führungen durch das Museum, vorbei an der ehemaligen Werkstatt und in eine Zeit ohne elektrischen Strom, vermitteln einen bleibenden Eindruck über die Bedeutung der Salzindustrie. www.grassau.de/de/museum-klaushaeusl-de

Drehkreuze hindurch und über Almwiesen, bis wir ca. 10 Minuten später die **Staffnalm** **04** erreichen. **Zum Denkmal Zeppelinhöhe:** Unterhalb der Staffnalm rechts am Lifthäusl vorbei und gleich links den Sessellift unterqueren (Markierung hier etwas schwer zu sehen) geht es bergab. Ein kurzes Stück über einen Kiesweg steil bergab, um bald links in den Wald abzubiegen. An der Rachelalm vorbei und links auf einem Waldpfad im Zickzack bis zum Torgraben. An der Kreuzung folgen wir den Schildern links, leicht bergauf Richtung **Zeppelinhöhe**. Der kleine Abstecher zum **Denkmal der Zeppelinhöhe** **05** gewährt abermals einen Blick in den Chiemgau und nach Grassau hinunter. **Zum Museum zurück:** Weiter auf unserem Weg kreuzen wir den Parkplatz am „Strehtrumpf", steigen über einen Weidezaun – eine Bankvorrichtung hilft – umrunden die Almwiese und steigen auf der gegenüberliegenden Seite abermals über den Weidezaun. Weiter geht es durch den Wald Richtung Rottau, bis wir an unseren Schnittpunkt gelangen und die restlichen Meter auf gleichem Weg zurück zum Museum nehmen.

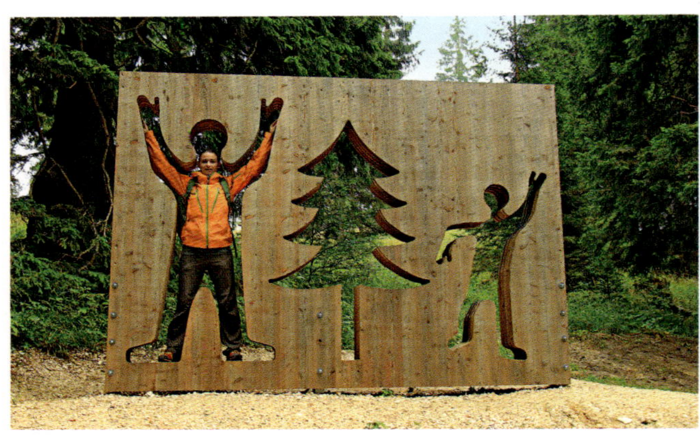

Auf dem Bergwalderlebnispfad

MARQUARTSTEIN – SCHNAPPENKIRCHE

Durch den Buchenwald zur Schnappenkirche

 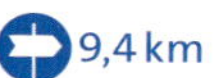 9,4 km 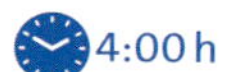 4:00 h  624 hm  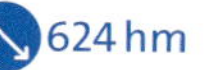 624 hm 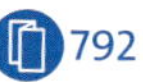 792

START | Parkbucht an der Freiweidacher Straße, alternativ Wanderparkplatz bei Windeck
[GPS: UTM Zone 33 x: 310.870 m y: 5.293.517 m]
CHARAKTER | Ein Anstieg über einen Waldpfad mit super Ausblick auf den Chiemgau und Chiemsee. Insgesamt eine gemütliche Runde.

Unsere heutige kleine Tour beginnen wir direkt an der **Freiweidacher Straße** zum Fuße des Schnappenbergs (1260 m). Hier haben wir am Rand in einer kleinen Parkbucht **01** auch das Auto abgestellt.

▶ Auf einem breiten Wanderweg durch den Wald, dem **Schnappenwinkel-Rundweg** folgen wir der Beschilderung nordwärts, bergauf und bergab Richtung **Staudach-Denkmal**. Das Denkmal liegt nur ein paar Meter abseits vom Weg und lohnt den Abstecher – man kann einen kleinen Ausblick erhaschen. Kurz darauf biegen wir scharf rechts auf einen Weg ab, der bald in einen etwas schmaleren Wanderpfad übergeht und marschieren stetig der **Schnappenkirche** entgegen.
Dieser schöne Pfad schlängelt sich im Zickzack über Stock und Stein durch den lichten Buchenwald und bietet mit zwei Bänken auch die Möglichkeit für die eine oder andere Rast. Nach etwa **1,5 Stunden** haben wir den heutigen höchsten Punkt, die **Schnappenkirche** (1100 m) erreicht **02**. Mit

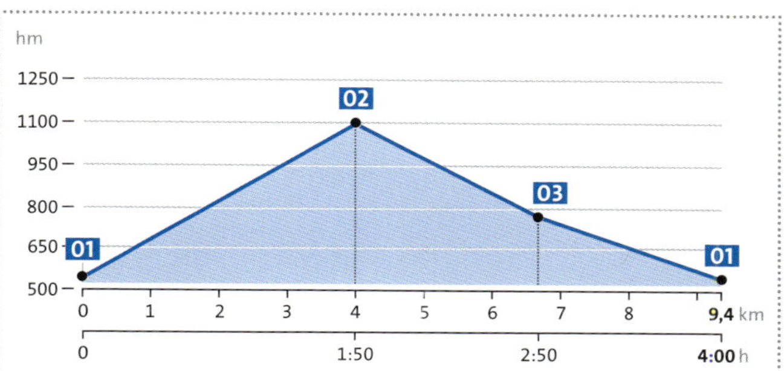

01 Wanderparkbucht, 540 m; **02** Schnappenkirche, 1100 m; **03** Scherbenstein, 780 m

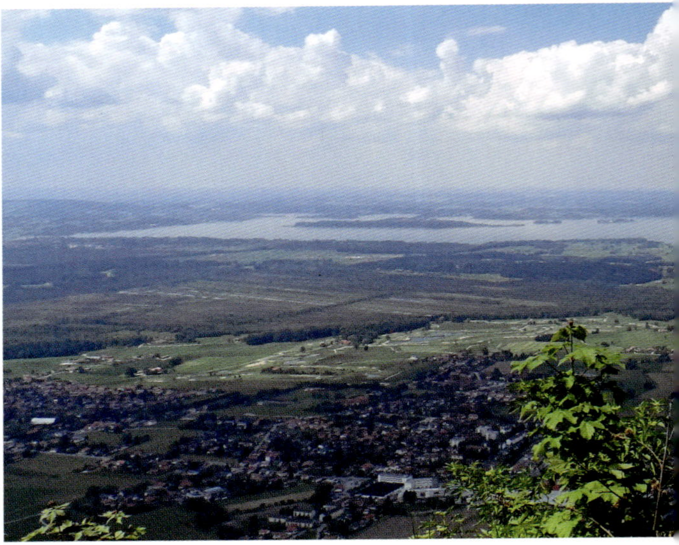

Ausblick von der Schnappenkirche

Blick Richtung Chiemsee und über Marquartstein und Grassau lassen wir uns die Mühen entschädigen. Nach einer Jause und einer kurzen Besichtigung der Kirche treten wir den Abstieg an.

Abstieg: Hinter der Kirche folgen wir dem wieder etwas breiteren Wanderweg (Nr. 53) in Richtung **Kindlwand**. So führt der Schotterweg in mehreren Kehren gemütlich bergab durch den Wald. Wir überqueren den **Schnappenbach** und wandern in etwa 1 Stunde, an der Kindlwand vorbei, bis zum Riesen-Findling – dem **Boulderfelsen Scherbenstein** **03**. Weiter auf dem Weg durch den Wald kommen wir an der Abzweigung zum **Aussichtspunkt Windeck** vorbei, nehmen etwas weiter eine Kehre, halten uns links und biegen gleich wieder rechts auf eine Abkürzung von der Forststraße ab. Wir folgen den Markierungen, bis wir auf einen **Wanderparkplatz** (alternativer Ausgangspunkt) stoßen. Diesen rechter Hand überquerend, biegen wir links entlang einer Mauer wieder in den Wald hinein. Immer entlang des Waldrands oberhalb von Marquartstein gelangen wir, den Markierungen folgend, wieder zu unserem Ausgangspunkt in Freiweidach.

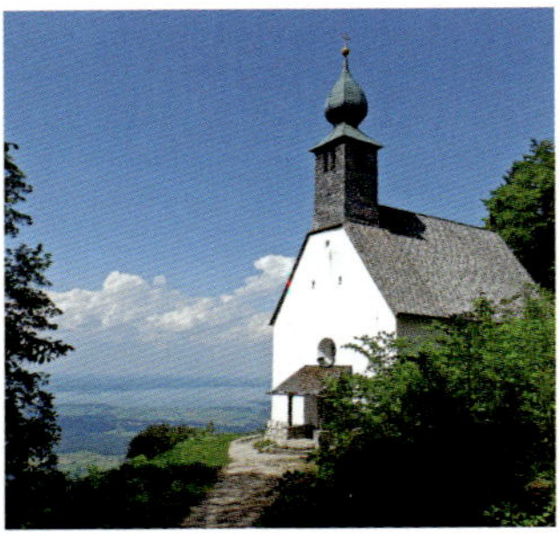

Schnappenkirche

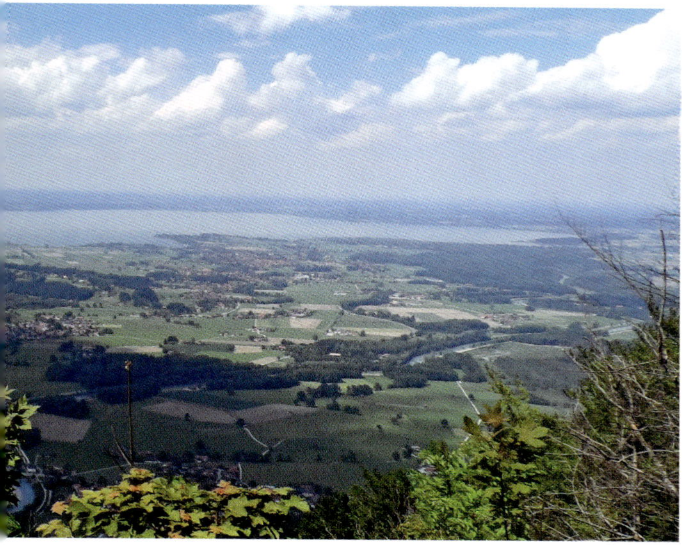

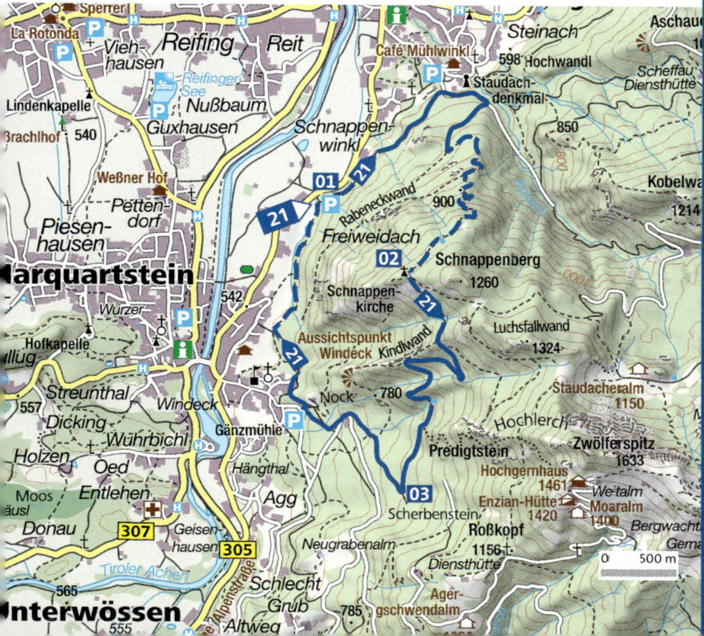

Sperrer
La Rotonda
Vieh-
hausen
Reifing
Reit
Reifinger
See
Nußbaum
Lindenkapelle
Guxhausen
Brachlhof
540
Schnappen-
winkl
Weßner Hof
Petten-
dorf
Piesen-
hausen
arquartstein
Wurzer
542
Hofkapelle
Streunthal
Windeck
557
Dicking
Wührbichl
Gänzmühle
Holzen
Oed
Hängthal
Moos
Entlehen
Agg
Donau
307
Geisen-
hausen
305
Tiroler Achen
565
Schlecht
nterwössen
Grub
555
Alpenstraße
Altweg
Steinach
Café Mühlwinkl
598
Hochwandl
Staudach-
denkmal
Aschau
Scheffau
Diensthütte
850
800
Kobelwa
1214
01
21
Rabeneckwand
900
Freiweidach
02
Schnappenberg
1260
Schnappen-
kirche
1000
Luchsfallwand
1324
Aussichtspunkt
Windeck
Kindlwand
Staudacheralm
1150
Nock
780
Hochlerch
Zwölferspitz
1633
Predigtstein
Hochgernhaus
1461
Wetalm
Enzian-Hütte
1420
Moaralm
1400
03
Scherbenstein
Roßkopf
1156
Bergwacht
Neugrabenalm
Diensthütte
0
500 m
Ager-
gschwendalm
785

BERGEN – BRÜNDLING-ALM

Zum Aussichtspunkt des Chiemgaus, über Almen und durch Wälder

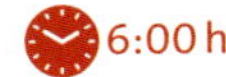

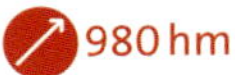

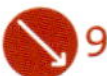 980 hm 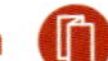 16

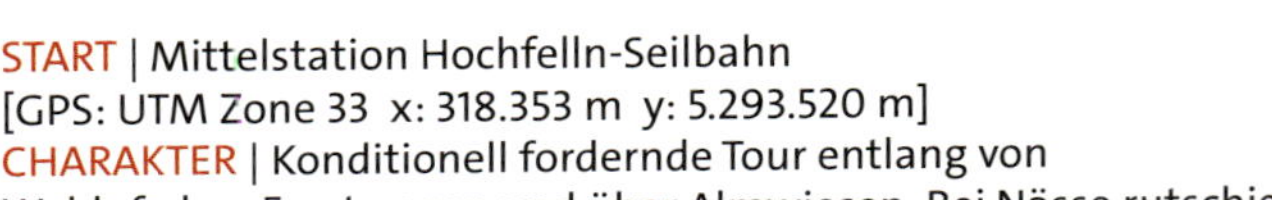

START | Mittelstation Hochfelln-Seilbahn
[GPS: UTM Zone 33 x: 318.353 m y: 5.293.520 m]
CHARAKTER | Konditionell fordernde Tour entlang von Waldpfaden, Forstwegen und über Almwiesen. Bei Nässe rutschig.

Mit den Hochfelln-Seilbahnen sind wir von Bergen bis zur Mittelstation über den Wald „geflogen“, um die SalzAlpenTour „Bründlingalm“ zu starten.

▶ **Zum Hochfellnhaus:** Gleich oberhalb der Mittelstation liegen der **Bachschmied-Kaser**, der **Öderkaser** und die **Bründling-Alm** 01, der Start- und Endpunkt unserer heutigen Tour. Kurz nach den Almen öffnet sich das erste Mal der beeindruckende Blick Richtung Chiemsee und dem Alpenvorland. Der Wanderweg auf den Hochfelln ist gut zu gehen, führt zeitweise durch ein lichtes Wäldchen und in Kehren in etwa 1 Stunde immer stetig bergauf. Bei Nässe wird der Weg weiter oben wegen glatter Steine etwas rutschig, aber immer noch gut zu gehen. Der kleine Abstecher aufs **Hochfellnhaus** (1669 m) 02 lohnt sich auf Grund der herausragenden Aussicht auf den gesamten Chiemgau (siehe SAS Etappe 4).

Zur Steinbergalm: Zurück auf unserer Tour biegen wir von unten

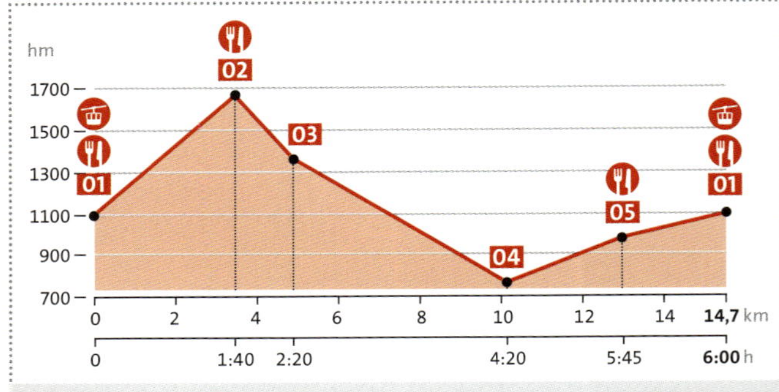

01 Bründling-Alm, Mittelstation Hochfelln Seilbahnen, 1100 m; 02 Gipfel Hochfelln, 1674 m; 03 Fellnalm, 1365 m; 04 Fahrstraße von Blicken, 746 m; 05 Steinberg-Alm, 1000 m

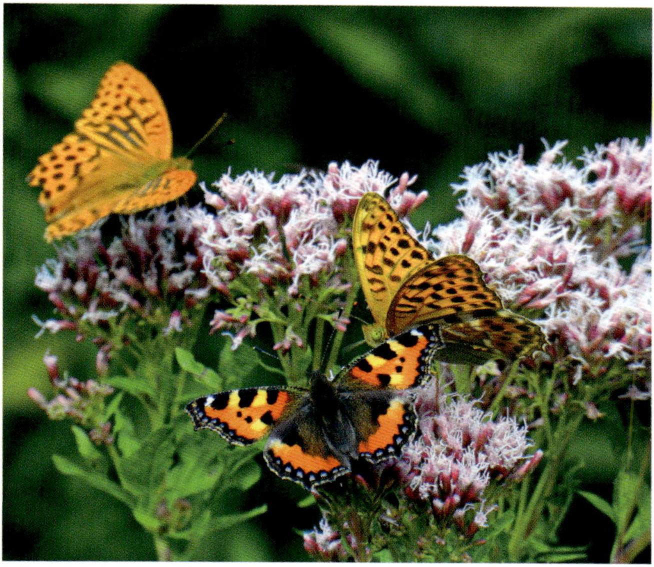

Schmetterlinge am Weg

kommend links auf einen etwas verwucherten und anspruchsvolleren Pfad. Hier treffen sich SAS und SAT. So gehen wir gemeinsam über Stock und Stein, durch kleine Wälder und über Almwiesen, vorbei an der **Fellnalm** 03 immer stetig bergab. An der Kreuzung zur **Farnbödenalm** biegen wir nicht ab, sondern folgen dem Weg geradeaus weiter durch den Wald bergab. Wir kreuzen eine Forststraße und nehmen etwas weiter die Abzweigung links; **den Haßlberg** (1117 m) lassen wir hinter uns. Anschließend rechts, einer Kehre folgend, treffen wir auf eine **Fahrstraße von Blicken** 04 kommend. Ab hier links den Berg wieder aufwärts bis zur **Steinbergalm** (1000 m) 05.

Zur Bründlingalm: Von der Steinbergalm (Parken gegen Gebühr möglich) folgen wir dem Wanderweg Richtung Hochfelln-Mittelstation. An der ersten Kreuzung biegen wir links in den Wald und es geht leicht bergauf bis zur Mittelstation. Von hier sieht man schon bald unseren Ausgangspunkt, die Bründlingalm.

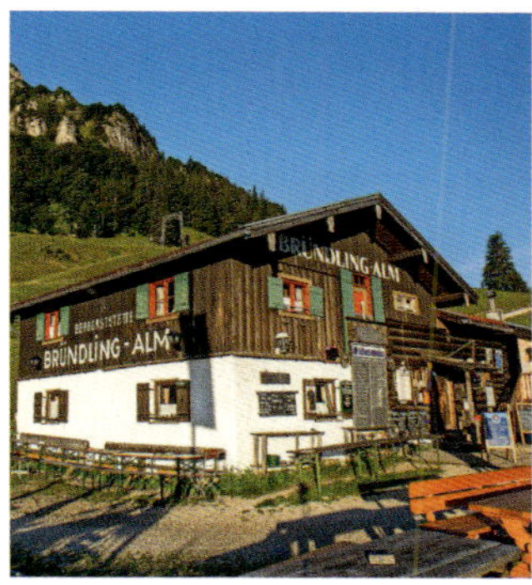

Die Steinbergalm

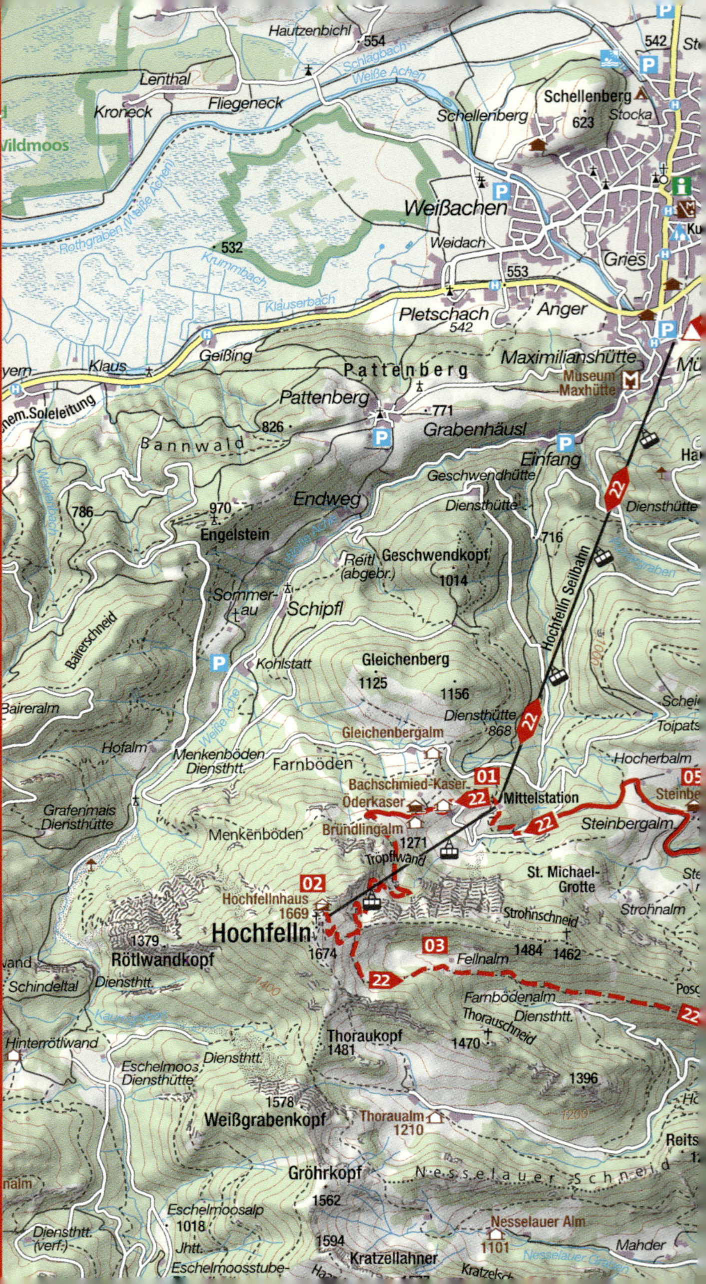

Hautzenbichl
554
Lenthal
Kroneck
Fliegeneck
Wildmoos
Schlagbach
Weiße Achen
Schellenberg
Schellenberg
623
Stocka
542
Weißbachen
Weidach
Rothgraben (Weiße Achen)
532
Krummbach
Klauserbach
553
Gries
Pletschach
542
Anger
Klaus
Geißing
Pattenberg
Maximilianshütte
Museum Maxhütte
ehem. Soleleitung
Pattenberg
826
771
Grabenhäusl
Bannwald
Einfang
Geschwendhütte
22
Diensthütte
Diensthütte
786
970
Engelstein
Endweg
Weiße Ache
716
Reitl (abgebr.)
Geschwendkopf
1014
Hochfelln Seilbahn
Sommer-au
Schipfl
Bairerschneid
Kohlstatt
Gleichenberg
1125
1156
Baireralm
Diensthütte
868
22
Gleichenbergalm
Hofalm
Menkenböden Diensthtt.
Farnböden
Hocherbalm
01
Bachschmied-Kaser
Öderkaser
22
Mittelstation
05
22
Steinbergalm
Grafenmais Diensthütte
Menkenböden
Bründlingalm
1271
Tropfwand
02
Hochfellnhaus
1669
St. Michael-Grotte
Strohnalm
Strohnschneid
1379
Rötlwandkopf
Hochfelln
1674
03
1484
1462
Fellnalm
Schindeltal
Diensthtt.
22
Farnbödenalm
Diensthtt.
22
Thorauschneid
Hinterrötlwand
Thoraukopf
1481
1470
Diensthtt.
Eschelmoos Diensthütte
1396
1578
Weißgrabenkopf
Thoraualm
1210
Gröhrkopf
Nesselauer Schneid
1562
Eschelmoosalp
1018
Diensthtt. (verf.)
Jhtt.
Nesselauer Alm
1101
Mahder
1594
Eschelmoosstube
Kratzellahner

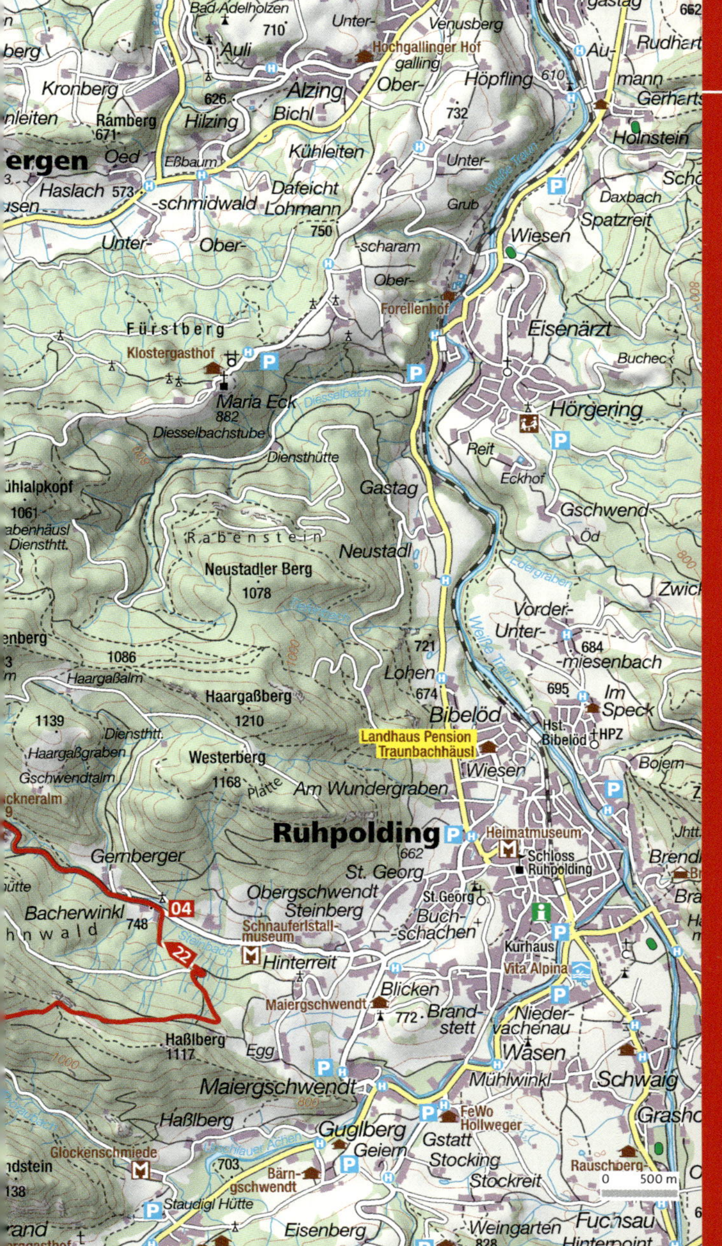
Bad Adelholzen
710
Unter-
Venusberg
Auli
Hochgallinger Hof
galling
Kronberg
Alzing
Ober-
Höpfling
610
Au-
Rudhart
626
Hilzing
Bichl
732
mann
Gerharts
Ramberg
671
Holnstein
ergen
Oed
Eßbaum
Kühleiten
Unter-
Haslach
573
-schmidwald
Dafeicht
Lohmann
Grub
Weiße Traun
Daxbach
Spatzreit
750
Unter-
Ober-
-scharam
Wiesen
Ober-
Forellenhof
Fürstberg
Klostergasthof
Eisenärzt
Buchec
Maria Eck
882
Dieselbach
Hörgering
Diesselbachstube
Diensthütte
Reit
Eckhof
Gastag
Gschwend
Öd
1061
Rabenstein
Neustadl
Neustadler Berg
1078
Edergraben
Zwick
Vorder-
Unter-
684
-miesenbach
721
1086
Haargaßalm
Lohen
674
695
Im Speck
Haargaßberg
1139
1210
Bibelöd
Hst-Bibelöd
HPZ
Dienstht.
Haargaßgraben
Landhaus Pension Traunbachhäusl
Wiesen
Bojern
Gschwendtalm
Westerberg
1168
Platte
Am Wundergraben
Ruhpolding
662
Heimatmuseum
Gernberger
St. Georg
Schloss Ruhpolding
Brend
Obergschwendt
St. Georg
Steinberg
Bacherwinkl
748
04
Buch-
-schachen
Schnauferlstall-museum
22
Kurhaus
Hinterreit
Vita Alpina
Blicken
Maiergschwendt
772
Brand-
stett
Nieder-
vachenau
Haßlberg
1117
Egg
Wasen
Mühlwinkl
Schwaig
Maiergschwendt
800
FeWo Hollweger
Haßlberg
Guglberg
Gstatt
Grashof
Glockenschmiede
Geiern
Stocking
703
Bärn-
gschwendt
Rauschberg-
Stockreit
0
500 m
Staudigl Hütte
Eisenberg
Weingarten
Fuchsau
828
Hinterpoint

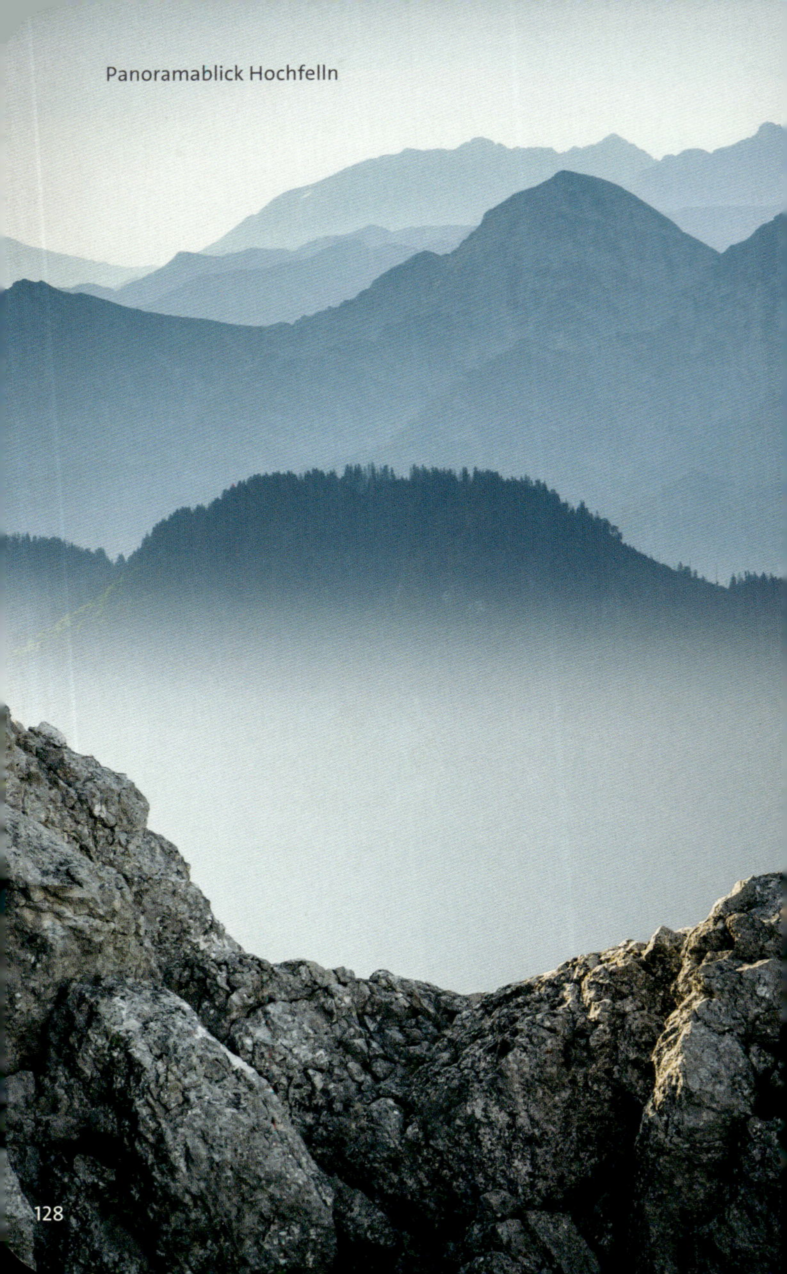

Panoramablick Hochfelln

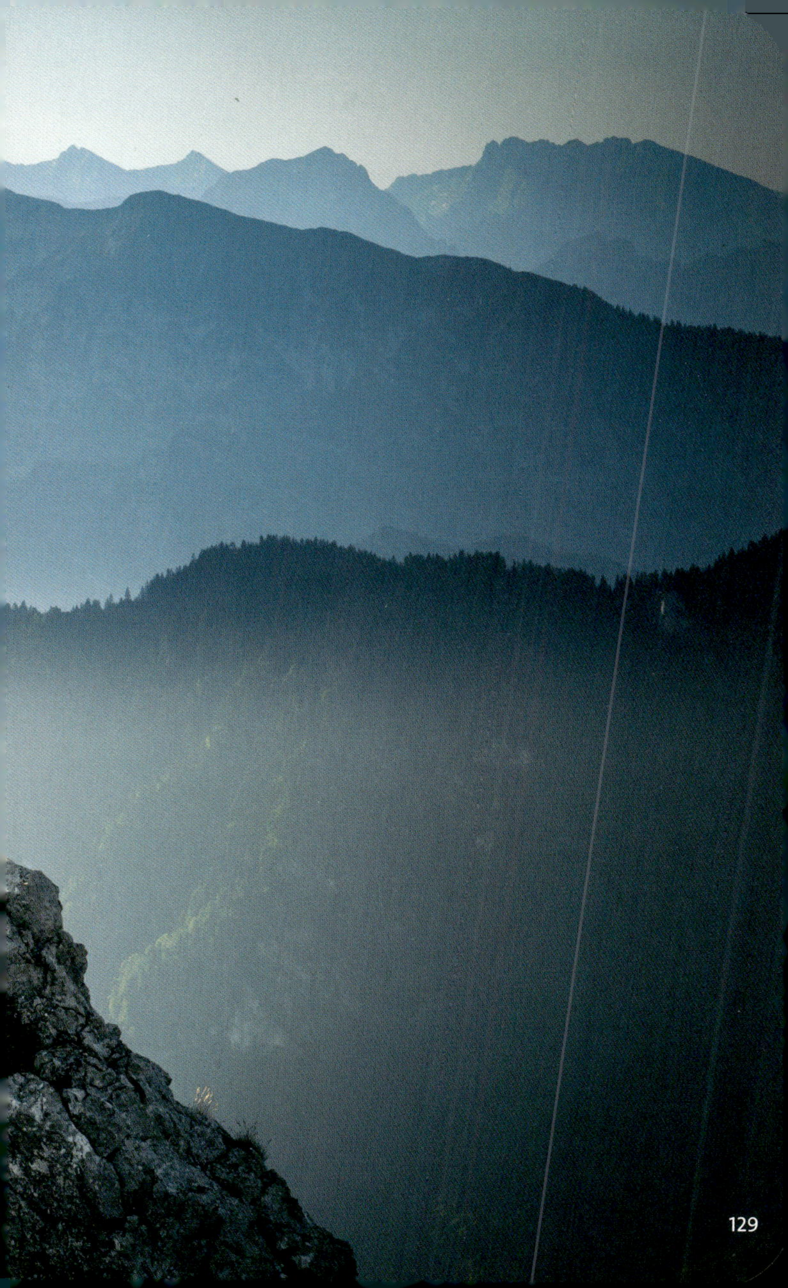

RUHPOLDING – RAUSCHBERG – KIENBERG

Unterwegs auf dem Holzgeisterweg

 16,5 m  6:30 h 1128 hm 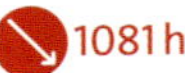 1081 hm  14

START | Talstation Rauschberg
[GPS: UTM Zone 33 x: 325.054 m y: 5.289.827 m]
CHARAKTER | Lange Tour, über teils anspruchsvollere Pfade. Bei Nässe schwierig. Kondition und Trittsicherheit gefragt. Ausblicke entlohnen für alle Mühen.

Von der **Talstation Rauschberg** 01, biegen wir links auf einen asphaltierten Fußweg ab. Am Ende des Weges scharf rechts auf einem Sandwanderweg weitergehen. Am Taubensee zweigen wir links ab und umrunden den See im Uhrzeigersinn. Wir halten uns links und folgen dem Weg ca. 2 km bis zu einer **Kreuzung** 02, wo wir nach links in Richtung Rauschberg bzw. Sackgrabenstube abbiegen. Einige hundert Meter später verlassen wir den breiten Wanderweg, biegen scharf links ab und gehen weiter bergauf auf einem schmalen naturbelassenen Steig, bis wir eine breite Forststraße er-

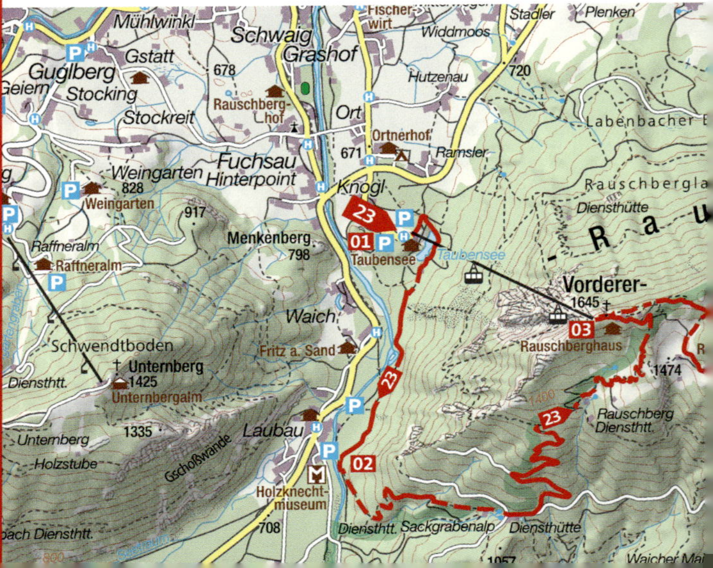

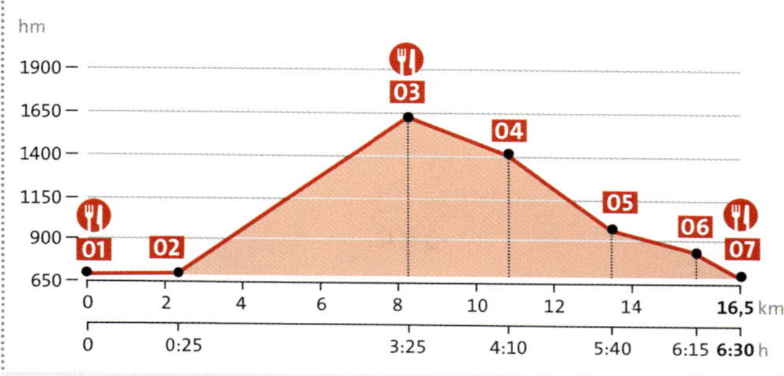

01 Talstation Rauschberg, 694 m; **02** Kreuzung, 694 m; **03** Rauschberg, 1645 m; **04** Kienbergsattel, 1419 m; **05** Rossgassboden, 998 m; **06** Fahrriesbodenkapelle, 850 m; **07** Schmelz, 738 m

reichen, der wir rechts folgen. Die Forststraße verlassen wir nach ca. 500 m scharf links wieder in den Steig „Rauschberg/Sackgrabenstube", der in einen breiteren Wanderweg mündet und dieser schließlich eine Forststraße erreicht. Nach ca. 200 m gabelt sich die Forststraße, wir gehen links weiter entlang der Beschilderung Rauschberg, bis wir auf eine große freie Wiesenfläche „Südhang Rauschberg" gelangen. Vom unteren Teil des Südhanges sind es noch ca. 50 Minuten in vielen Serpentinen bis zum Gipfel des Rauschbergs.

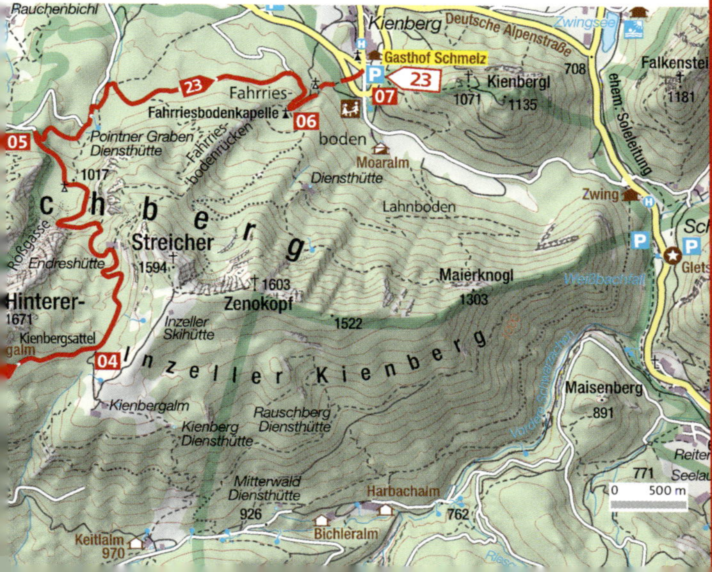

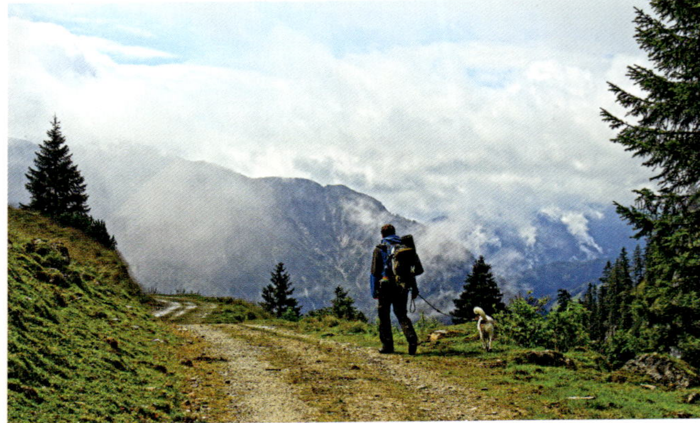

Wandern am Rauschberg

Am Gipfel des **Rauschbergs** 03 angelangt, wird für Familien mit Kindern viel geboten: Berggaststätte Rauschberghaus, Spielplatz, Spielhalle mit Klettergerüst und der Holzgeisterweg.

Nach dem vorderen Rauschberggipfel geht es weiter auf dem Rücken in Richtung „hinterer Rauschberg". Nach der Durchquerung des Holzgeisterwegs, beginnt der Abstieg ca. 200 m danach. Hier biegen wir auf schmalen Gebirgssteig rechts in den Abstieg ab, und folgen der Beschilderung Kienbergsattel. Am **Kienbergsattel** 04 nehmen wir links die Abzweigung in Richtung Schmelz bzw. Inzell, um nach ca. 1,5 Stunden Abstieg den **Rossgassboden** 05 zu erreichen und hier auf den SalzAlpenSteig zu treffen. Hier scharf rechts abbiegen und weiter auf SalzAlpenTour bleiben. Bei der Gabelung laufen wir rechts in Richtung Fahrriesbodenkapelle bis zur Kreuzung, wo wir nach rechts abbiegen. Direkt nach der **Fahrriesbodenkapelle** 06 scharf links abbiegen. Die letzten 500 m unserer Tour geht es auf einem Waldpfad hinuter. Vorsicht ca. 200 m vor dem Ziel müssen wir die Bundesstraße überqueren. In **Schmelz** 07 angekommen finden wir eine schöne SalzAlpen-Steig-Möblierung für die verdiente Rast.

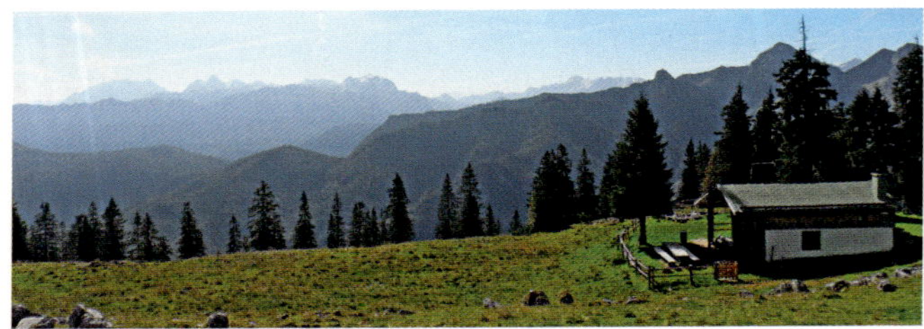

Die Inzeller Skihütte

KOHLERALM – JOCHALM – INZELL

Almen und Schluchten

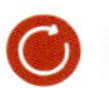 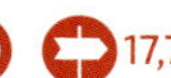 17,7 km  7:45 h 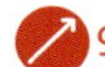 900 hm  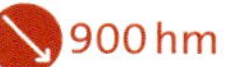 900 hm 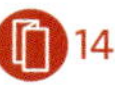 14

START | Gasthof-Café Zwing bei Inzell
[GPS: UTM Zone 33 x: 331.545 m y: 5.289.886 m]
CHARAKTER | Sehr abwechslungsreiche Tour, die ein wenig Kondition erfordert, da anstrengender Auf- und Abstieg. Ausblicke, Bademöglichkeiten und Informationsschilder lassen die etwas längere Tour recht kurzweilig erscheinen.

▶ **Zum Gaßl:** Wir starten am **Café Zwing** 01 bei Inzell, überqueren die Hauptstraße B305 Richtung Osten, biegen rechts ab und nehmen den Weg Nr. 11 zum **Falkensee**.
Wer einen Abstecher machen will, die Quelle des Weißbachs liegt gleich zu Beginn rechter Hand. Auf der Forststraße gelangen wir ohne große Mühen durch einen scheinbar naturbelassenen Wald zum etwas versteckten und wunderbar ruhigen, idyllischen **Falkensee**. Nach einer kurzen Entspannung geht es weiter zum **Gasthof zum Gaßl** 02 in Breitmoos.
Zur Kohleralm: Nach dem Gasthof einmal rechts abbiegen und den Weg zur **St. Nikolauskirche** nehmen, bevor man sich an den Aufstieg zur Kohleralm wagt. Die nächsten Kilometer geht es stetig bergauf, es gilt ca. 700 Höhenmeter zu meistern. An der Kirche rechts den Feldweg bis zum Waldrand, der Markierung **SAT** und dem **Weg Nr. 23** bis zur Forststraße folgen, einmal rechts, eine spitze Kehre und noch einmal rechts nach ca. 1 km den Serpentinen fol-

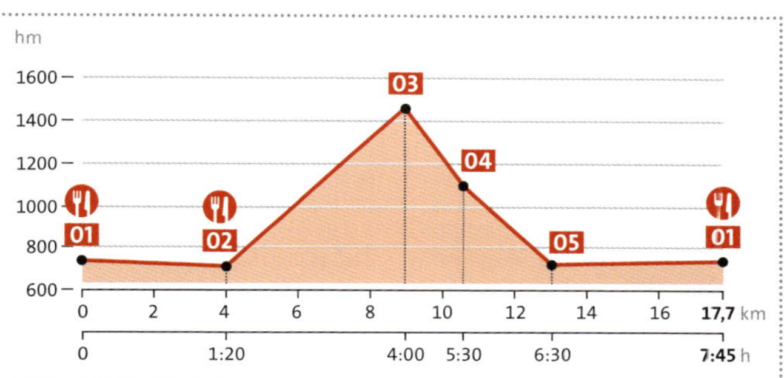

01 Gasthof-Café Zwing, 732 m; 02 Gasthof zum Gaßl, 722 m; 03 Kohleralm, 1450 m; 04 Staufenstube, 1130 m; 05 Bauernhof Eckhart-Hof, 726 m

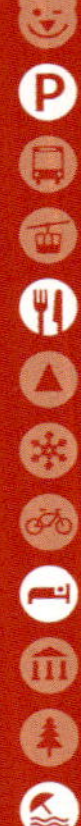

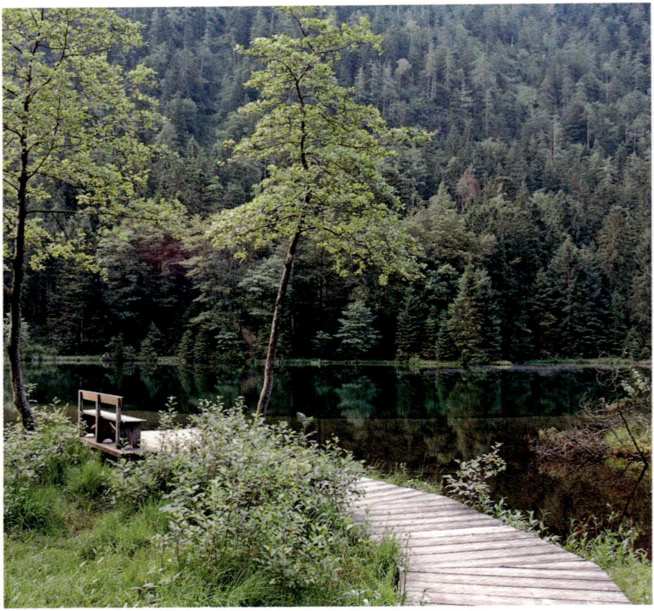

Erholung am Falkensee

gen bis man, am Grat angelangt, die weiten Almflächen der **Kohleralm** (1450 m) 03 erreicht hat. Hier hat man sich eine ausführliche Pause verdient (Jause mitnehmen, Kohleralm ist nicht bewirtschaftet). Die aussichtsreiche Kammlage der Alm entschädigt den schweißtreibenden Aufstieg allemal.

Zur Staufenstube: Weiter geht es, ca. die Hälfte unserer eben gemachten Höhe wieder hinabzusteigen. Wir nehmen den Steig geradeaus, hinter der Kohleralm, Richtung Staufenstube und **Jochberg**, wurzelig und relativ steil bergab durch den Hochwald. Nach einer guten Stunde ist die **Staufenstube** (1130 m) 04 erreicht.

Zum Eckhart-Hof: Wir passieren die Forststraße, gehen geradeaus und weiter auf dem Wanderweg durch den Wald. Nun entlang des **Bambachs**, diesen ein paar Mal überquerend, schlängeln wir uns, bis wir auf die Forststraße treffen, weitere Höhemeter nach unten. Wieder geradeaus ist es nur noch ein kurzes Stück bis zum **Eckhart-Hof** (726 m) 05.

Zum Café Zwing: Wir halten uns auf dem Salinen-Rundweg, biegen einmal links, dann rechts und bald wieder links ab, bis wir die B305 erreichen und überqueren. Auf der anderen Seite biegen wir rechts ab und folgen dem Verlauf des Weißbachs. Der Weg verläuft recht eben oberhalb der Bundesstraße bis zu den beeindruckenden **Weißbachfällen** und weiter bis zu unserem Ausgangspunkt, dem **Café Zwing**.

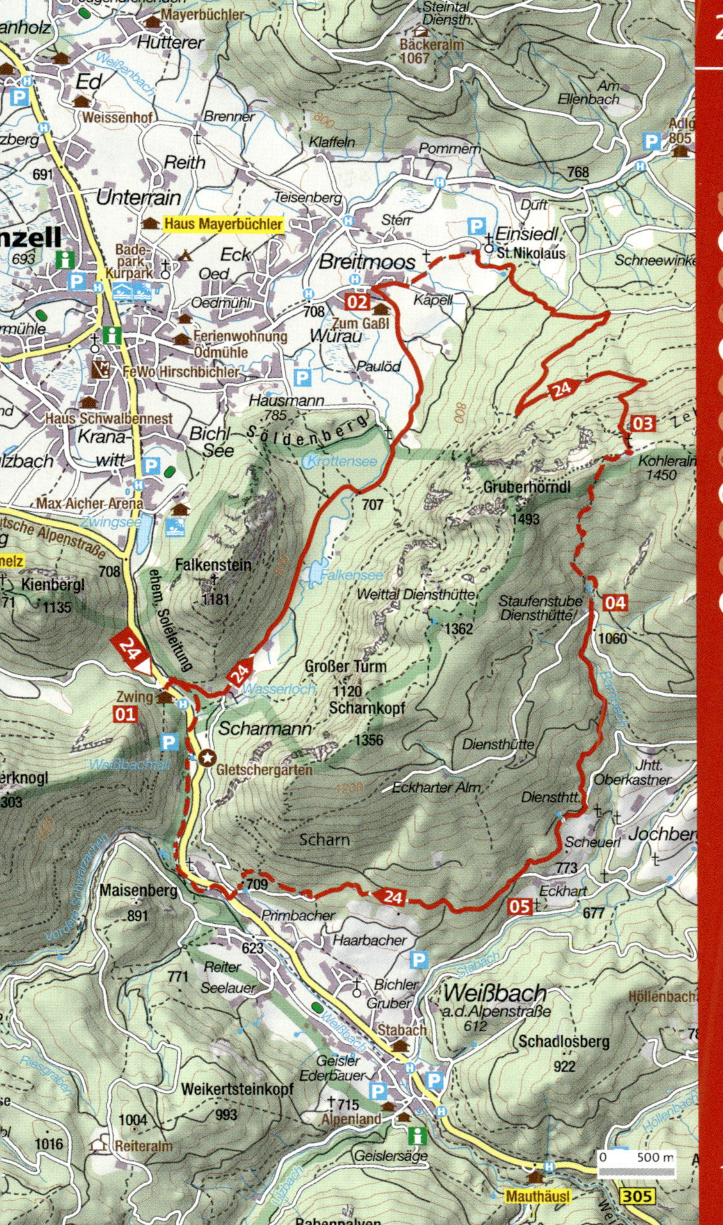

REICHENHALLER PANORAMATOUR

Von der Padingeralm, entlang des Hochstaufen, zur Zwieselalm

 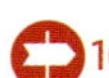 10,9 km  5:15 h 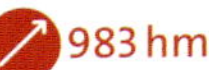 983 hm  976 hm  794

START | Parkplatz Nonner Freyung
[GPS: UTM Zone 33 x: 338.706 m y: 5.289.132 m]
CHARAKTER | Abwechslungsreiche Tour durch die heimischen Wälder mit fantastischen Panoramablicken, auf guten Fußpfaden. Die knapp 2000 Höhenmeter erfordern etwas Kondition.

Zum Aussichtspunkt: Von Bad Reichenhall nehmen wir den Weg Richtung **Hochstaufen** und parken unser Auto auf dem **Parkplatz** an der **Nonner Freyung** 01. Die ersten Meter wandern wir gleich durch den Wald ca. 10 Minuten bis zur **Padingeralm** 02 leicht bergauf.
Von der Padingeralm geht es auf einem Forstweg gemeinsam Richtung **Hochstaufen**, bis unsere Tour links abzweigt. Gerne nutzt man hier die erste Möglichkeit und macht auf dem Felsvorsprung eine kleine Rast oder aber man marschiert ein kleines Stück weiter zur SalzAlpenSteig-Bank und genießt den freien Blick hinunter nach Bad Reichenhall und Bayerisch Gmain, gemütlich von einer **Aussichtsbank** 03 aus.
Nach einer kurzen Rast führt uns der Weg bald wieder in den Wald hinein bis zu einer Kreuzung. Wir nehmen nicht den Weg auf den Hochstaufen und zum Reichenhaller Haus, sondern halten uns links bergab Richtung **Zwieselalm**.
Zur Zwieselalm: Auf dem Blauen Steig führt uns unsere Tour um den Mittelstaufen herum, über ein Schotterfeld hinüber, durch

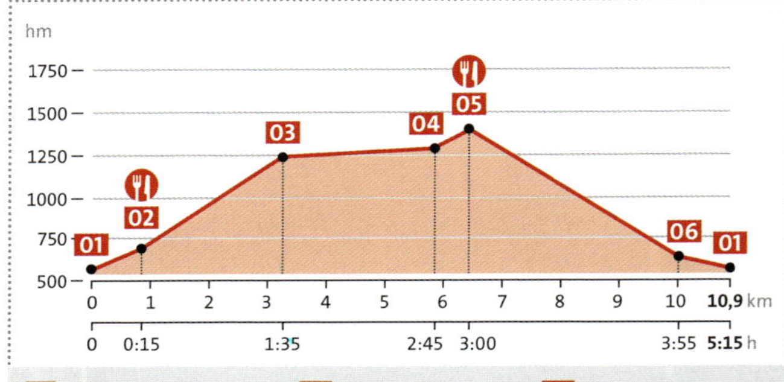

01 Nonner Freyung, 560 m; 02 Padingeralm, 670 m; 03 Aussichtsbank, 1249 m; 04 Kreuzung, 1278 m; 05 Zwieselalm, 1386 m; 06 Listsee, 635 m

Alte Saline Bad Reichenhall

Wer mehr über die Salzgewinnung und den Ursprung der Salzgeschichte erfahren möchte, sollte die 1834 von König Ludwig I erbaute „Alte Saline“ mit angeschlossenem Museum in Bad Reichenhall besuchen. Über die Ursprünge der Quellfassung und die Verarbeitung des „Weißen Goldes“ erfährt man beispielsweise bei einer Führung durch das Netz aus Stollen und Grotten. www.alte-saline.de

Latschenfelder hindurch und in einen Buchenwald hinein, immer **stetig bergab**. Trittsicherheit ist an manchen Stellen geboten. Auch hier eröffnet sich uns der Weitblick über die umliegende Bergpracht und das eigene Massiv. Aber am meisten hat uns diese wunderbare Stille beeindruckt. Hält man für einen kleinen Moment inne, bemerkt man, dass es außer einem Flügelschlag oder einem kurzen

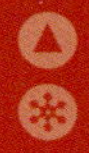

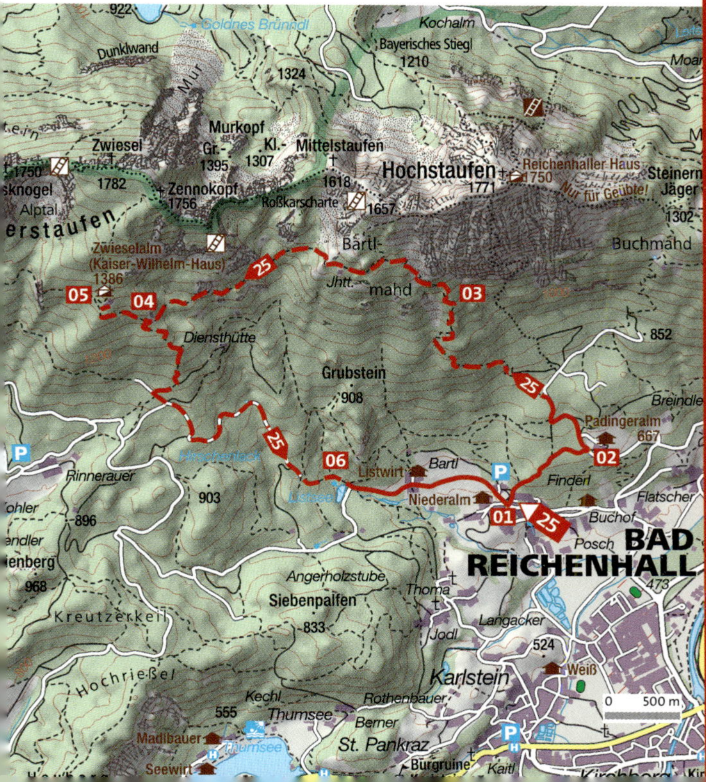

Gezwitscher vollkommen still ist; es ist fast schon gespenstisch.

Nach einer knappen Stunde gelangen wir wieder an eine Kreuzung: Der **Stichweg zur Zwieselalm** 04 biegt rechts bergan vom Weg ab. Über Stock und Stein erreichen wir etwa 15 Minuten später die **Zwieselalm** 05 auf 1386 Metern und genießen auch hier den wunderbaren Ausblick.

Abstieg: Auf selbem Weg bis zur Kreuzung zurück, dann weiter bergab durch den Wald. Über den **Mulisteig** folgen wir den Markierungen stetig gen Tal und halten uns in östlicher Richtung bis zum **Listsee** 06. Am Listsee vorbei sind

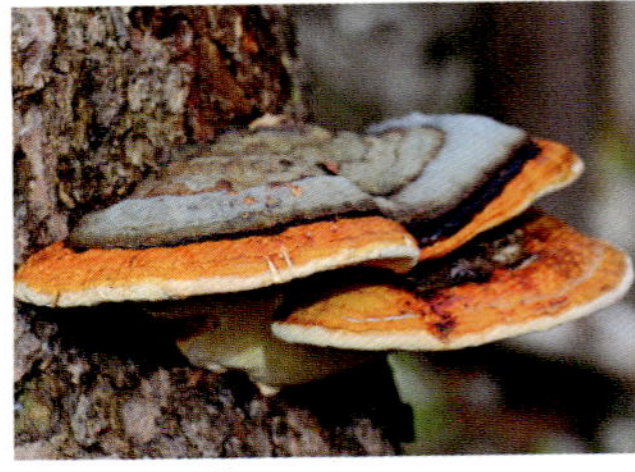
Ein Baumpilz

es nun nur mehr ein paar Minuten bis zum **Bergwirtshaus Listsee**.

Am Wirtshaus vorbei meistern wir die letzten Meter auf einer Fahrstraße, bis wir unseren Ausgangspunkt erreicht haben.

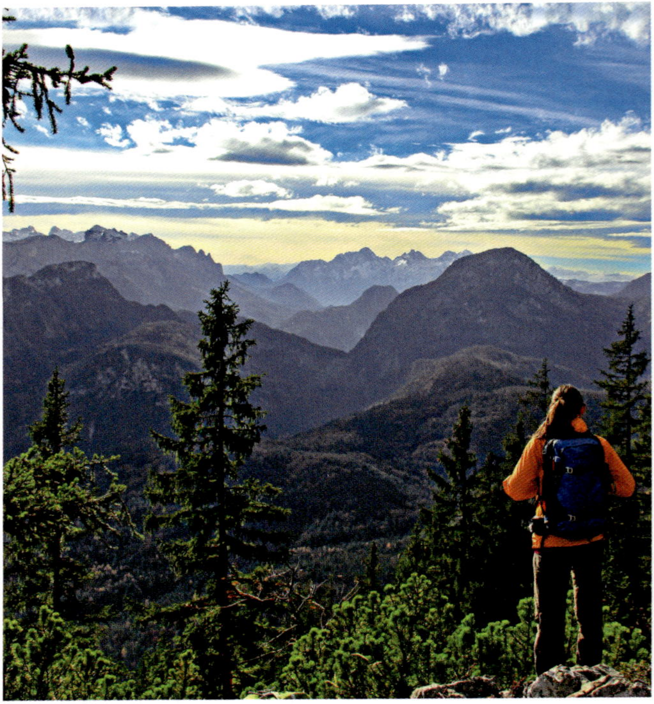

Panoramablick auf die umliegende Bergpracht

GMAINER RUNDTOUR

Erst schwitzen, dann abkühlen am Weißbach

 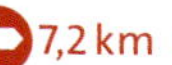 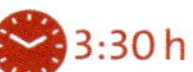 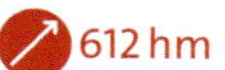  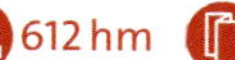 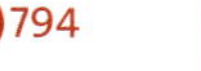

7,2 km | 3:30 h | 612 hm | 612 hm | 794

START | Wanderparkplatz; Bayerisch Gmain [GPS: UTM Zone 33 x: 342.466 m y: 5.286.930 m]
CHARAKTER | Nicht ganz unanstrengende Tour, auf Forstwegen entlang von Bächen, auf Pfaden durch den Wald und über Brücken vorbei an Klammen. Super zum Abkühlen im Sommer.

Die perfekte Tour für einen heißen Sommertag: Nicht zu lang, durch schützende Wälder und ein Bad im Weißbach zum Abschluss – was will man mehr!

Zur ersten Rast: Am oberen Ende des **Wanderparkplatzes** 01 erblicken wir die erste **SAT-Markierung** am heutigen Tag. Wir nehmen den Forstweg und gelangen ganz bald an den **Wappbach**. Dem Alpgartengraben folgend geht es auf schönem Wanderweg und später Pfad recht idyllisch durch den Wald. Teilweise über Brücken immer leicht bergauf. Nachdem der Weg, links dem **Toni-Michl-Steig** folgend, etwas zügiger bergauf führt, kommen wir zu einem besonders schönen Teil unseres Anstiegs, mit Blick in Richtung Bayerisch Gmain, Bad Reichenhall und auf die „Alte Dame" – die Predigtstuhlbahn. Dort treffen wir auch auf **eine Bank** 02, die wir für eine kleine Pause nutzen.

Zur zweiten Rast: Nach der Stärkung weiter bergauf, über Stock und Stein, durch den Wald, bis wir die höchste Stelle unserer heutigen Tour erreichen und der Pfad nun wieder **bergab** führt.

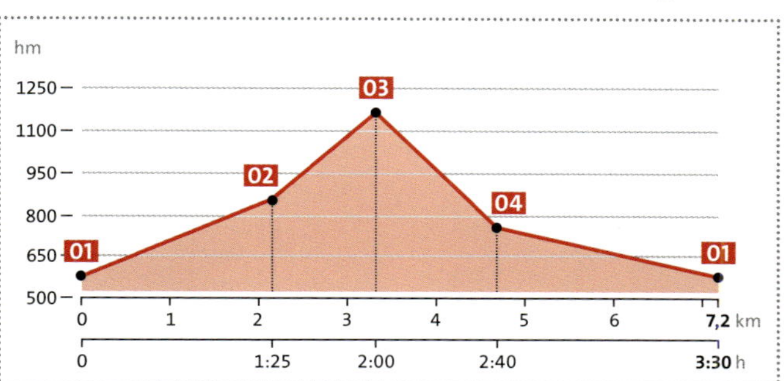

01 Wanderparkplatz, 570 m; 02 1. Bank, Aussicht, 860 m; 03 2. Bank, Rastplatz, 1170 m; 04 Weißbachklamm, 754 m

Denken Sie noch nicht an eine weitere Pause – eine Bank gibt es hier ohnehin nicht – denn der nächste **Rastplatz** 03 ist nur noch einen Katzensprung entfernt und wartet mit Sonne und schöner Aussicht in Richtung Salzburg. Und bei wem es die Kondition und die Gelenke erlauben, der kann auf diesem nicht zu steilen Weg einmal versuchen, den Hund einzuholen: keine Chance! Aber sich lebendig fühlen und anschließend stehenbleiben, tief einatmen und die Natur um sich genießen, dafür lohnt es sich einmal ein paar Meter zu rennen.

Zur Weißbachklamm: So oder so gelangen wir, dem Weg und dem Wasserrauschen folgend, an den **wilden Weißbach**. Die meisten Höhenmeter bergab schon wieder geschafft, kann man rechts einer kleinen Brücke in eine **Gumpe des Weißbachs** 04 eintauchen. Und wer ein wenig kraxeln kann und will, der folgt dem wunderschönen Bachlauf bis zu einem kleinen Wasserfall, unter dem es sich hervorragend duschen lässt.

Zurück zum Parkplatz: Erfrischt meistert man die letzten 40 Minuten auf einem Wanderweg entlang des Weißbachs, vorbei an einem Lehr-Spielplatz und Informationstafeln rund um die Entstehung der Reichenhaller und Berchtesgadener Alpen und Felsen und Sagen im Lattengebirge, bis man glücklich und erholt wieder den Wanderparkplatz erreicht.

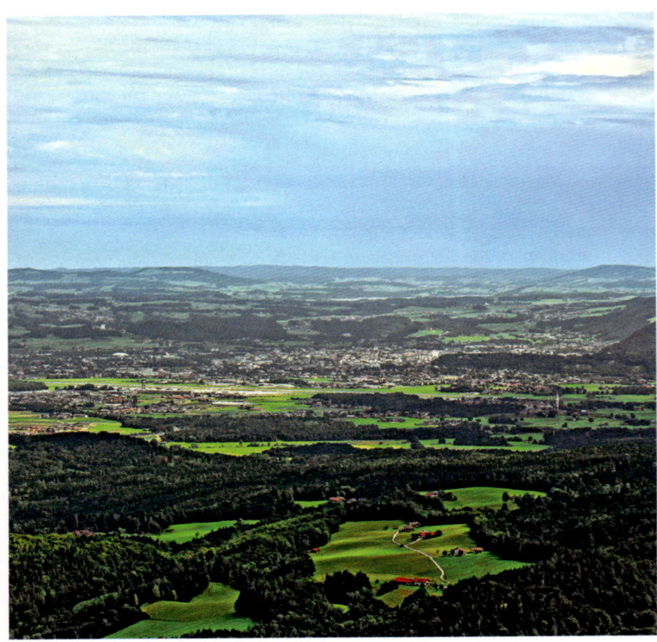

Schöne Aussicht ins Tal

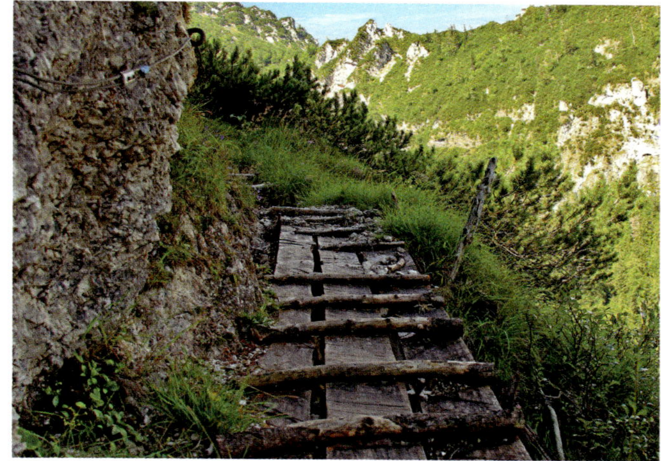

Wegabschnitt auf der Gmainer Runde

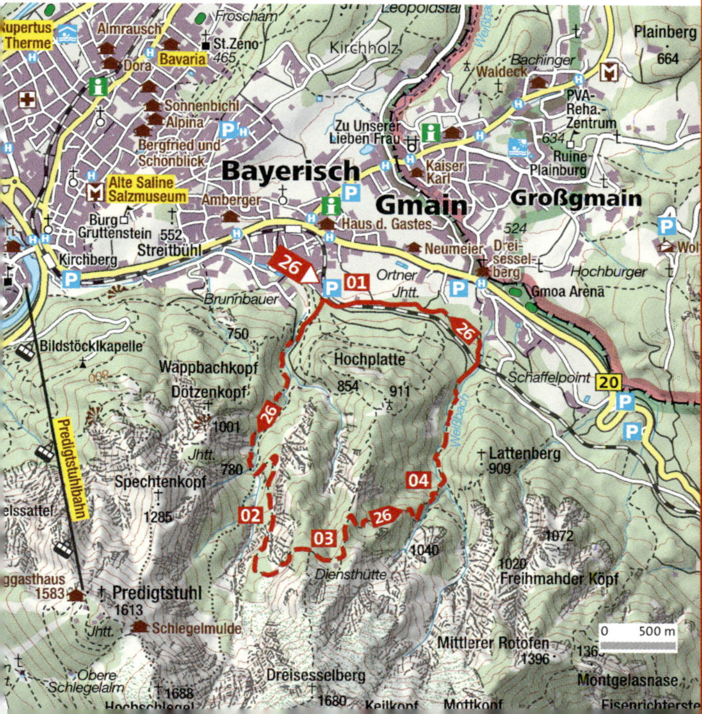

BARMSTEIN – MARKTSCHELLENBERG

Hin- und hergerissen zwischen Bayern und Salzburg

 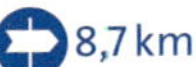 8,7 km  3:15 h  578 hm 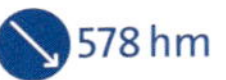 578 hm 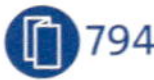 794

START | Brauereigasthof Kaltenhausen, [GPS: UTM Zone 33 x: 355.825 m y: 5.284.115 m]
CHARAKTER | Familienfreundliche, leichte Tour über Waldwege, daher im Sommer angenehm kühl, entlang der Bayerisch-Salzburgischen Grenze.

Der Kleine und der Große Barmstein, getrennt durch eine tief eingeschnittene Rinne – Teufelswerk. Das zumindest überliefert eine Sage, welche sich um die zwei Felstürme rankt.

▶ **Zum Grenzweg:** Wir starten unsere Tour am **Brauereigasthof in Kaltenhausen** 01. Das kühle Bier der gleichnamigen Brauerei bietet sich als Belohnung für die Tour an. Hinter den Brauerei-Gebäuden folgen wir rechts dem Weg nach oben Richtung Barmstein. Weiter geht es relativ steil durch den dichten Wald, dabei halten wir uns immer linkerhand. Schließlich führt der Weg vorbei am **Großen Barmstein** (851m) und danach am Kleinen Barmstein (841m). Am Grenzweg angekommen halten wir uns rechts. Links lädt das Cafe Barmstoa zu einer kurzen Rast. Entlang des Waldrands, über Lichtungen führt uns der Grenzweg. Wir genießen den Blick auf den **Hohen Göll** (2522 m) und die beeindruckende Wand des **Berchtesgadener Hochthrons** (1972 m) gerade vor uns. Wir durchqueren die Häuseransammlung und gehen rechter Hand über die Wiese in den Wald hinein. Ein Blick zurück und man kann den **Großen Barmstein**

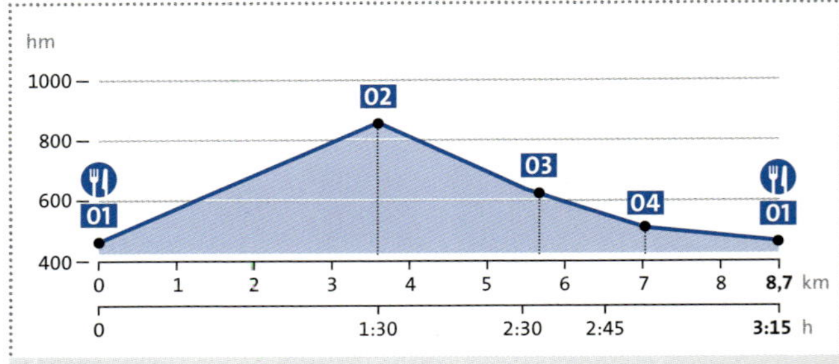

01 Brauerei Kaltenhausen, 443 m; 02 Grenze zw. Bayern und Salzburg, 856 m; 03 Ruine Gutrat, 622 m; 04 Abzweigung, 513 m

Die Ruine Gutrat

ist die Ruine einer Felsenburg, die zum Schutz einer Saline am Fuße des Tuval-Bergs errichtet wurde. Im Zuge des Burgensicherungs-Programms des Landes Salzburg wurde die Burg ebenfalls saniert. Mit Blick auf Kaltenhausen lohnt sich der Abstecher für Interessierte.

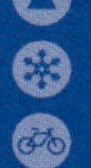

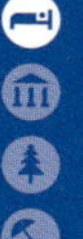

und in der Ferne den gewaltigen Dachstein erblicken.

Zur Ruine Gutrat: Auf der **Grenze zwischen Bayern und Salzburg** **02** läuft man die erste Stunde gemütlich auf einem Pfad durch den Wald, während man von Zeit zu Zeit rechts einen **Blick auf Salzburg** und Puch werfen kann. An zahlreichen Grenzsteinen vorbei gelangen wir an eine Kreuzung. Hier kommt links der Zubringerweg von Marktschellenberg hinauf. Wir bleiben auf dem Grenzweg und gehen geradeaus, bergauf, bergab und durch leichtes Dickicht, bis wir rechts abbiegen. Wir wandern nun auf Salzburger Boden Richtung Ruine steil bergab (bei Nässe sehr rutschig). Ein kurzer Abstecher zur **Ruine Gutrat** **03** und wir sind wieder auf unserem Weg. An der übernächsten Weggabelung nehmen wir die **Abzweigung** **04** links Richtung Kaltenhausen und erreichen wieder unseren Ausgangspunkt.

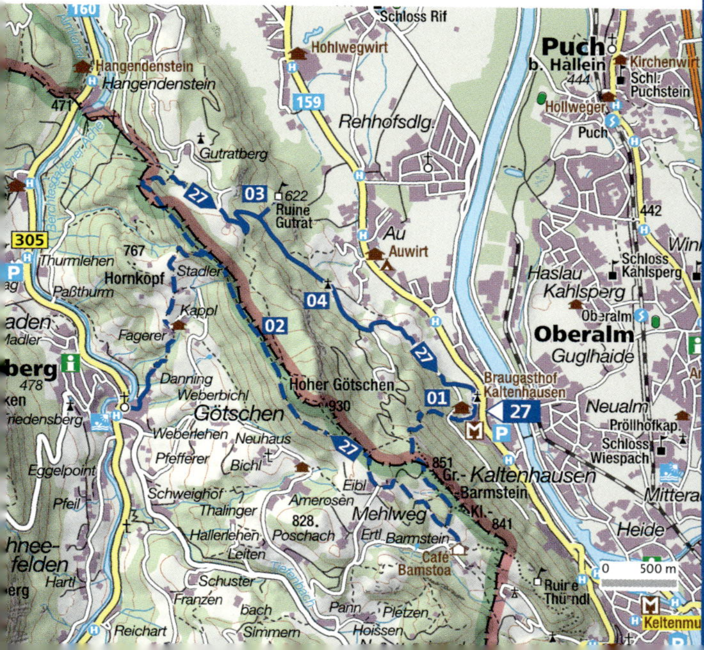

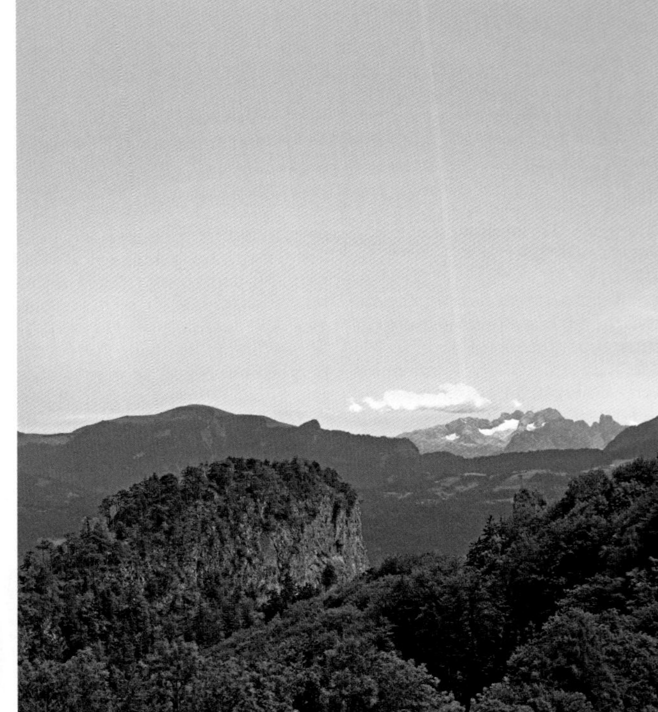

Großer Barmstein und der Dachstein in der Ferne

Kleiner und Großer Barmstein

Den Großen Barmstein bezwingt man in einer guten halben Stunde und genießt von oben den Blick auf die Berchtesgadener Berge. Hat man das kurze Stück mit Seilversicherung bald hinter sich gebracht, schafft man den restlichen Pfad mit trittsicheren Schritten bis nach oben auch ohne Probleme.
Der Kleinen Barmstein steht dem Großen in nichts nach: Teils im Zickzack, über Holztreppen, Felsstufen und drahtseilgesicherte Stellen, oft mit Blick in die Tiefe, erfordert auch der Kleine Barmstein Trittsicherheit. Der abwechslungsreiche Steig lässt die kurze Runde noch kurzweiliger erscheinen.

RUND UM DEN GÖTSCHENKOPF

Über den Toten Mann (1391 m)

 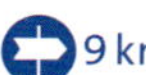 9 km  3:45 h 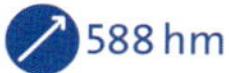 588 hm  588 hm 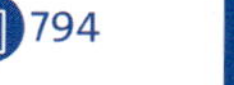 794

START | Parkplatz Talstation Götschenkopfbahn, Alpengasthof Götschenalm; Bischofswiesen
[GPS: UTM Zone 33 x: 345.063 m y: 5.279.306 m]
CHARAKTER | Eher eine leichte Tour auf Wanderwegen und entlang der Skipiste. Kondition ist dennoch gefragt.

Zum Gipfel: Der Startpunkt unserer heutigen Tour liegt bereits auf knapp 900 Metern über dem Meeresspiegel und zögert nicht, gleich noch ein paar Meter zuzulegen. Vom **Alpengasthof Götschenalm** bzw. der **Talstation der Götschenkopfbahn** 01 gehen wir in südwestlicher Richtung auf der Forststraße Nr. 69 durch den Wald geradeaus, bis wir an der zweiten Möglichkeit links bergauf abbiegen – die Bezoldhütte ist unser nächstes Ziel.

Die nächsten Kilometer wandern wir durch den Berchtesgadener Bürgerwald immer geradeaus, zügig den Berg hinauf. Wir kommen an eine andere Forststraße, gehen aber bis zur nächsten Kreuzung weiter gerade bergauf und biegen dann rechts auf den Pfad Nr. 69 ab. Die letzten Meter bis zum **Gipfel Toter Mann** (1391 m) und der **Bezoldhütte** (1385 m) 02 werden gemeistert.

Breitriedel: Vom Gipfel des Toten Manns geht es wieder bergab. Wir bleiben auf unserem Pfad und wandern in nordöstlicher Richtung im Zickzack durch das Wildschutzgebiet. Wir nehmen nicht

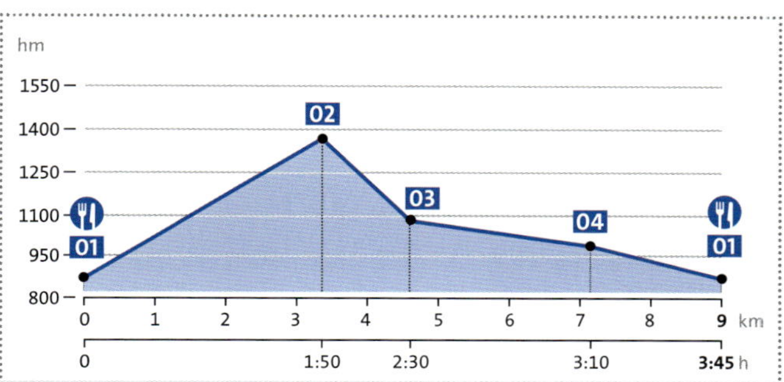

01 Parkplatz Talstation Götschenkopfbahn, Alpengasthof Götschenalm, 869 m; 02 Bezoldhütte am Toten Mann, 1385 m; 03 Breitriedel, 1089 m; 04 Kreuzung, 1020 m

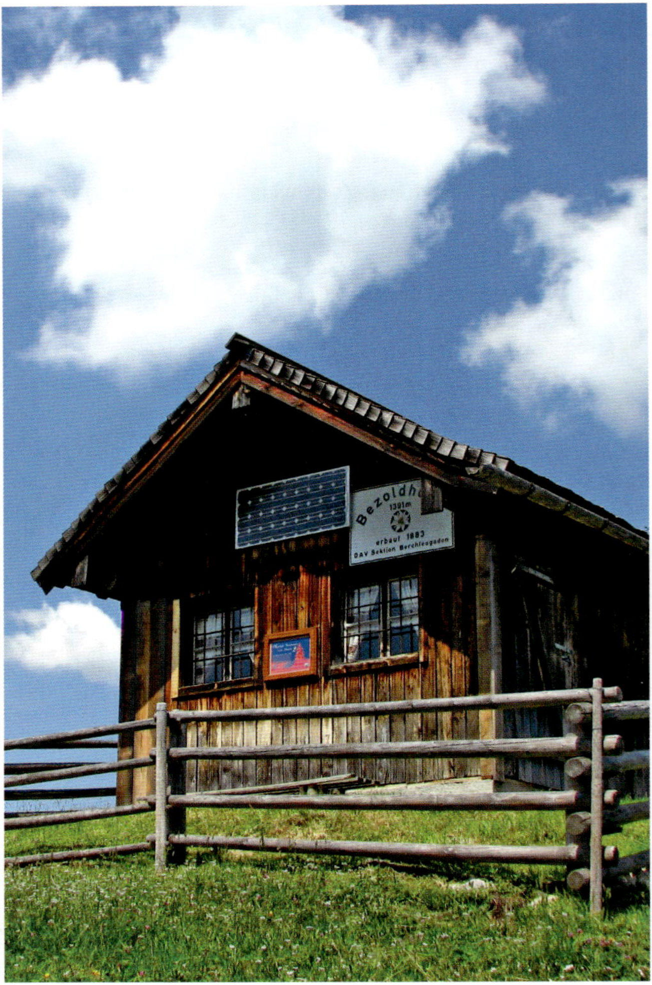

Die Bezoldhütte

den Weg zum Söldenköpfl, sondern biegen links ab und umrunden den **Götschenkopf** (1307 m). So kommen wir zu einer **Kreuzung** 04, an der wir uns rechts halten, um aus dem Wald zu kommen. Nun beginnen wir unseren tatsächlichen Abstieg und halten uns links und erreichen nach einer kurzen Strecke durch den dichten Wald unseren Endpunkt, den Parkplatz der **Götschenkopfbahn** 01.

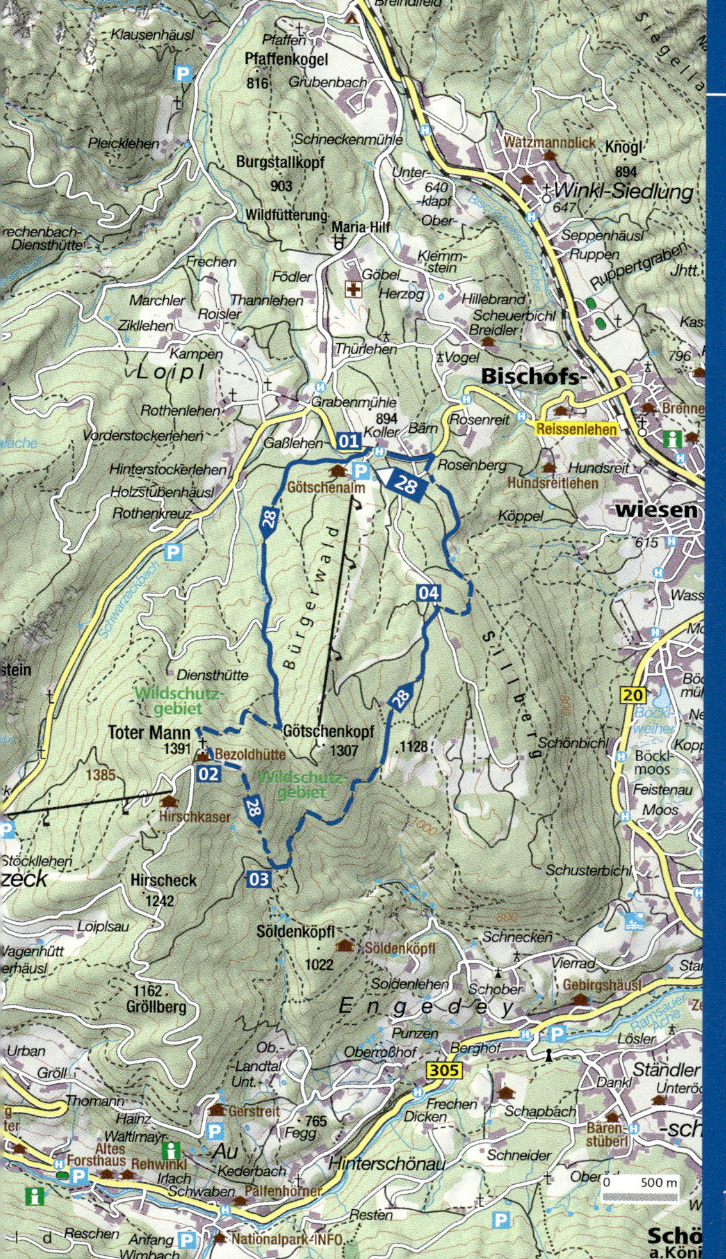

RAMSAUER SCHATTSEITWEG

Hintersee – Wimbachklamm – Ramsauer Ache

 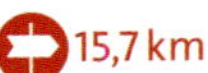 15,7 km 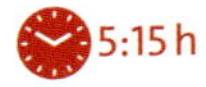 5:15 h 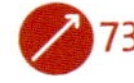 734 hm 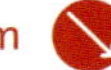 734 hm 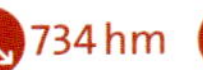  794

START | Gasthof Oberwirt in Ramsau
[GPS: UTM Zone 33 x: 341.649 m y: 5.274.860 m]
CHARAKTER | Sehr abwechslungsreiche Tour, meist auf breiten Wanderwegen.

In Ramsau bei Berchtesgaden wandern wir heute vorbei an den Gletscherquellen entlang der Ramsauer Ache, durch den Zauberwald hindurch und um den Hintersee herum. Über den Schattseitweg gelangen wir zur Wimbachklamm und zu unserem Ausgangspunkt zurück.

Zum Hintersee: Am **Oberwirt**, an der **Ramsauer Kirche** 01 überqueren wir die Ramsauer Ache, biegen rechts ab und wandern eben entlang des Flusses zu den Gletscherquellen des Blaueisgletschers. Das Quellwasser hat ca. 1500 Höhenmeter durch das Kalkgestein des Hochkalters hinter

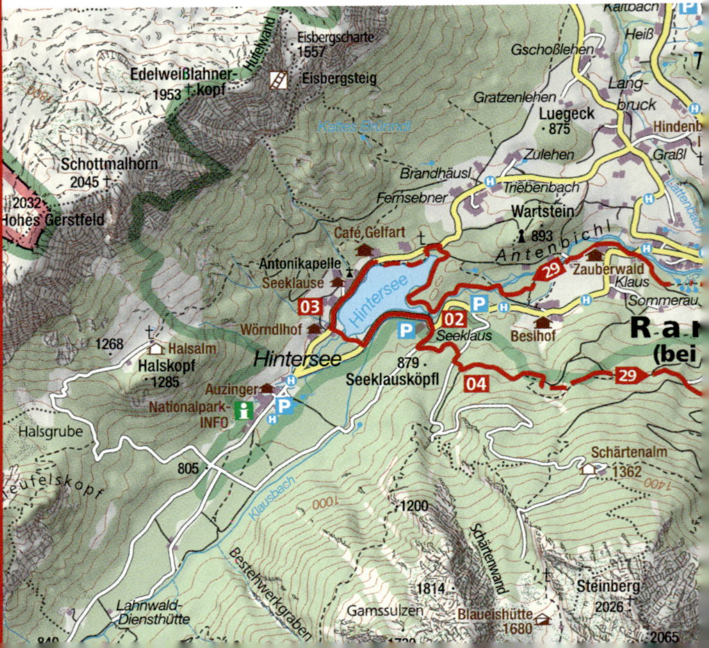

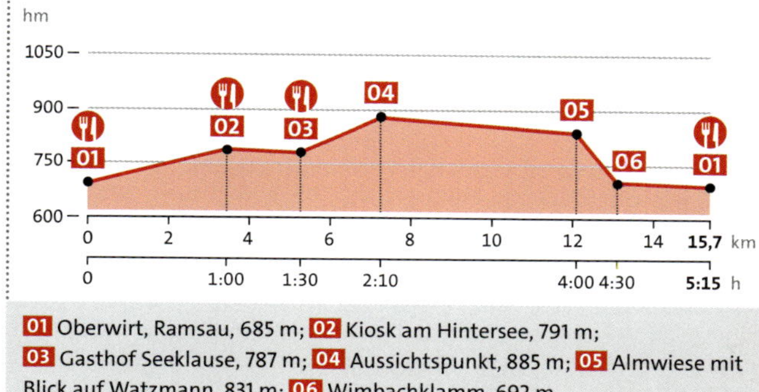

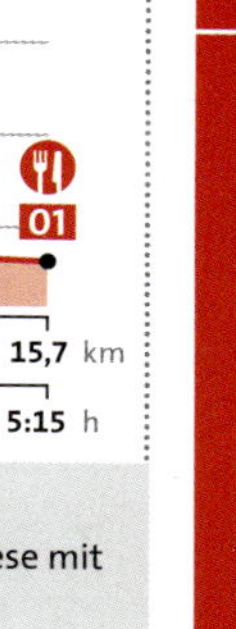

01 Oberwirt, Ramsau, 685 m; **02** Kiosk am Hintersee, 791 m; **03** Gasthof Seeklause, 787 m; **04** Aussichtspunkt, 885 m; **05** Almwiese mit Blick auf Watzmann, 831 m; **06** Wimbachklamm, 692 m

sich, bis es hier an die Oberfläche tritt.

An der Marxenklamm queren wir die Hinterseer Straße und gelangen bei der Oberlmühle in den Zauberwald. Wir überqueren rechter Hand den Fluss und wandern links auf dem Naturlehrpfad durch die Märchenlandschaft zum **Kiosk am Hintersee 02**.

Zum Aussichtspunkt: Wir umrunden den See und genießen eine Landschaft, die geschmückt ist mit von Vegetation bewachsenen

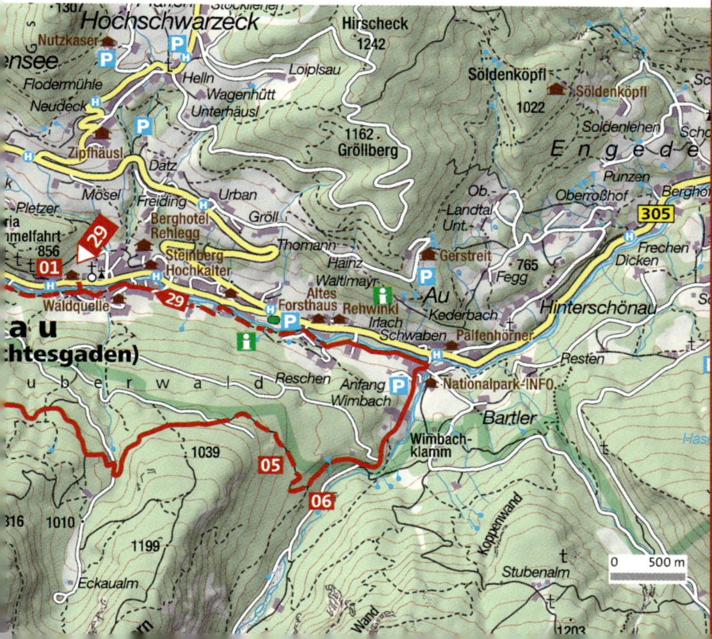

Felsen aus einer anderen Zeit. Auf halbem Weg können wir im **Gasthof Seeklause** 03 eine Pause machen und den Blick über den See und auf den **Hochkalter** (2607 m) genießen.

Auf der anderen Seite angelangt, gehen wir ein Stück die Hinterseer Straße entlang und kreuzen den Klausbach rechter Hand. Über den Parkplatz, rechts in den Wald hinein und gleich links geht es bergauf. Wir queren eine Straße und gelangen an einen **Aussichtspunkt** 04 mit wunderbarem Blick zurück zum Hintersee. Stetig bergauf und bergab wandern wir entlang des **Schattseitwegs** durch den schönen Wald immer Richtung **Wimbachbrücke**.

Abstieg: So laufen wir entlang des Hangs, bis wir in Richtung **Wimbachklamm** 06 absteigen. Mit **Blick Richtung Watzmann** durchquert der Weg eine **Almwiese** 05. Dem Weg oberhalb der Klamm talwärts folgend biegen wir an der Stelle, wo sich Wimbach und Ramsauer Ache treffen, links ab und wandern an der Ramsauer Ache zum Ausgangspunkt zurück.

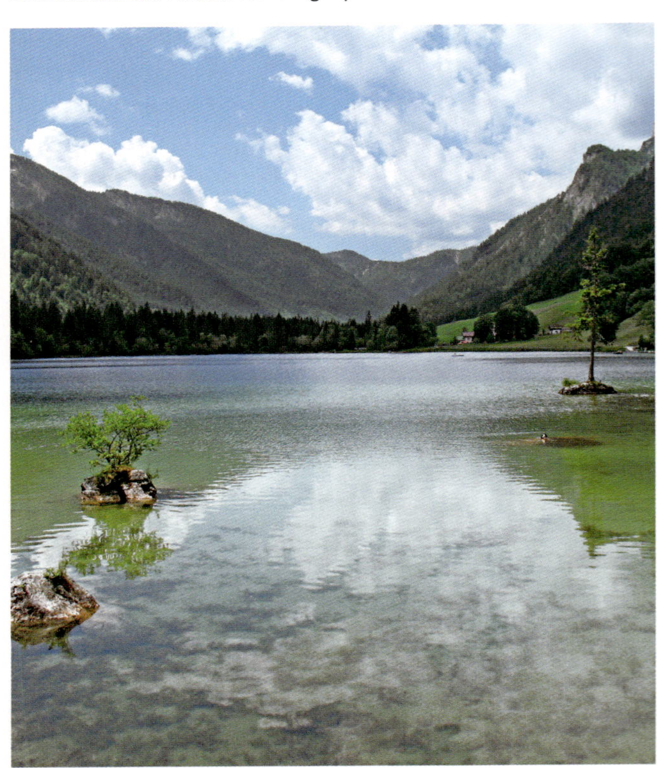

Der Hintersee

KÜHROINT – ARCHENKANZEL – SCHÖNAU

Die Tour um den Grünstein mit Blick auf den Königssee

  13,1 km  5:15 h 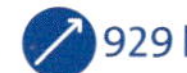 929 hm  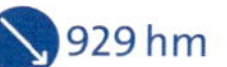 929 hm 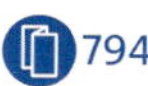 794

START | Wanderparkplatz Hammerstiel bei Hinterschönau [GPS: UTM Zone 33 x: 345.864 m y: 5.274.277 m]
CHARAKTER | Familien-Tour auf guten Wanderwegen, gerade im Hochsommer sonnengeschützt. Atemberaubende Ausblicke auf den Königssee und die umliegende Bergpracht. Gipfelsturm und Hüttenpausen inbegriffen.

Smaragdgrün, mit einer Wasserqualität die sich sehen lassen kann, liegt der Königssee fjordartig inmitten des Berchtesgadener Landes. Fast 200 m tief und deswegen auch im Sommer verhältnismäßig kühl ist der langgestreckte, von mächtigen Felswänden eingerahmte Gebirgssee.

▶ **Zur Grünsteinhütte:** Die Tour beginnt am großen **Wanderparkplatz Hammerstiel** 01 gleich hinter dem Informationsschild zum Nationalpark Berchtesgaden. Die ersten Meter vom Aufstieg auf den Grünstein laufen wir teilweise recht steil auf einem breiten Wanderweg, bis wir bald links auf einen Waldpfad abbiegen. Unsere gesamte Strecke marschieren wir auf dem dicht bewaldeten Rücken des Grünsteins seinem Gipfel entgegen.

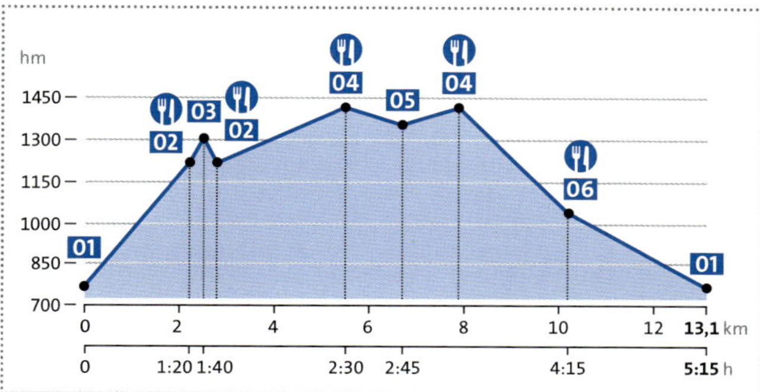

01 Parkplatz Hammerstiel, 760 m; 02 Grünsteinhütte, 1220 m; 03 Grünsteingipfel, 1306 m; 04 Kührointhütte, 1420 m; 05 Aussicht Archenkanzel, 1360 m; 06 Schapbachalm, 1040 m

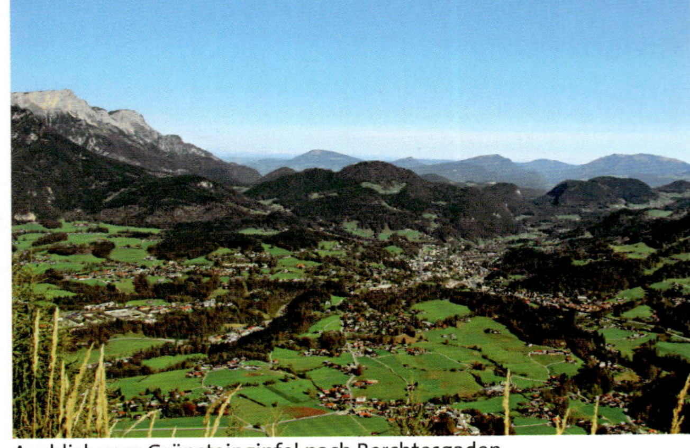
Ausblick vom Grünsteingipfel nach Berchtesgaden

Alle 100 Höhenmeter informiert uns ein Schild über die bereits zurückgelegten und die noch vor uns liegenden Höhenmeter – eine **Herz-Kreislauf-Testwanderung.** Vom Hammerstiel-Parkplatz bis auf die **Grünsteinhütte** 02 brauchen wir eine gute Stunde und werden für die geleisteten Mühen mit einem ersten Ausblick auf den **Königssee** und die umliegende Bergpracht belohnt.

Zum Gipfel: Bevor wir in die, an diesem sonnigen Herbsttag, gut besuchte Grünsteinhütte einkehren, nehmen wir die letzten Höhenmeter über den Stichweg auf den **Grünsteingipfel** (1306 m) 03 mit und genießen etwa 10 Minuten später einen Rundumblick: **Berchtesgaden, Schönau a. Königssee** und der **Jenner** (1874 m) auf der einen Seite, während in der anderen Richtung der **Watzmann** (2713 m) und in weiterer Ferne sogar der **Hochkönig** (2941 m) zu sehen sind. **Zur Kührointhütte**: Auf gekommenem Weg treten wir den kurzen Abstieg zurück zur Grünsteinhütte an. Unser nächstes Zwischenziel ist die **Kührointhütte** (1420 m) 04. Der Weg verläuft wieder durch den Wald, über Stock und Stein wandern wir **die nächste Stunde** relativ angenehm, wenige Höhenmeter trennen uns noch von der Hütte. Nach einer ausgiebigen Pause an der Hütte zu Füßen des **Watzmannmassivs** nehmen wir den Stichweg zur **Archenkanzel** 05 und genießen den tollen Blick hinunter auf den Königssee.

Zum Parkplatz Hammerstiel: Von der Kührointhütte ist unser nächstes Zwischenziel die **Schapbachalm** 06. Der Weg führt Richtung Westen, gemütlich durch den Wald bergab. Wir stoßen auf eine Forststraße, zweigen erst links und bald wieder rechts auf eine Abkürzung ab, bis wir auf einer Lichtung landen. Ab hier wandern wir stetig auf der Forststraße 442/444 vorbei an der **Schapbachalm** 06, entlang des gleichnamigen Bachs, mühelos um den Grünstein herum und zurück zum Parkplatz.

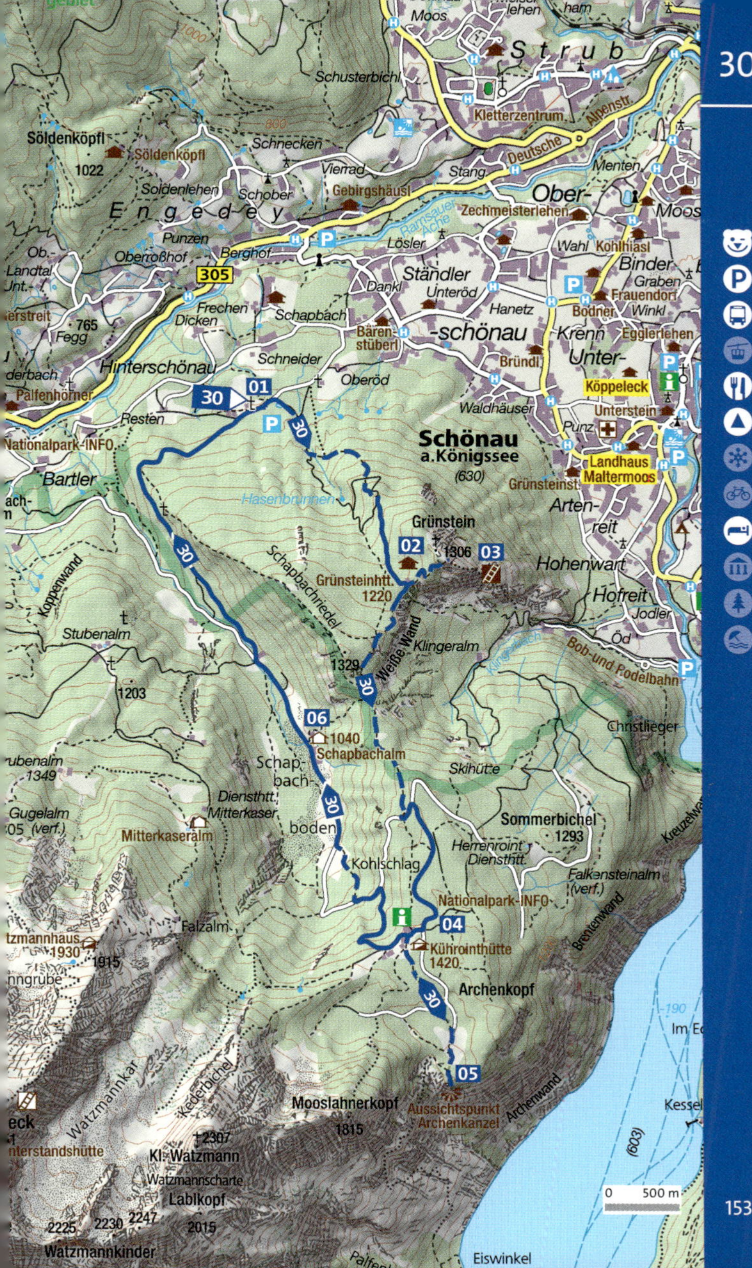

Strub
Kletterzentrum
Söldenköpfl
1022
Engedey
Ober-
Zechmeisterlehen
Ständler
-schönau
Unter-
Köppeleck
Hinterschönau
Palfenhörndl
Nationalpark-INFO
Schönau
a. Königssee
(630)
Grünstein
1306
Grünsteinhtt.
1220
Weiße Wand
Klingeralm
Schapbachriedel
1329
Bob- und Rodelbahn
Schapbachalm
1040
Sommerbichel
1293
Nationalpark-INFO
Kührointhütte
1420
Archenkopf
Aussichtspunkt
Archenkanzel
Mooslahnerkopf
1815
Kl. Watzmann
2307
Watzmannkinder
Eiswinkel
0 500 m

31

ALMBACHKLAMM – MARKTSCHELLENBERG

Über „29“ Brücken musst du gehen …

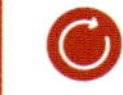
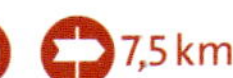

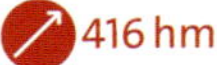
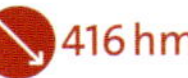

7,5 km | 3:00 h | 416 hm | 416 hm | 794

START | Wanderparkplatz am Gasthof Kugelmühle; Oberstein zwischen Marktschellenberg und Berchtesgaden
[GPS: UTM Zone 33 x: 352.248 m y: 5.281.472 m]
CHARAKTER | Wunderschöne, sehr abwechslungsreiche und schattige Tour. Gut gesicherte Steige, über Brücken und Treppen. Gutes Schuhwerk, weil Rutschgefahr. Für die ganze Familie geeignet.

Durch Tunnel, über Brücken und Stege führt der Weg durch die wildromantische Schlucht. Ein absolutes Highlight unter den Klamm-Wanderungen.

Nach Braunlehen: Wir starten am großen Wanderparkplatz an der **Kugelmühle** 01 direkt an der Mündung des Almbachs in die Berchtesgadener Ache. Am Parkplatz gehen wir links und nicht in die Almbachklamm hinein – diese sparen wir uns für den zweiten Teil unserer Wanderung. Auf angenehmem Wanderweg geht es gleich zu Beginn der Tour recht zügig durch den Wald bergauf.
Wir überqueren den **Hochgraben**, biegen rechts auf eine Forststraße ab und erreichen nach ca. 1 Stunde und 15 Minuten die Häuseransammlung bei **Braunlehen** 02. Mit dem Aufstieg der etwa 300 Höhenmeter haben wir den höchsten Punkt der heutigen Tour erreicht und genießen den Blick Richtung Untersberg, Kneifelspitze und Watzmann.

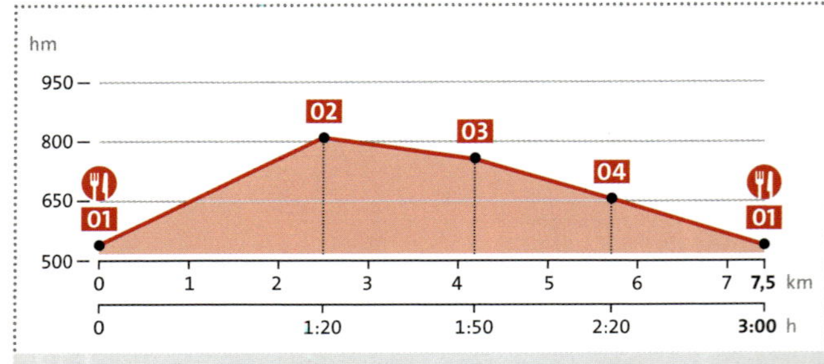

01 Gasthof Kugelmühle, 532 m; 02 Braunlehen, 807 m; 03 Theresienklause, 746 m; 04 Hütte am Sulzer Wasserfall, 655 m

Die Kugelmühle

ist die älteste Marmorkugelmühle Deutschlands. Seit 1683 werden Brocken des Untersberger Marmors zu edlen Kugeln geschliffen. Vom Wasser des Almbachs wird die Kugelmühle mitsamt des Sandsteins angetrieben.

Nach einer kleinen Verschnaufpause freuen wir uns jetzt auf den spannenden Abstieg durch die **Almbachklamm**.

Zur Theresienklause: Am Bauernhof vorbei, entlang des Waldrands und gleich wieder rechts in den Wald hinein: Die nächsten 2 km gehen in Schlangenlinien durch den Wald bergab bis zur **Theresienklause** 03. Die Staumauer überschritten begeben wir uns nun zum wilden Wasser am Untersberg.

Almbachklamm: Mit 29 Brücken und Stegen, knapp 300 Stufen, einem Tunnel und viel Wasser haben wir hier bestimmt den schönsten Teil unserer Wanderung vor uns. Wildromantisch stürzt der Wildbach unter uns zu Tal und verbreitet eine angeneh-

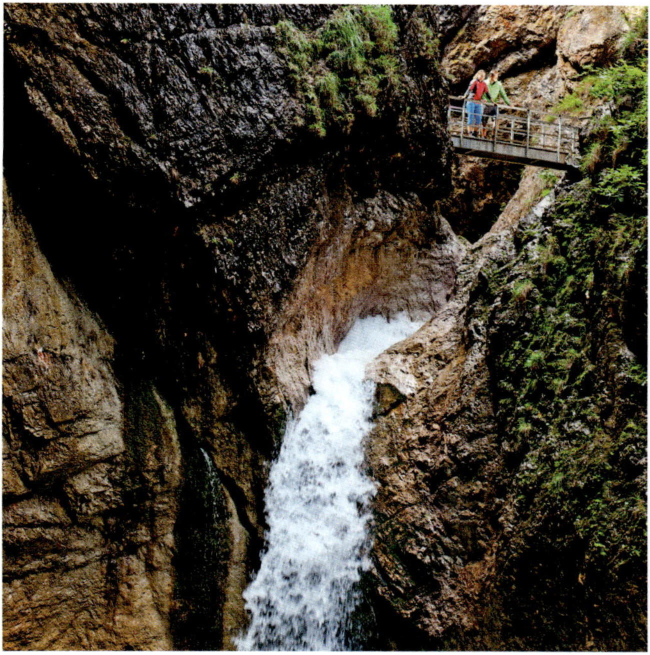

Die Almbachklamm

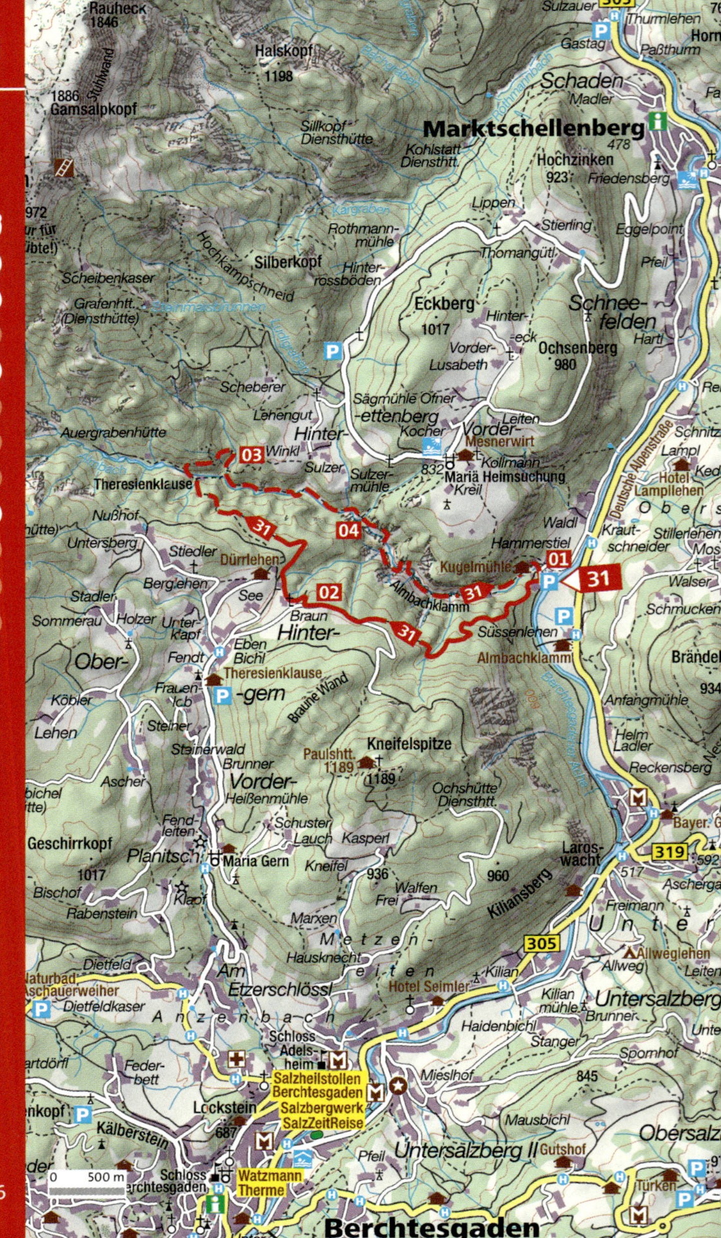
Marktschellenberg
Berchtesgaden
Theresienklause
Almbachklamm
Kugelmühle
Dürrlehen
Hinter-
-ettenberg
Maria Heimsuchung
Mesnerwirt
Hinter-
-gern
Vorder-
Ober-
Salzbergwerk
SalzZeitReise
Salzheilstollen
Berchtesgaden
Watzmann
Therme
Untersalzberg
Schnee-
felden
01
02
03
04
31
0
500 m

me Frische, was gerade an einem heißen Sommertag wunderbar ist. Von der Theresienklause folgen wir den Stegen und Brücken, bis wir zum **Sulzer Wasserfall** 04 kommen. 114 Meter stürzt dieser von Ettenberg herab und erfüllt die Luft mit zerstäubtem Wasser. Entlang des Wegs bis zur Kugelmühle findet man immer wieder Informationstafeln zur Entstehung der Klamm, zur Tier- und Pflanzenwelt und vielem mehr. Schon etwa eine Stunde später hat man die 200 Höhenmeter bergab bis zum Ausgang der Klamm, unserem Parkplatz und dem Gasthaus Kugelmühle geschafft.

Almbachklamm

Für die Almbachklamm sollten im Voraus die Öffnungszeiten gecheckt werden: Witterungsbedingt und auf Grund von Schmelzwasser im Frühling kann es zu kurzfristigen Sperrungen kommen. Öffnungszeiten und Eintrittspreise können im Internet nachgeschaut werden.
www.marktschellenberg.de
www.berchtesgadener-land.com

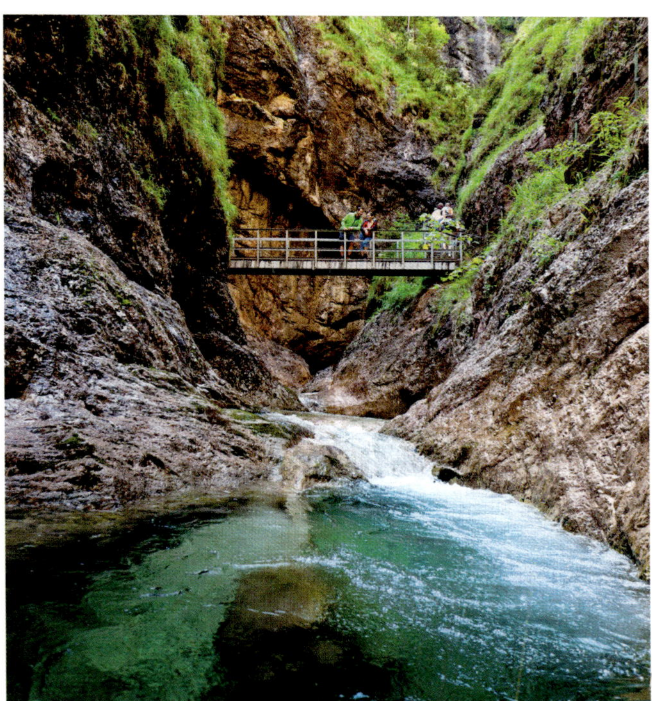

Über „29“ Brücken muss man gehen ...

JOCHALM – GOLLING

Glasklare Seen, die Abgeschiedenheit am Ende eines Tals und ein Wasserfall

  11,3 km  5:00 h  680 hm  680 hm 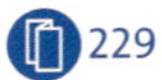 229

START | Gasthof Bärenhof oder Wanderparkplatz beim Gasthof Göllhof [GPS: UTM Zone 33 x: 358.961 m y: 5.270.379 m]
CHARAKTER | Leichte, aber im Aufstieg doch auch schweißtreibend durch den Wald. Abstieg mit Ausblick neben den Mountainbikern auf Forststraße.

Das Naturschutzgebiet Bluntautal ist ein Tal, das seine natürliche Schönheit bewahrt hat. Die im Eingang liegenden Bluntauseen spiegeln die umliegende Bergpracht und lassen uns gleichzeitig bis auf ihren Grund blicken.

▶ Vom Parkplatz Göllhof gehen wir Richtung Bluntauseen auf einem schön angelegten, breiten Wanderweg, entlang der **Torrener Ache** ins Bluntautal hinein. Vorbei an den idyllischen Bluntauseen gelangen wir in etwa 30 Minuten zur **Bärenhütte (Parkplatz)** 01. Hier beginnt die eigentliche Tour. Gleich bei der Bärenhütte überqueren wir den Torrener Bach und kommen etwas weiter auf der Forststraße an eine Kreuzung: rechts weiter auf dem Forstweg, oder links den Wanderweg bergauf zur **Unteren Jochalm** (1172 m). Wir entscheiden uns für den Wanderweg und biegen links ab. Die ersten 5 Minuten sind sehr flach. Links führt der Stichweg in ca. 10 Minuten zum Bluntau-Wasserfall, den wir erst am Ende unserer Tour besichtigen werden. Wir überqueren also geradeaus den Fischbach und biegen gleich danach links in den Wald ab. Recht steil durch den Wald führt uns der Weg die erste Stunde, den vielen rot-weiß-roten Markierungen folgend. Danach geht es etwas flacher weiter bergauf über einen kurzen Baumstumpfweg, bis wir auf eine

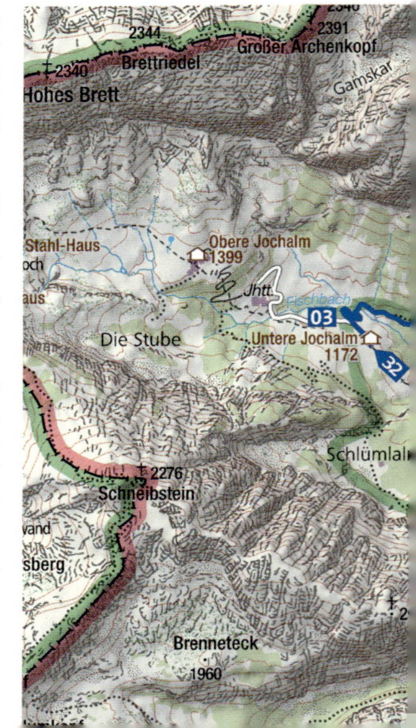

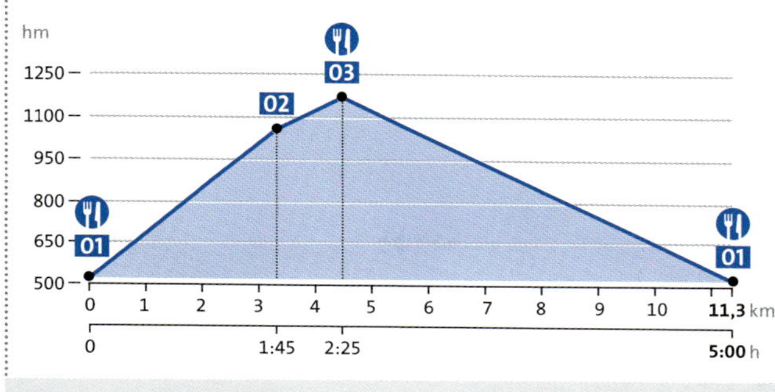

01 Bärenhütte, 507 m; 02 Lichtung, 1070 m; 03 Untere Jochalm, 1172 m

Lichtung 02 stoßen. Die Almwiese bietet sich für eine kleine Rast an. Jetzt ist es nicht mehr weit bis zur **Unteren Jochalm** 03, von der wir gemütlich die Aussicht auf die **Obere Jochalm, das Carl-v.-Stahl-Haus und das Hohe Brett** genießen. Hier ist die Kraft des ursprünglichen Tals und der mächtigen Felswände stark zu spüren. Nach einer längeren Pause marschieren wir die **Forststraße** bergab. In einigen Kehren kann man in die Tiefen der Schlucht blicken.

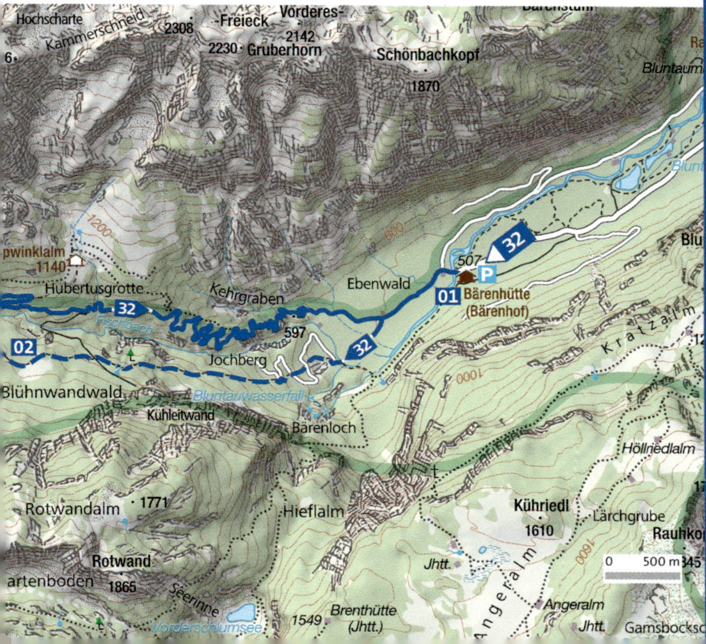

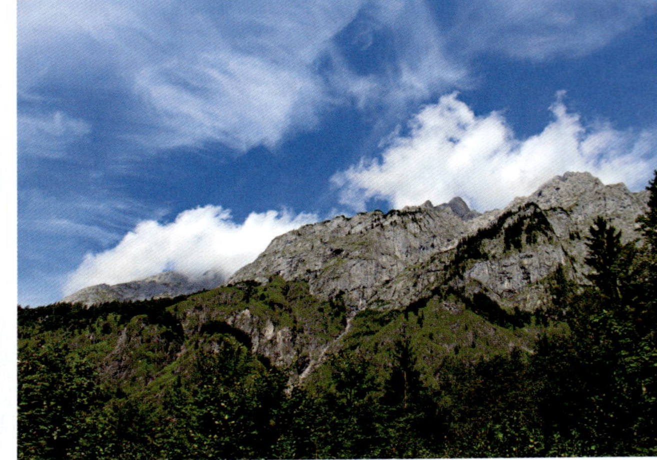

Blick aufs Hohe Brett

In Serpentinen geht es in nicht einmal 2 Stunden bis zur Wegkreuzung bergab. Wir gehen noch einmal ein kleines Stück des Wegs vom Anfang Richtung **Bluntau-Wasserfall** und nehmen diesmal den Stichweg. Der Wasserfall ist ein schöner Abschluss der Bluntau-Rundtour. Auf gekommenem Weg geht es zurück zum Parkplatz.

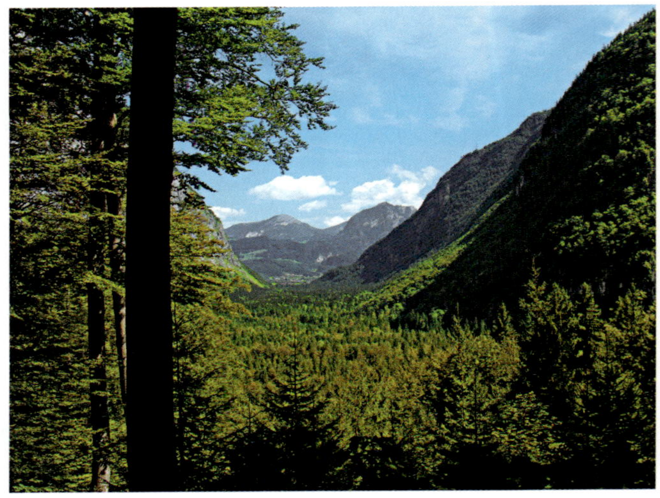

Blick hinunter nach Golling

ABTENAU

Über die Gsengalmhütte mit Rodelspaß zurück ins Tal

 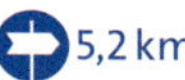 5,2 km 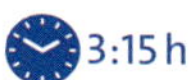 3:15 h 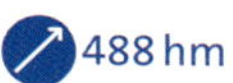 488 hm  488 hm 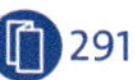 291

START | Karkogelhütte
[GPS: UTM Zone 33 x: 376.519 m y: 5.267.126 m]
CHARAKTER | Gemütliche Wanderung durch das Tennengebirge mit Blick auf die umliegende Bergpracht. Meist auf Forstwegen, sonst auf Waldpfaden.

Am Parkplatz der Talstation der Karkogelbahn geparkt, schnell ein Ticket für die Bahn gelöst und ab geht's nach oben.

▶ Hinter der **Karkogelhütte 01** nehmen wir ein kurzes Stück die Forststraße, bevor unser Weg gleich links auf einem Wanderpfad nach oben führt. Auf einem bewaldeten Bergrücken des Traunsteinmassivs wandern wir Richtung Gsengalmhütte (1447 m).
Auf den ersten Metern haben wir noch den offenen Blick nach Abtenau im Rücken, bis der Wald etwas dichter wird. Stetig bergauf wandernd stoßen wir bald auf eine Forststraße. Hier können wir entweder links auf die Forststraße abbiegen und unsere Runde auf die Gsengalmhütte links herum beginnen oder wir überqueren die Straße und wandern den Hinweg geradewegs in Richtung Kleiner Traunstein (1659 m). Wir entscheiden uns für die zweite Variante. So führt uns der Weg (Nr. 227) halb um den Kleinen Traunstein herum mit Blick Richtung Schobermassiv und unserem **Zwischenziel, der Gsengalmhütte 02**.
Gleich unterhalb des Kleinen Traunsteins führt der Weg ein kurzes Stück steil bergab auf die Gsengalm zu. Nach etwa 1 Stunde und 45 Minuten haben wir

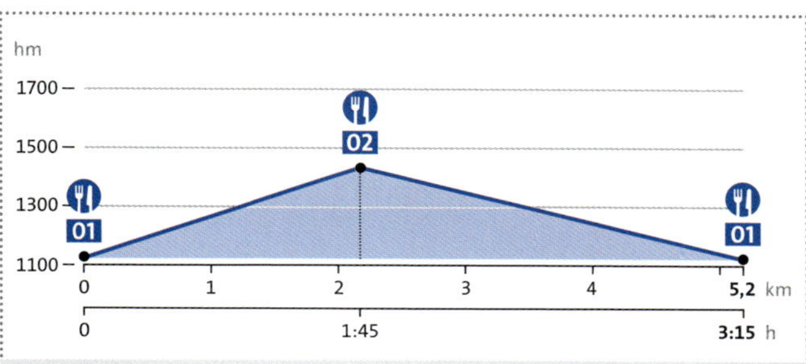

01 Karkogelhütte, Bergstation Karkogelbahn, 1134 m; 02 Gsengalm, 1447 m

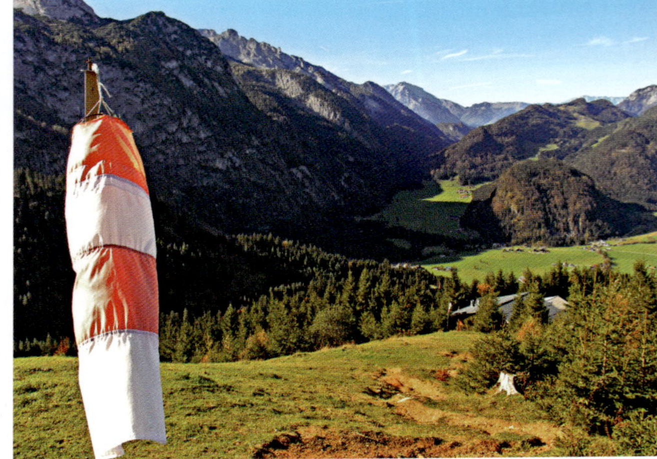

Windhose oberhalb der Karalm

uns eine Pause auf der Almhütte verdient.

Abstieg: Von der Hütte gehen wir ein kleines Stück zurück und schlagen den Weg unterhalb des Steiges von dem wir gekommen sind, ein. Wir folgen dem Pfad in einer großen Rechtskurve bis zu einer Weggabelung, an der wir links abbiegen und schließlich auf eine Forststraße treffen. Hier biegen wir links ab, unseren Wander-Rhythmus beibehaltend, bis wir an die Kreuzung vom Aufstieg gelangen. Wir biegen also rechts von der Forststraße ab und nehmen den zuvor gekommenen Weg bergab bis zur Bergstation der Karkogelbahn. Hier können wir entweder mit der Gondel oder der Sommerrodelbahn ins Tal „fliegen".

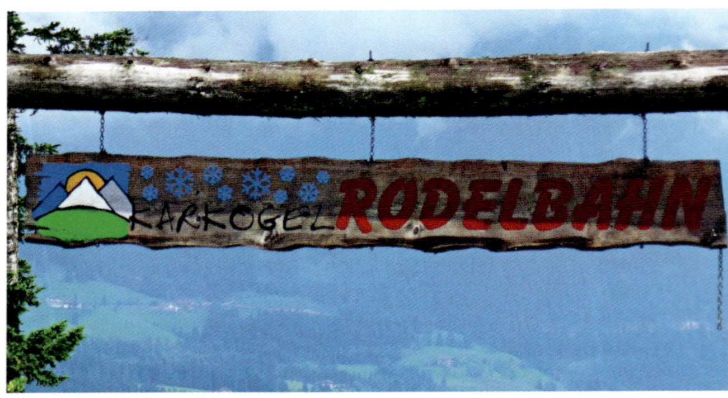

Sommerrodeln auf dem Karkogel

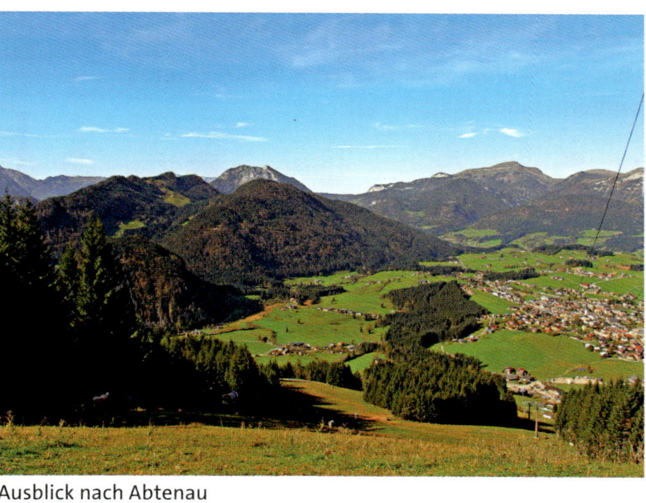

Ausblick nach Abtenau

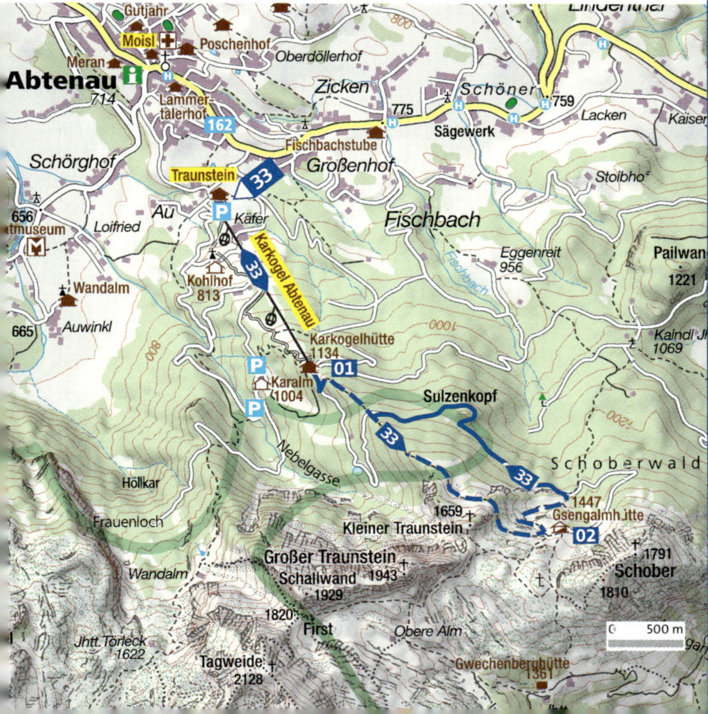

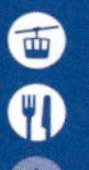
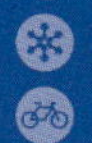

STUHLLOCH – ANNABERG

Über die Stuhlalm, entlang des Gosaukamms und durch den Nadelwald

  12,9 km 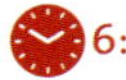 6:15 h 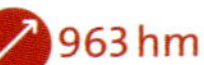 963 hm 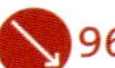 963 hm 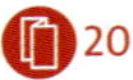 20

START | Parkplatz Pommer
[GPS: UTM Zone 33 x: 384.184 m y: 5.263.422 m]
CHARAKTER | Wunderschöne, aussichtsreiche Tour mit knackigen Anstiegen und einem langen Abstieg.

Sanftes und Schroffes liegen hier ganz nah beieinander: mal mit eindrucksvoller Aussicht, dann wieder durch den kühlenden Wald.

▶ **Vom Parkplatz Pommer** 01 nehmen wir ein paar Meter die Forststraße, bevor unsere Tour gleich rechts auf den Fußweg abzweigt. Erst recht eben, meist vom Schatten der Bäume vor zu viel Sonne geschützt, geht es jetzt mit etwas mehr Sonne im Nacken gleich zu Beginn der Tour steil bergauf. Die ersten 500 Höhenmeter bis man die **Stuhlalm** 02 erreicht lassen uns erst mal ins Schwitzen kommen. Ohne den Schutz der Baumwipfel, auf schmalem Fußweg, geht es schweißtreibend recht steil bergauf, vorbei an weidenden Kühen, bis man die rettenden Dachspitzen der Stuhlalm erblickt.
Die süße Stuhlalm lädt zu einer Pause ein.
Zur Durchgangscharte: An der Stuhlalm angekommen biegen wir rechts und gleich wieder links ab. Die nächsten ca. 30 Minuten führen uns unterhalb des Gosaukamms auf dem Bibelsteig entlang, über Almwiesen und durch Latschenfelder, mit Blick Rich-

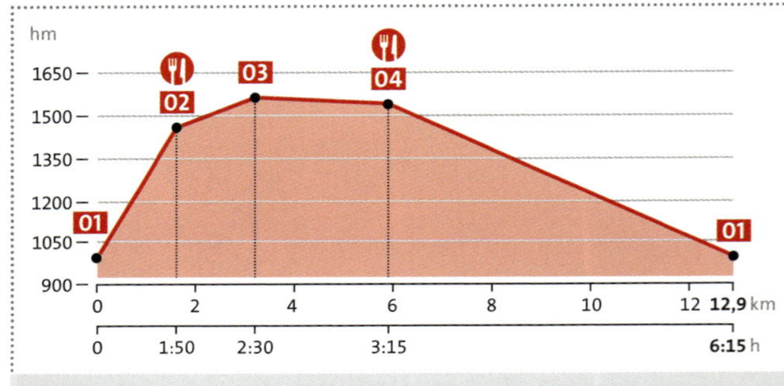

01 Parkplatz Pommer, 990 m; 02 Stuhlalm, 1467 m; 03 Durchgangscharte, 1550 m; 04 Mahdalm, 1530 m

tung Bischofsmütze. Noch einmal rechts abbiegen und man hat den Aufstiegspunkt zur **Durchgangscharte** (1601 m) 03 erreicht. Hier müssen wir ein kurzes, dafür recht **steiles Stück aufsteigen.** Hat man den anstrengenden Aufstieg geschafft, geht es noch ein Weilchen gemäßigt bergan; entlang eines steinigen Pfads, über Almwiesen und über ein paar Bäche führt uns der Weg an eine Kreuzung. Wir nehmen nicht den Weg zur Sulzkaralm-Hütte, sondern biegen rechts ab in Richtung **Mahdalm** (1530 m) 04.

Zur Mahdalm: Ab hier führt der Weg (Nr. 57A) die nächste Stunde entlang eines Kamms zügig bergab, auf die Mahdalm zu. Der Ausblick ist berauschend.

Zum Parkplatz Pommer: An der Mahdalm-Hütte vorbei gehen wir kurz auf einer Forststraße, biegen aber gleich rechts ab über die Wiese. So wandern wir eine Zeit lang, die Forststraße ein paarmal kreuzend, über Wiesen und an der Lederingalm vorbei, weiter auf dem **Fußpfad Nr. 57** stetig bergab.

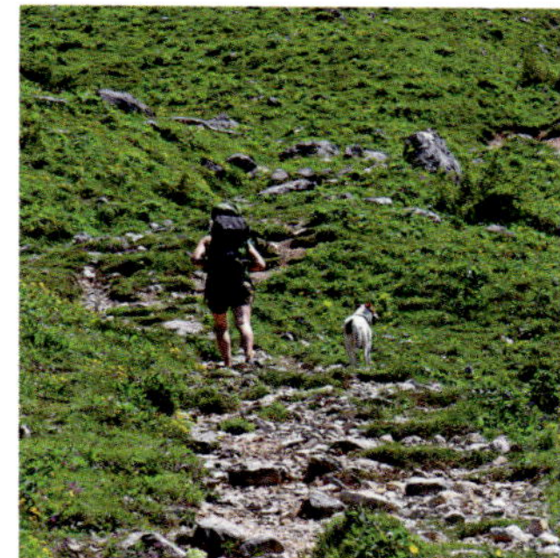

Der anstrengende Aufstieg zur Stuhlalm

Der Weg Nr. 57 führt nun durch einen schönen Nadelwald, quert noch einmal eine Forststraße und endet schließlich an einer Kreuzung. Wir biegen rechts auf die Forststraße (Nr. 55) ab, überqueren ein paarmal einen Bach und wandern gemütlich durch den Wald zu unserem Ausgangspunkt zurück. Kurz vor dem Parkplatz Pommer tritt der Weg noch einmal aus dem Wald hinaus und öffnet den Blick auf die umliegenden Berge.

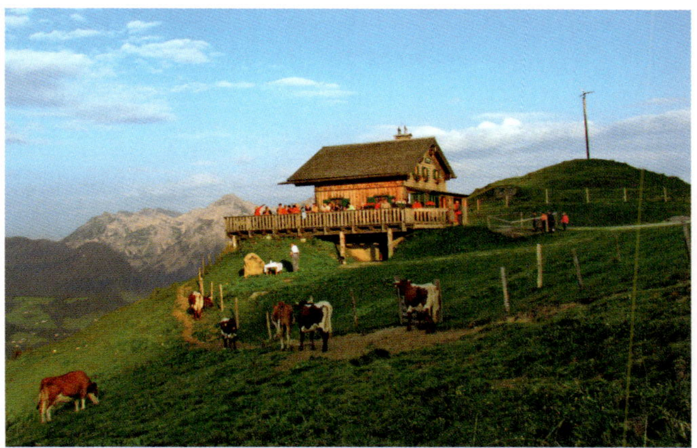

Die Mahdalm

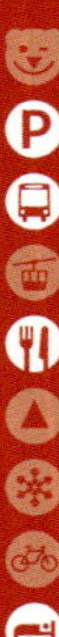

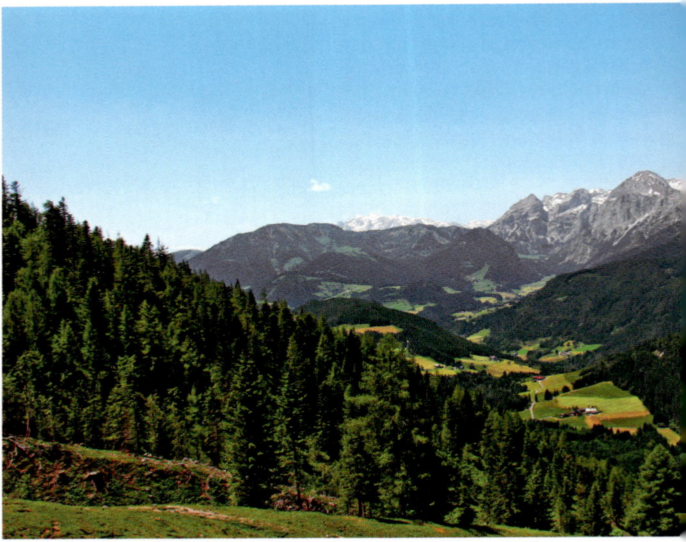

Aussicht von der Stuhlalm

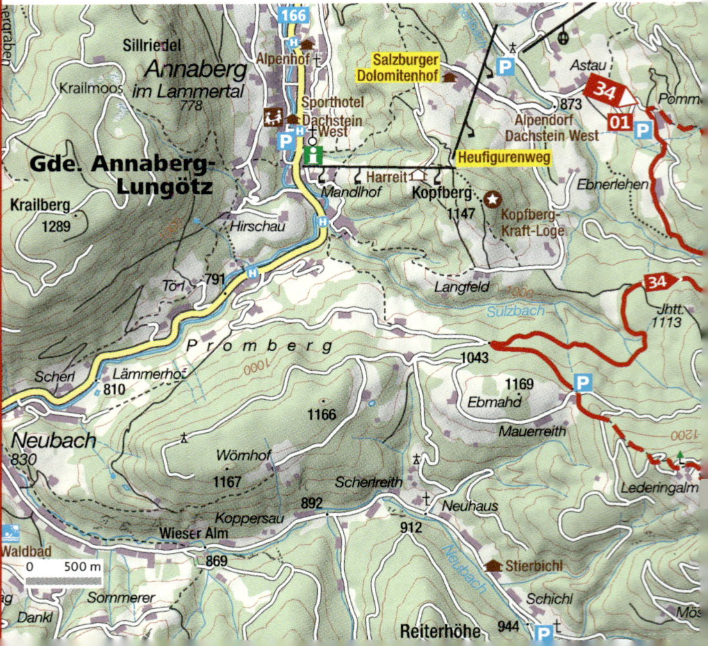

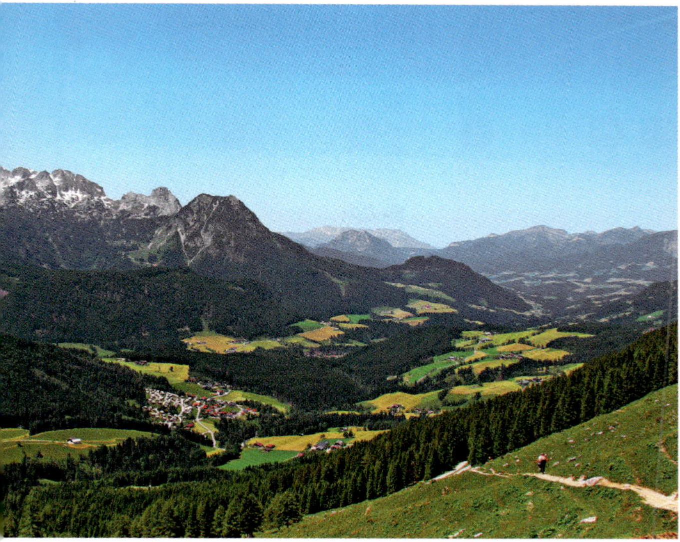

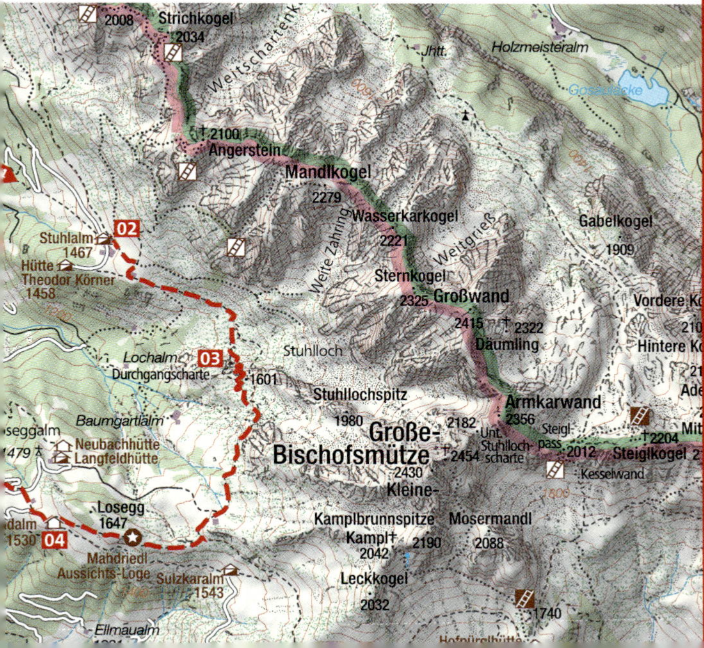

ALMENRUNDWEG – RUSSBACH

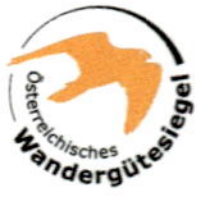

Eindrucksvoller Almenrundweg

 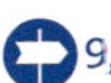 9,65 km  4:15 h  662 hm  569 hm 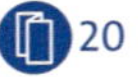 20

START | Parkplatz Rinnbachbrücke
[GPS: UTM Zone 33 x: 384.689 m y: 5.272.660 m]
CHARAKTER | Zügiger Anstieg zu Beginn. Über Almwiesen und Wanderwege durch den Wald geht es technisch einfach mit etwas Kondition dahin.

Die Luft ist etwas dünner, der Blick dafür um einiges klarer: eine zünftige Almjause mit Blick zum Hohen Dachstein. Was gibt es besseres?

Zur Traunwandalm: Vom **Parkplatz an der Rinnbachbrücke** 01 führt unser Weg auf einer Straße gleich zu Beginn recht zügig bergauf. Wir folgen dieser und nehmen die dritte Möglichkeit halb links auf einen Schotterweg. In mehreren Schlenkern führt uns der Weg weiterhin steil bergauf, mal durch den Wald oder über Wiesen und entlang des Traunwandbachs, bis wir den Rastplatz bei der **Traunwandalm** (1335) 02 erreicht haben. Eine kleine Pause, um die Aussicht zu genießen, bietet sich an.

Angerkaralm und Rinnbergalm: An der Traunwandalm links vorbei geht es weiter auf dem **Pfad Nr. 34**, in gleich bleibender Höhe quer zum Berg, bis wir die Schulter umrundet haben. Wir biegen einmal rechts ab, gehen ein kleines Stückchen bergauf bis zur Weggabelung. Dort bietet sich der kurze Abstecher zur aussichtsreichen **Angerkaralm** 03 an – 1416 m, Gehzeit ca. 10 Minuten. Weiter geht es die Forststraße die nächsten

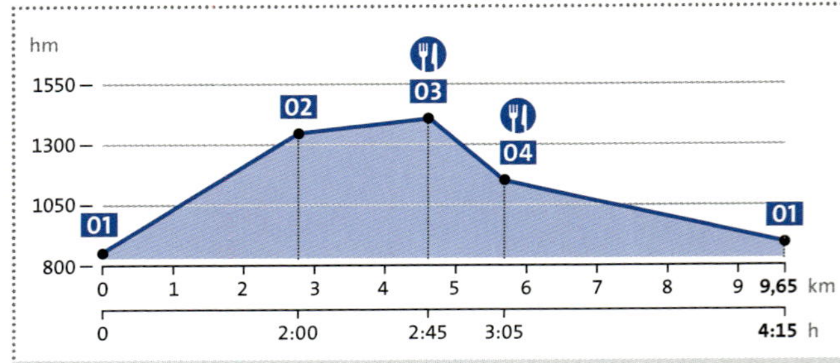

01 Parkplatz Rinnbachbrücke, 874 m; 02 Traunwandalm, 1335 m; 03 Angerkaralm, 1416 m; 04 Animoshütte/Rinnbergalm, 1249 m

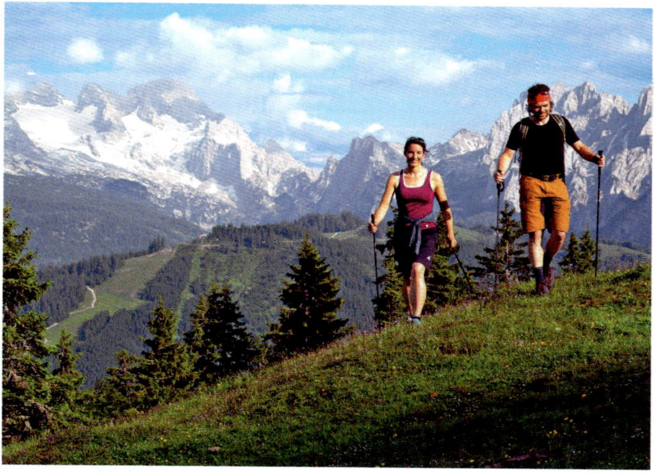

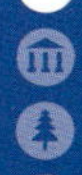

Panoramablick zum Hohen Dachstein

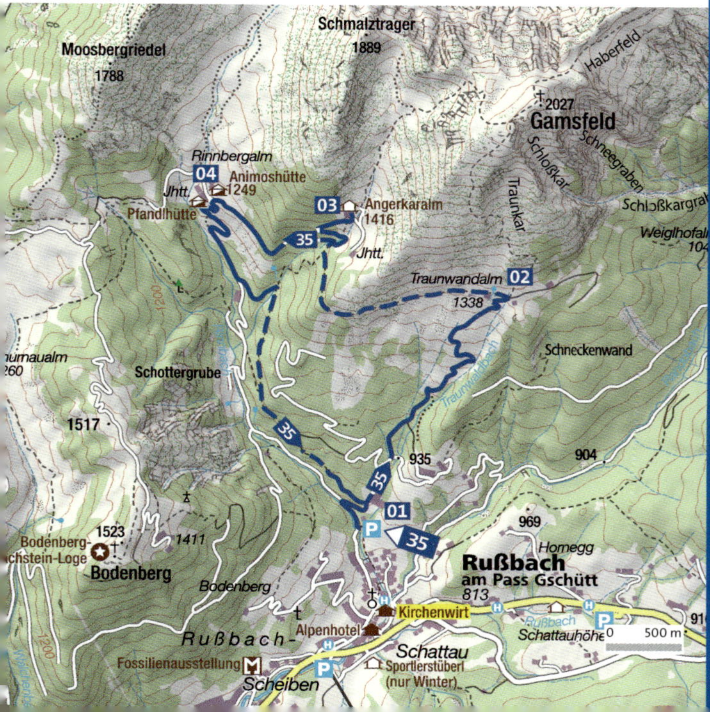

Meter bergab bis zur **Rinnbergalm** (1249 m). Bei dem Hüttendörfchen angelangt gönnen wir uns mit einem wunderbaren Panoramablick zum **Hohen Dachstein** und über das **Tennengebirge** eine Jause auf der urigen **Animoshütte** (1249 m) 04 oder der **Pfandlhütte**, die gleich nebenan liegt. **Abstieg:** Auf der Forststraße startet der Weg zurück ins Tal – eine kleine Abkürzung quer über die Wiese ausgenommen – bis wir links wiederum auf einen Pfad abzweigen. Kurz bergauf und gleich wieder rechts bergab, führt uns der Weg nun endgültig zu unserem Ausgangspunkt zurück. Nach etwa einer Stunde stehen wir glücklich wieder an unserem Auto.

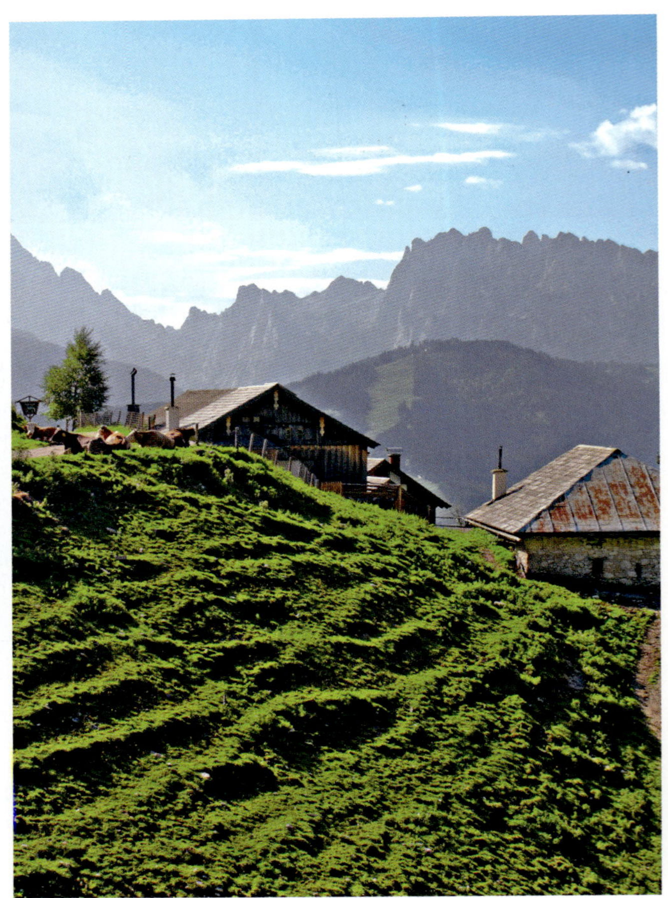

Rinnbergalm

GOSAU – DACHSTEIN

Durch Wälder mit Blick ins Gosautal

 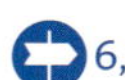 6,2 km 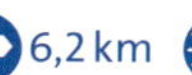 2:15 h 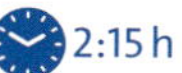 420 hm 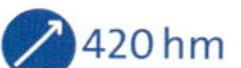 420 hm  293 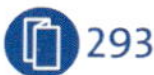

START | Tourist-Information Gosau
[GPS: UTM Zone 33 x: 389.830 m y: 5.270.967 m]
CHARAKTER | Kurze, leichte Tour, meist auf guten Waldwegen. Ideal auch für Kinder.

Diese Tour ist eine ideale Halbtagestour, um die Gegend um Gosau besser kennenzulernen. Leicht und beschaulich wandert man durch Wälder und vorbei an Bächen.

▶ Unsere Tour startet in **Gosau an der Tourist-Information** 01 in Richtung Hornspitze (1433 m). Der Turm der Gosauer Kirche weist uns den Weg und so gelangen wir, an dieser rechts vorbei, schon mit einer leichten Steigung an den Waldrand und bis zur **Kalvarienbergkapelle** 02. Hier hat man einen wunderbaren Blick auf das idyllisch gelegene Gosautal.
Aufstieg: An der Kapelle halten wir uns links, kommen an einem kleinen Bach vorbei und wandern auf einem schön angelegten Weg am Waldrand noch etwa 1,5 km gemütlich entlang. Wir nehmen eine spitze **Rechtskehre**, überqueren den **Vorderen Glaselbach** auf einem Stück asphaltierten Weg, und biegen gleich wieder rechts bergauf auf einen Waldpfad ab. Die nächsten 200 Höhenmeter wandern wir über Stock, Stein und Moos durch einen netten Wald. Durch die frische Waldluft, die Ruhe und die lichtdurchflutete Atmosphäre tanken wir, trotz Aufstieg, Energie für die kommenden Tage – herrlich! Nicht lang ist der Weg nach oben, bis wir auf eine Forststraße stoßen. An dieser

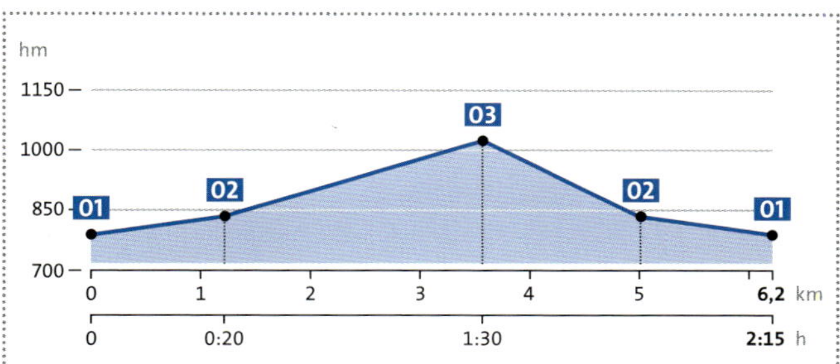

01 Tourist-Information Gosau, 780 m; 02 Kalvarienbergkapelle, 816 m;
03 Kreuzung, 1020 m

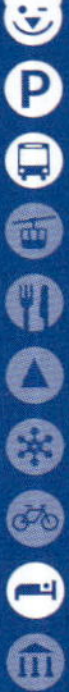

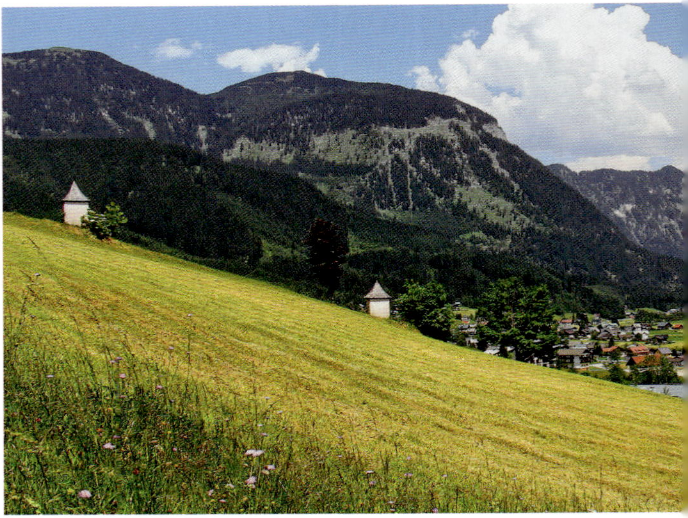

Wunderbarer Blick nach Gosau

Kreuzung 03 gehen wir rechts ein Stückchen eben entlang und überqueren zwei Bäche, bevor wir wieder rechts auf den Waldweg abbiegen und den Abstieg in Angriff nehmen.

Abstieg: So führt unsere Tour entlang der Via Alpina wieder durch den Wald bergab. Wir überqueren mehrere kleine Bäche, kreuzen eine Schotterstraße, gehen einmal links und dann rechts, verlassen die Via Alpina und kommen wieder zur **Kalvarienbergkapelle 02**. Auf gekommenem Weg laufen wir zurück zum Ausgangspunkt.

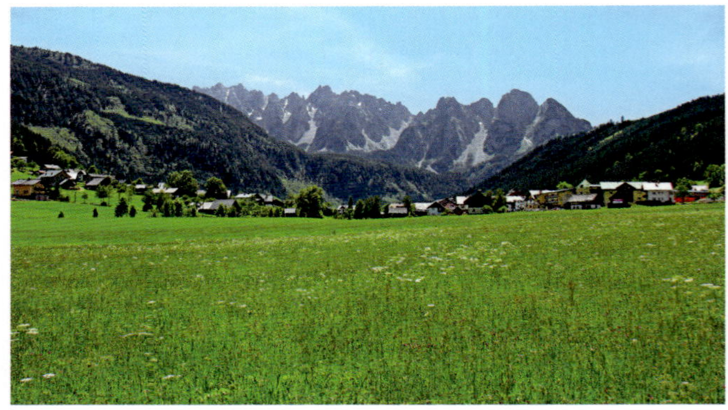

Gosaukamm Sommer

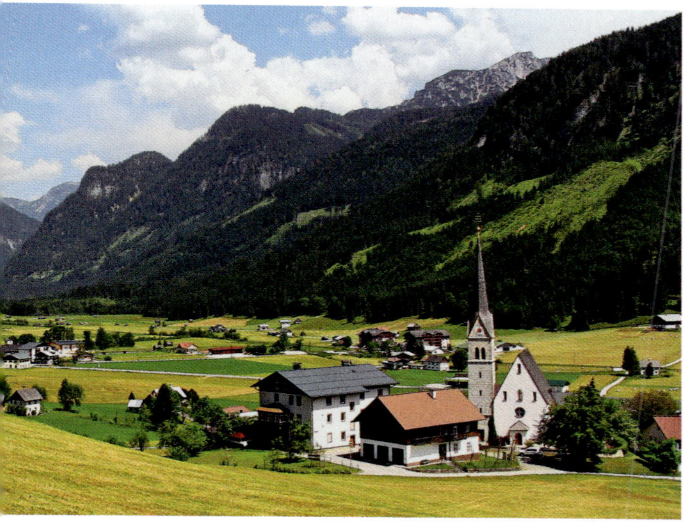

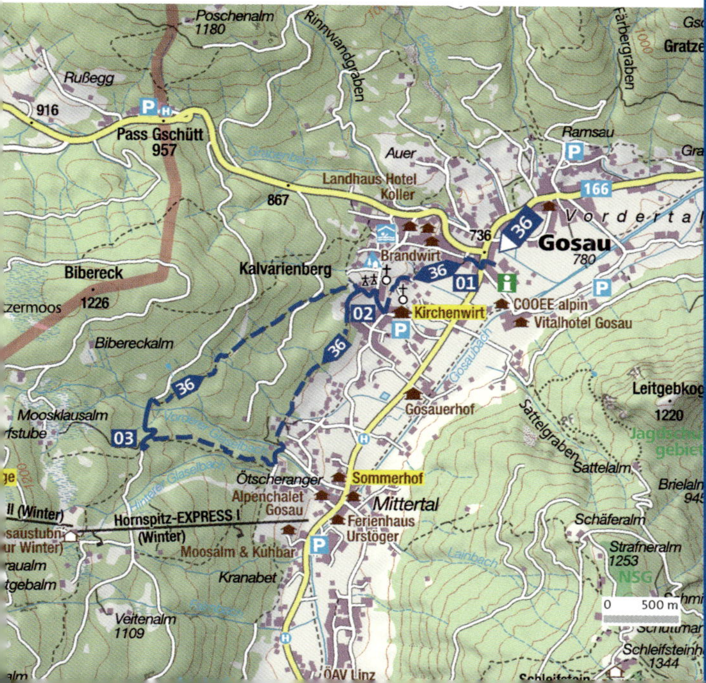

Poschenalm
1180
Rinnwandgraben
Färbergraben
Gratze
Rußegg
916
Pass Gschütt
957
Ramsau
Auer
Landhaus Hotel
Koller
867
166
736
36
Vordertal
Gosau
780
Brandwirt
Bibereck
Kalvarienberg
01
36
1226
02
Kirchenwirt
COOEE alpin
Vitalhotel Gosau
Bibereckalm
36
36
Gosauerhof
Sattelgraben
Leitgebkog
1220
Mooskiausalm
03
Sattelalm
Ötscheranger
Sommerhof
Alpenchalet
Gosau
Mittertal
Hornspitz-EXPRESS I
(Winter)
Ferienhaus
Urstöger
Schäferalm
Moosalm & Kuhbar
Strafneralm
1253
NSG
Kranabet
0
500 m
Veitenalm
1109
ÖAV Linz

PREDIGSTUHL – BAD GOISERN

Sagen, Tunnel, die Ewige Wand und ein aussichtsreicher Gipfel

  6,4 km 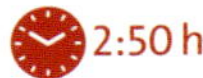 2:50 h  660 hm  660 hm 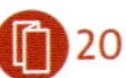 20

START | Rathluck'n Hütte bei Bad Goisern
[GPS: UTM Zone 33 x: 397.113 m y: 5.278.365 m]
CHARAKTER | Kurze, spannende Tour über größtenteils unschwierige Steige und Forststraßen, mit Panoramablick vom Gipfel. Eine seilversicherte Stelle.

Berge, Seen und bunte Wälder im Herbst prägen das Bild des Salzkammerguts und so auch unsere heutige Tagestour bei Bad Goisern am Hallstätter See. Das Auto abgestellt, die Schuhe geschnürt und die Kamera im Rucksack verstaut, geht es los in Richtung **Ewige Wand** und dem **Gipfel des Predigstuhls** (1278 m).

▶ **Zur Ewigen Wand:** An der **Rathluck'n Hütte** 01 vorbei nehmen wir den Weg (Nr. A2) durch den Wald, halten uns einmal links und gelangen so über den **Sagenweg** zum gut angelegten Höhenweg. Eindrucksvoll führt diese einst aus dem Felsen gesprengte Strecke durch **zwei Tunnel** 02 zur **Ewigen Wand**. Besonders spektakulär ist der senkrecht an der Ewigen Wand nach oben führende Klettersteig. Äußerst ausgesetzt sollte dieser Klettersteig nur mit starken Nerven und Klettersteigerfahrung begangen werden.
Zum Gipfel des Predigstuhl: Hinter dem zweiten Tunnel, auf der bewaldeten Hochfläche angelangt, zweigen wir **scharf rechts**

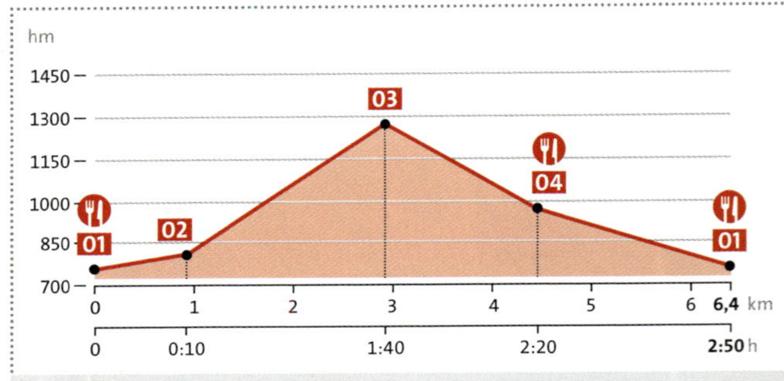

01 Rathluck'n Hütte, 755 m; 02 Tunnel durch Felswand, 805 m; 03 Predigstuhl-Gipfel, 1278 m; 04 Berghof Predigstuhl, 973 m

ab und nehmen den steilen **Steig Nr. 245** Richtung Blascheck-Warte und Predigstuhl. Am Ausstieg des Klettersteigs und der Aussichtswarte vorbei steigen wir ein kurzes Stück ab (Seilversicherung) und halten uns bei der nächsten Kreuzung links direkt Richtung Gipfel. Wir bleiben auf der bewaldeten Anhöhe und nehmen den kurzen, felsigen, aber gut versicherten Stichweg zum **Gipfelkreuz** 03. Bevor es an den Abstieg geht, genießen wir den Blick ins Dachstein- und Tote Gebirge.

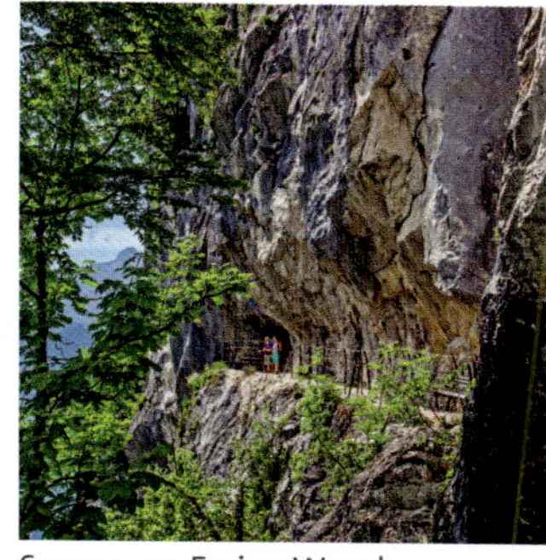

Sagenweg Ewige Wand

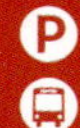

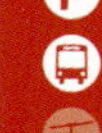

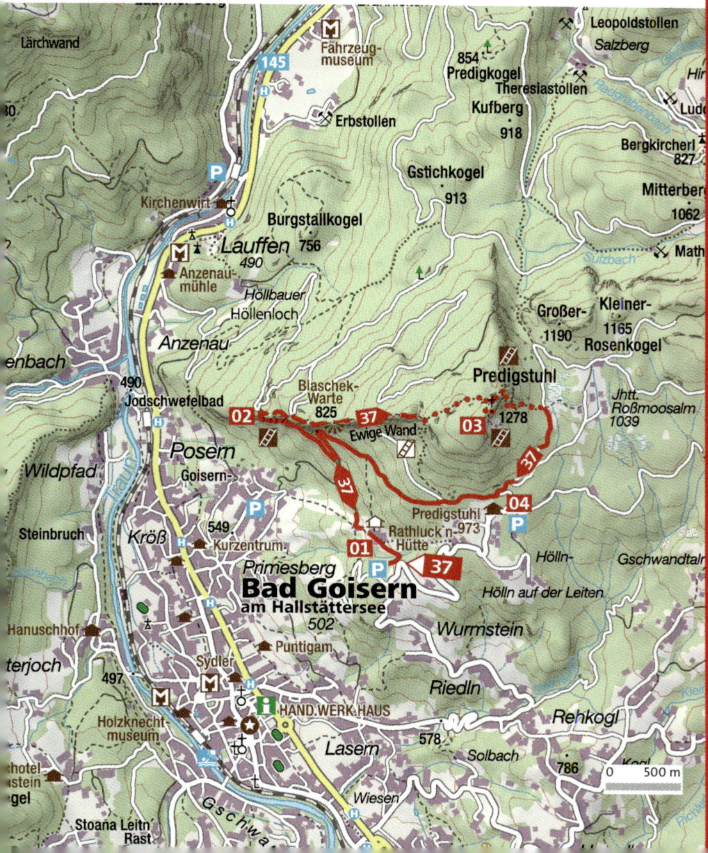

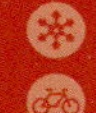

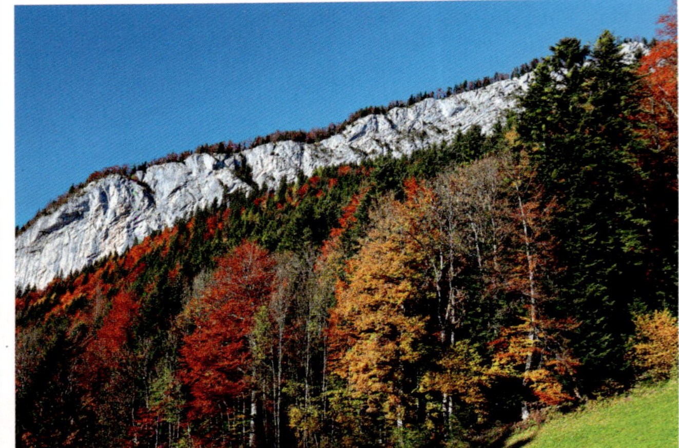

Die Ewige Wand am Predigstuhl

Abstieg: Wir gehen denselben Weg zurück bis zur Weggabelung und biegen rechts ab. Von hier führt der felsige Steig steil und in Serpentinen bergab, bis wir die Forststraße erreicht haben. Wir zweigen links ab und wandern bis zum **Berghof Predigstuhl** 04. Am Berghof vorbei bleiben wir links auf dem Wanderweg A38, machen eine spitze Kehre, stoßen wieder auf den Sagenweg und kommen so zu unserem Ausgangspunkt, der Rathluck'n Hütte, zurück.

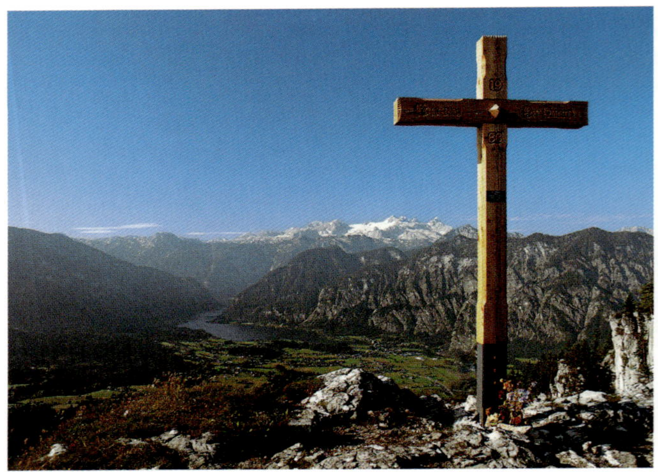

Gipfel Predigstuhl

KRIPPENSTEIN – OBERTRAUN

38

Über die Karsthochebene mit Blick auf den Hohen Dachstein

 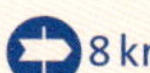 8 km 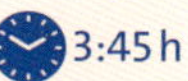 3:45 h 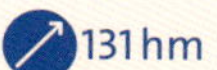 131 hm  423 hm  20

START | Bergstation Dachstein Krippenstein-Seilbahn II
[GPS: UTM Zone 33 x: 401.655 m y: 5.264.151 m]
CHARAKTER | Sehr sonnige, hochalpine, schöne und kurze Tour mit herrlichem Rundumblick auf den Dachstein und das Salzkammergut.

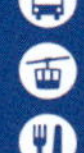

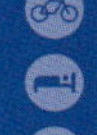

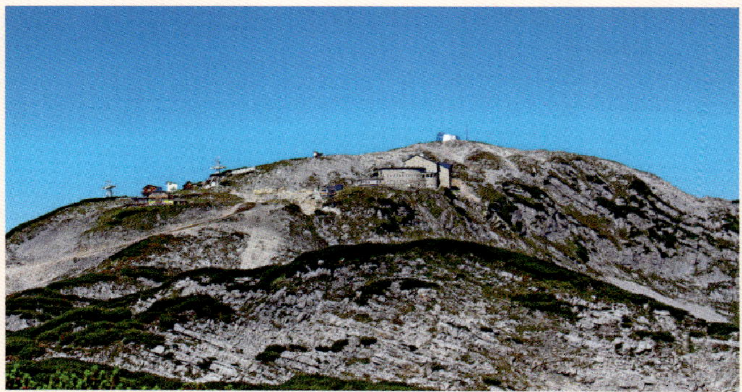

Blick zur Krippenstein-Seilbahn

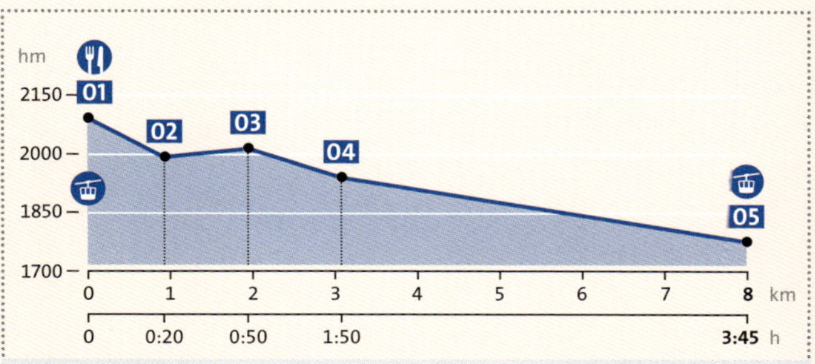

01 Dachstein Krippenstein-Seilbahn Bergstation, 2100 m; **02** Krippenstein Eishöhle, 1995 m; **03** Schutzhütte, 2024 m; **04** Heilbronner Kreuz, 1959 m; **05** Dachstein Krippenstein-Seilbahn Talstation Gjaid, 1780 m

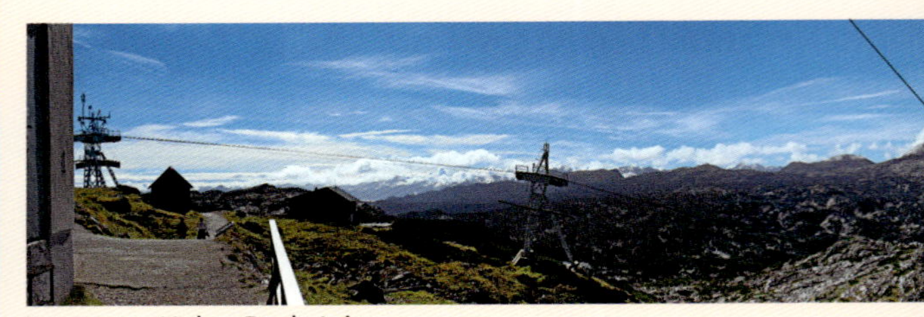

Panorama Hoher Dachstein

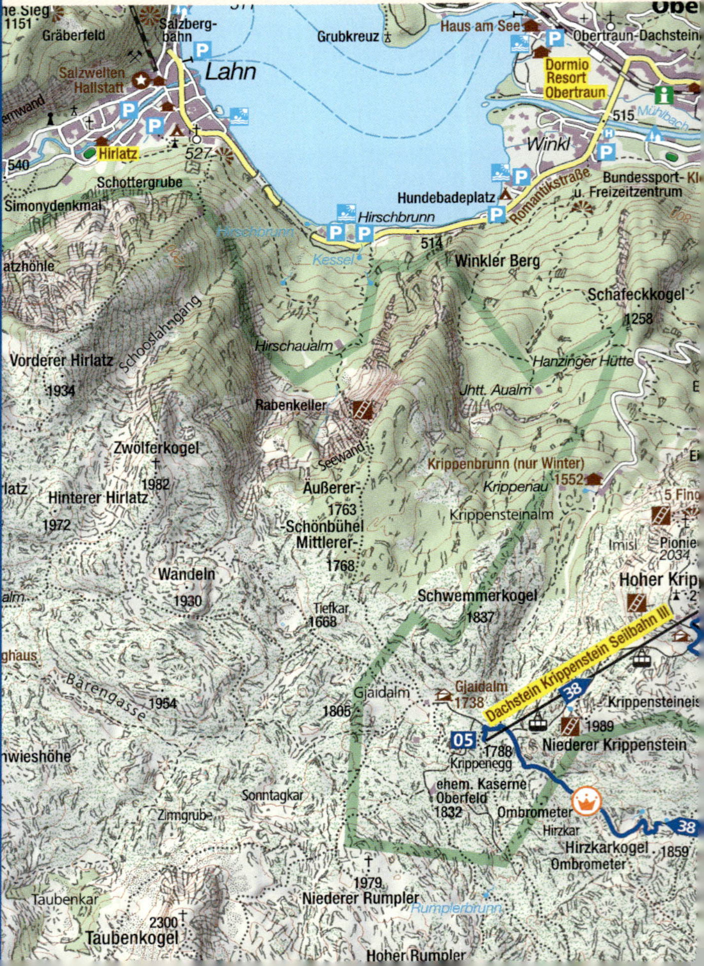

Salzberg-bahn
Gräberfeld
Grubkreuz
Haus am See
Obertraun-Dachstein
Lahn
Salzwelten Hallstatt
Dormio Resort Obertraun
Hirlatz
527
540
515
Mühlbach
Winkl
Schottergrube
Simonydenkmal
Bundessport- u. Freizeitzentrum
Hundebadeplatz
Romantikstraße
Hirschbrunn
Kessel
514
Winkler Berg
Schafeckkogel
1258
Schooslahngang
Hirschaualm
Hanzinger Hütte
Vorderer Hirlatz
1934
Jhtt. Aualm
Rabenkeller
Seewand
Zwölferkogel
1982
Krippenbrunn (nur Winter)
Krippenau
1552
Hinterer Hirlatz
Äußerer-
1763
Schönbühel
Mittlerer-
1768
Krippensteinalm
1972
Imisl
Wandeln
1930
Hoher Krip
Tiefkar
1668
Schwemmerkogel
1837
Dachstein Krippenstein Seilbahn III
Bärengasse
1954
Gjaidalm
1805
Gjaidalm
1738
Krippensteineis
1989
05
1788
Krippenegg
Niederer Krippenstein
ehem. Kaserne
Oberfeld
1832
Ombrometer
Hirzkar
38
Hirzkarkogel
1859
Ombrometer
Sonntagkar
Zirngrube
1979
Niederer Rumpler
Rumplerbrunn
Taubenkar
2300
Taubenkogel
Hoher Rumpler

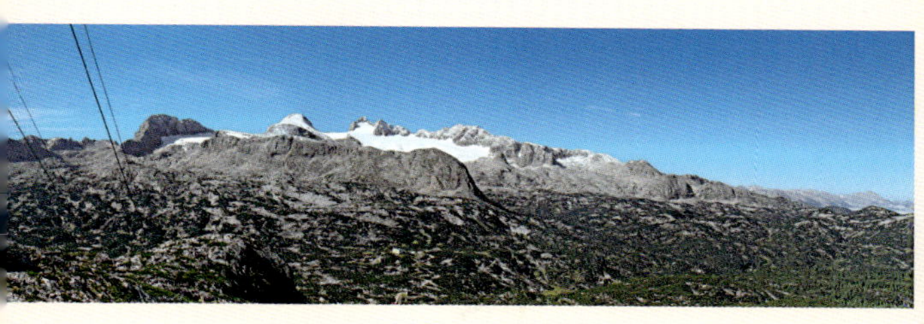

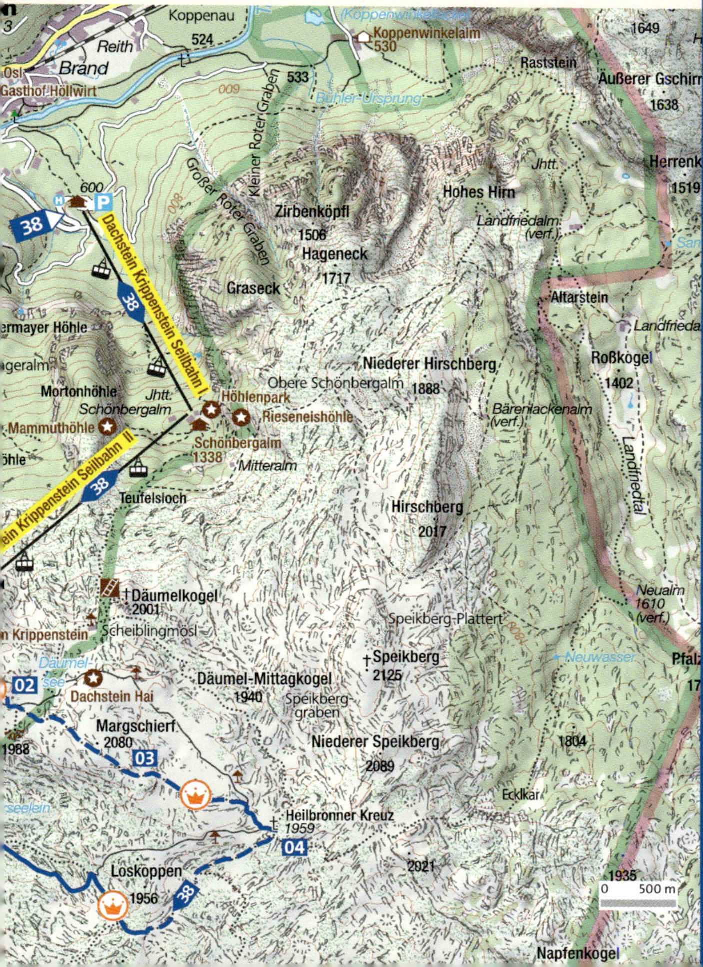

Koppenau
Reith
Brand
Gasthof Höllwirt
524
533
Koppenwinkelalm
530
Bühler-Ursprung
Raststein
1649
Äußerer Gschirr
1638
Herrenk
1519
Kleiner Roter Graben
Großer Roter Graben
600
38
Dachstein Krippenstein Seilbahn I
Zirbenköpfl
1506
Hageneck
1717
Hohes Hirn
Jhtt.
Landfriedalm (verf.)
Graseck
Altarstein
Landfrieda
Roßkogel
1402
Niederer Hirschberg
1888
Obere Schönbergalm
Mortonhöhle
Jhtt.
Schönbergalm
Höhlenpark
Rieseneishöhle
Mammuthöhle
Bärenlackenalm (verf.)
Schönbergalm
1338
Mitteralm
Landfriedtal
Krippenstein Seilbahn II
Teufelsloch
Hirschberg
2017
Däumelkogel
2001
Krippenstein
Scheiblingmösl
Speikberg-Plattert
Neualm
1610
(verf.)
Neuwasser
Speikberg
2125
Pfalz
Däumelsee
Dachstein Hai
Däumel-Mittagkogel
1940
Speikberggraben
02
Margschierf
2080
1988
03
Niederer Speikberg
2089
1804
Ecklkar
Heilbronner Kreuz
1959
04
2021
Loskoppen
1956
38
1935
0 500 m
Napfenkogel

Der Blick zum Hochen Dachstein, über das grandiose Bergpanorama, bis hinunter zum Hallstätter See prägt diese Tour.

▶ Von der Bergstation der **2. Teilstrecke der Dachstein Krippenstein-Seilbahn** 01, folgen wir den Markierungen links, ein kurzes Stück steil bergab, vorbei **an der Lodge am Krippenstein** und einem Ausstellungsstück eines alten Gondelwaggons. Nach etwa 10 Minuten biegen wir links auf den Wanderweg Richtung **Krippenstein-Eishöhle** 02 ab. Die Eishöhle kann ein paar Meter auch ohne Führung betreten werden, bis sie schließlich in die Tiefen des Berges hinabführt.

Der Wanderweg führt, recht eben, bald rechts Richtung **Margschierf** (2080 m). Dieser Teil unserer Umrundung ist besonders schön, auch wenn er etwas Trittsicherheit erfordert. Mit einigen Felsspalten, Dolinen und der Wegführung direkt über die **Felswüste der Karsthochebene** ist dieser Teilabschnitt in jedem Fall ein Highlight. Bei schönem Wetter ist der Blick zurück über die Karstebene und auf das Haus der Krippenstein-Bergstation atemberaubend.

Zur Talstation Gjaid Seilbahn 3: Vorbei an einer Schutzhütte 03, über das Margschierf und die Felswüste hinüber, gelangen wir, nach dem sehr abwechslungsreichen und spannenden Stück, wieder auf einen üblichen Wanderweg und bald an das **Heilbronner Kreuz** (1959 m) 04. Den Markierungen folgend gehen wir nicht auf gekommenem Wanderweg weiter, sondern halten uns hinter dem Kreuz, **auf einem schmaleren Pfad** (666 m) bergab, über Wiesen und vorbei an Zirben und Latschen.

Der Weg führt uns zuerst auf den Loskoppen (1956 m) zu, doch nehmen wir an einer Kreuzung den rechten Weg Richtung **Gjaidalm** und wandern bald auf einer Forststraße, vorbei am Hirzkarkogel gemütlich bergab. Bis zur Talstation Gjaid der **Dachstein-Krippenstein-Seilbahn 3** 05 ist es nicht mehr weit und die Gondel bringt uns sicher wieder ins Tal.

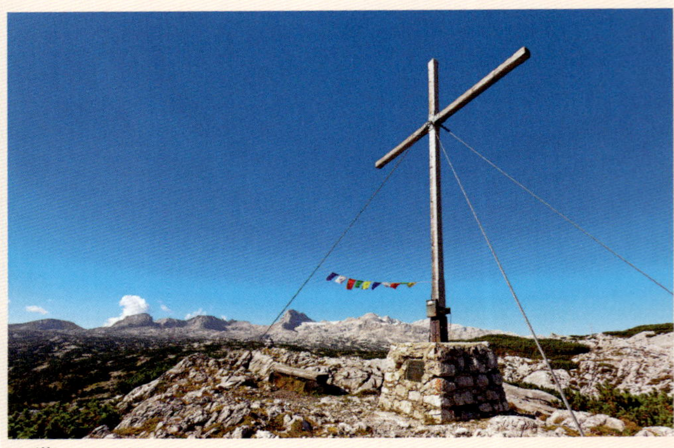

Heilbronner Kreuz

VON ROSENHEIM NACH PRIEN AM CHIEMSEE

Durch das bayerische Voralpenland

  28,9 km  7:00 h  539 hm 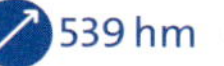 456 hm 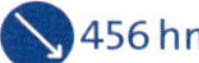  792

START | Bahnhof in Rosenheim
[GPS: UTM Zone 33 x: 284.519 m y: 5.303.661 m]
CHARAKTER | Lange, aber angenehme Wanderung durch die bayerische Gemütlichkeit, vorbei am Simssee bis zum Chiemsee.

Der SalzAlpenWeg von Rosenheim nach Prien ist nicht Teil der Etappen des SalzAlpenSteigs und doch eine wunderbare Einstiegswanderung durch die Kulturlandschaft des Voralpenlands.

▶ Wir starten in **Rosenheim am Bahnhof** 01, gehen über die Bahnhofstraße/Münchener Straße rechts in die Rathausstraße, kommen am Lokschuppen vorbei und biegen links in den Hermann-Gröber-Weg. Am Ende einmal rechts über die **Mangfall** und den **Inn** und anschließend nicht direkt am Inn entlang, sondern halbrechts ein Stück hinauf auf den **Willibaldshöhenweg**.

Um Leiten herum, auf der Brünnsteinstraße parallel zu den Gleisen, bis nach Eichbichl. Entlang des Wäschebachs durchqueren wir in nördlicher Richtung einen Waldstreifen, um gleich darauf südlich wieder zu den Gleisen abzubiegen.

Über Simserfilze und Eitzing gelangen wir durch das **Naturschutzgebiet Große Filzteile** an das Südufer des **Simssees** 02. Gleich bei Ecking kann man beim

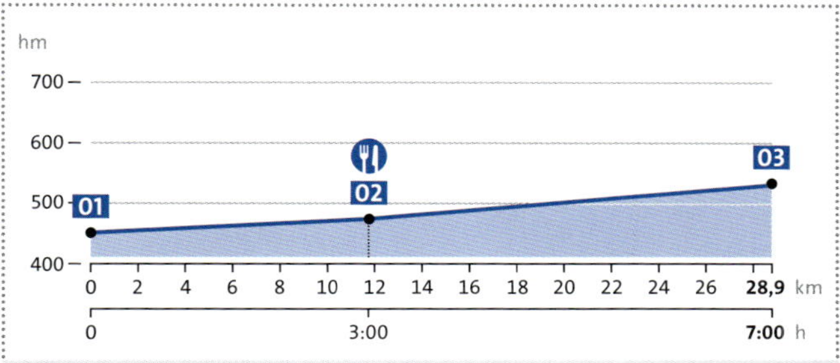

01 Rosenheim, Bahnhof, 447 m; 02 Simssee, 472 m;
03 Prien am Chiemsee, Bahnhof, 530 m

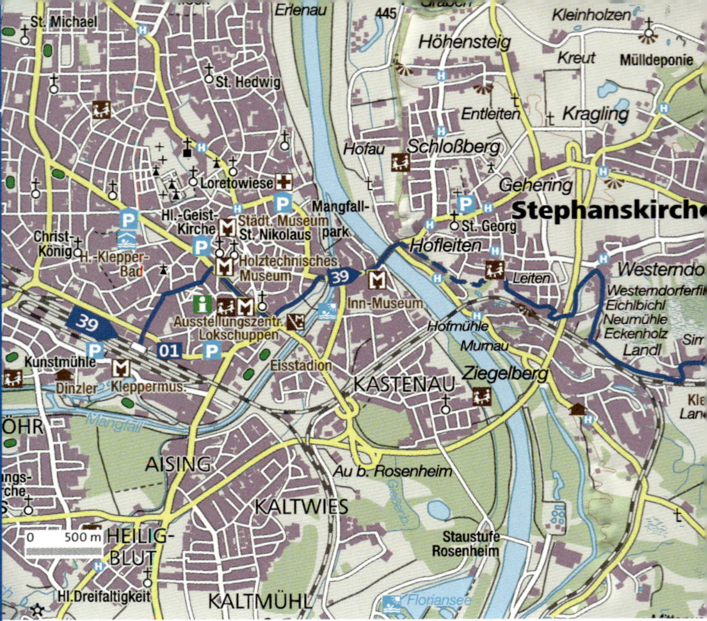

St. Michael
Erlenau
445
Kleinholzen
Höhensteig
Kreut
Mülldeponie
St. Hedwig
Entleiten
Kragling
Hofau
Schloßberg
Gehering
Loretowiese
Mangfall-
park
Stephanskirch
Hl.-Geist-
Kirche
Städt. Museum
St. Nikolaus
St. Georg
Christ-
König
H.-Klepper-
Bad
Hofleiten
Holztechnisches
Museum
39
Inn-Museum
Leiten
Westerndo
Westerndorferfi
Eichlbichl
Neumühle
Eckenholz
Landl
Ausstellungszentr.
Lokschuppen
Hofmühle
Murnau
39
01
Kunstmühle
Eisstadion
Dinzler
Kleppermus.
KASTENAU
Ziegelberg
Mangfall
AISING
Au b. Rosenheim
KALTWIES
0 500 m
HEILIG-
BLUT
Staustufe
Rosenheim
Hl.Dreifaltigkeit
KALTMÜHL
Floriansee

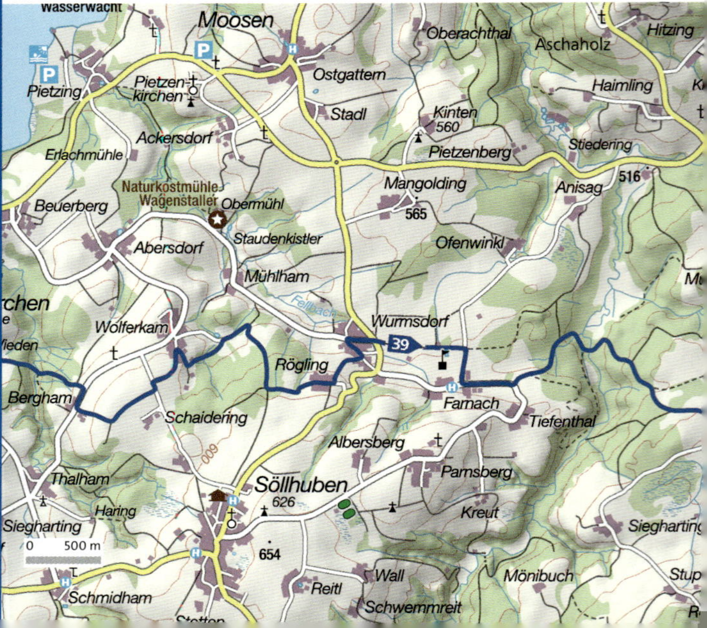

Wasserwacht
Moosen
Oberachthal
Hitzing
Aschaholz
Pietzing
Pietzen-
kirchen
Ostgattern
Haimling
Stadl
Kinten
560
Ackersdorf
Stiedering
Erlachmühle
Pietzenberg
516
Mangolding
Anisag
Naturkostmühle
Wagenstaller
Obermühl
Beuerberg
565
Staudenkistler
Ofenwinkl
Abersdorf
Mühlham
Fellbach
Wolferkam
Wurmsdorf
39
Rögling
Bergham
Farnach
Schaidering
Tiefenthal
Albersberg
Thalham
Parnsberg
Söllhuben
626
Haring
Kreut
Siegharting
Siegharting
0 500 m
654
Schmidham
Reitl
Wall
Mönibuch
Schwemmreit

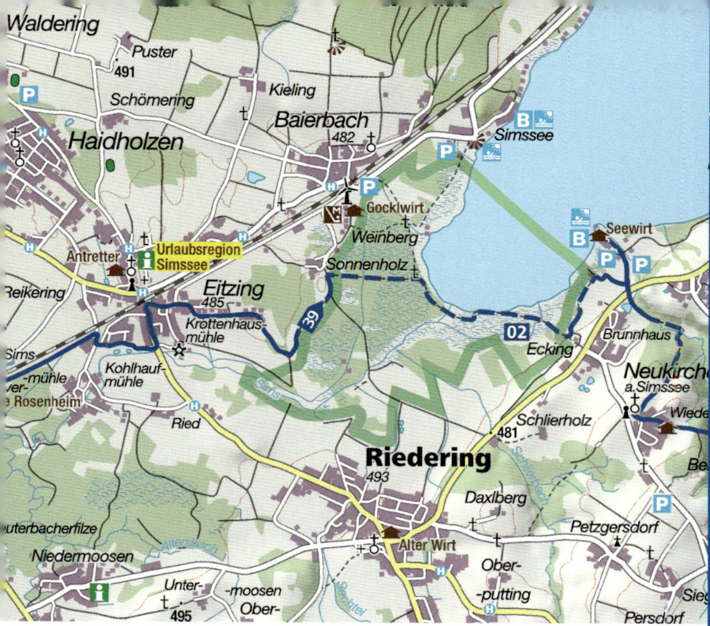

Waldering
Puster
491
Schömering
Kieling
Baierbach
482
Simssee
Haidholzen
Gocklwirt
Weinberg
Seewirt
Antretter
Urlaubsregion Simssee
Sonnenholz
Reikering
Eitzing
485
Krottenhaus-mühle
39
02
Brunnhaus
Ecking
Neukirchen a.Simssee
Sims
-mühle
Kohlhauf-mühle
Rosenheim
Sims
Ried
Schlierholz
481
Riedering
493
Daxlberg
Schillerbach
uterbacherfilze
Petzgersdorf
Niedermoosen
Attersbach
Alter Wirt
Ober-
-putting
Unter-
-moosen
Ober-
495
Persdorf

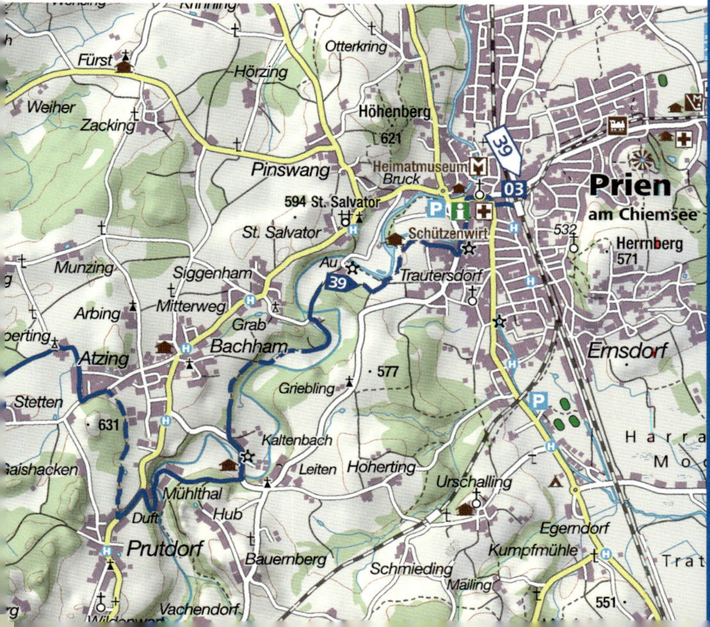

Otterkring
Fürst
Hörzing
Weiher
Zacking
Höhenberg
621
39
Pinswang
Heimatmuseum
Bruck
03
Prien
am Chiemsee
594 St. Salvator
St. Salvator
Schützenwirt
532
Herrnberg
571
Au
39
Trautersdorf
Munzing
Siggenham
Mitterweg
Arbing
Grab
Atzing
Bachham
Ernsdorf
Stetten
Griebling
577
631
Kaltenbach
Harra
Leiten
Hoherting
Urschalling
Mühlthal
Duft
Hub
Egerndorf
Prutdorf
Kumpfmühle
Bauernberg
Schmieding
Mailing
Vachendorf
551

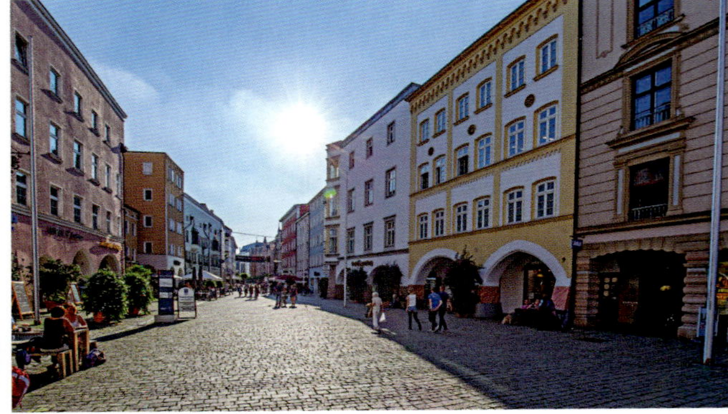
Die Innenstadt von Rosenheim

Seewirt direkt am See eine kleine Pause einlegen und auch Baden gehen.
Vom Simssee Richtung Osten, durch das Bärenholz hindurch, nach Neukirchen, Bergham, Wolferkam und bis nach Wurmsdorf wandern wir über Almwiesen und durch kleine Waldstücke und malerische bayerische Ortschaften. Über die **Thalkirchner Achen** geht es nach Atzing und an die Auen der Prien. Den Fluss mehrere Male kreuzend folgen wir seinem Verlauf, bis wir am Mühlbach rechts nach **Prien am Chiemsee** abbiegen und durch den Ort bis zum **Bahnhof** 03 laufen.

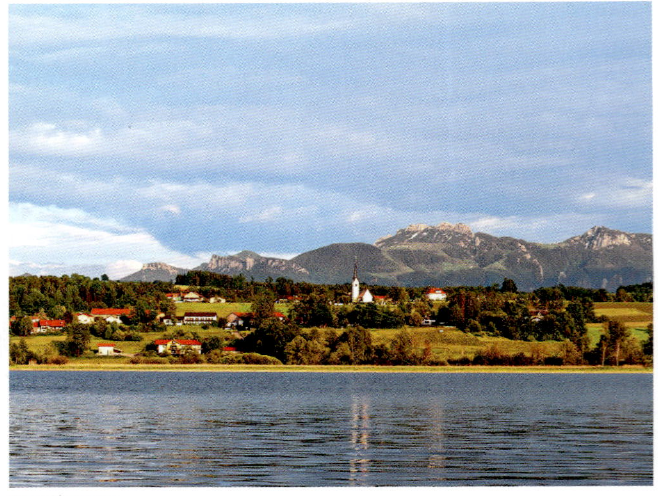
Der Simssee

VON TRAUNSTEIN NACH INZELL

Entlang der „ältesten Pipeline der Welt“

 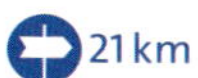 21 km 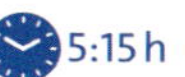 5:15 h 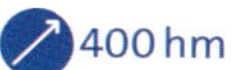 400 hm  264 hm  16

START | Salinenkapelle Traunstein
[GPS: UTM Zone 33 x: 324.210 m y: 5.304.327 m]
CHARAKTER | Leichte, aber längere Wanderung entlang des alten Soleleitungswegs und flussaufwärts der Traun.

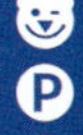

Von Traunstein über Siegsdorf nach Inzell führt dieser SalzAlpen-Weg entlang der „ältesten Pipeline der Welt“ – der Soleleitung, die schon im 17. Jahrhundert gebaut und für den Soletransport von Reichenhall nach Traunstein genutzt wurde.

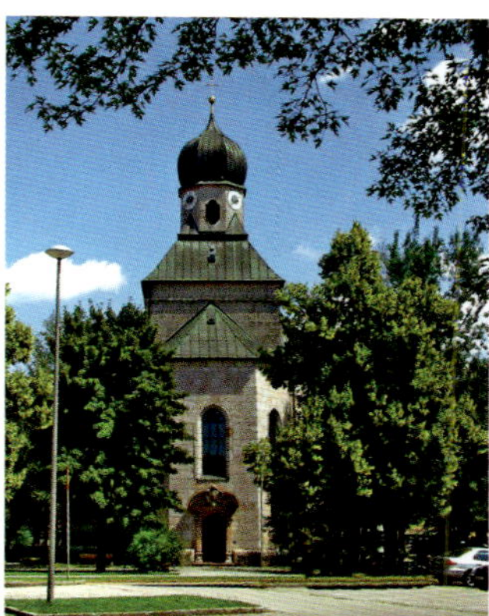

Die Salinenkapelle Traunstein

▶ Der Weg beginnt am großen Parkplatz an der **Salinenkapelle in Traunstein** 01. Richtung Süden durch den Ort überqueren wir die Salinenstraße und marschieren auf dem Triftweg bis ans Ufer der Traun. In gleicher Richtung weiter folgen wir eine ganze Weile, auf dem Weg der alten Soleleitung,

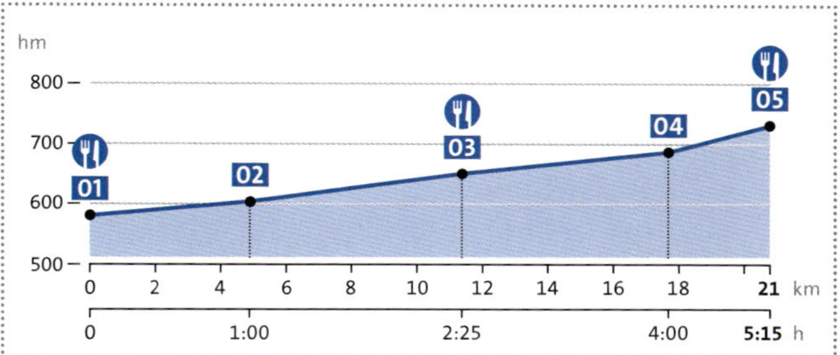

01 Salinenkapelle Traunstein, 582 m; 02 Überquerung Weiße Traun, Wernleiten, 601 m; 03 Der Hammerwirt, 650 m; 04 Tourist-Information Inzell, 690 m; 05 Cafe Zwing, 732 m

ihrem Verlauf. Zwischen Bahngleisen und Wasser wandern wir, bis sich der Fluss bei Siegsdorf in die Weiße und die Rote Traun teilt.
Wir **überqueren die Weiße Traun** 02 und die B306, halten uns gleich rechts und laufen unter der A8 hindurch. Weiter auf dem **Soleleitungsweg** geht es ostwärts zur Roten Traun und ihrem Verlauf folgend bis nach Unterheutau. Auf der Heutauer Straße geht es über eine Brücke und auf dem Brunnweg durch die Auen der Roten Traun bis nach Hammer. Hier kann man beim **Hammerwirt** 03 eine

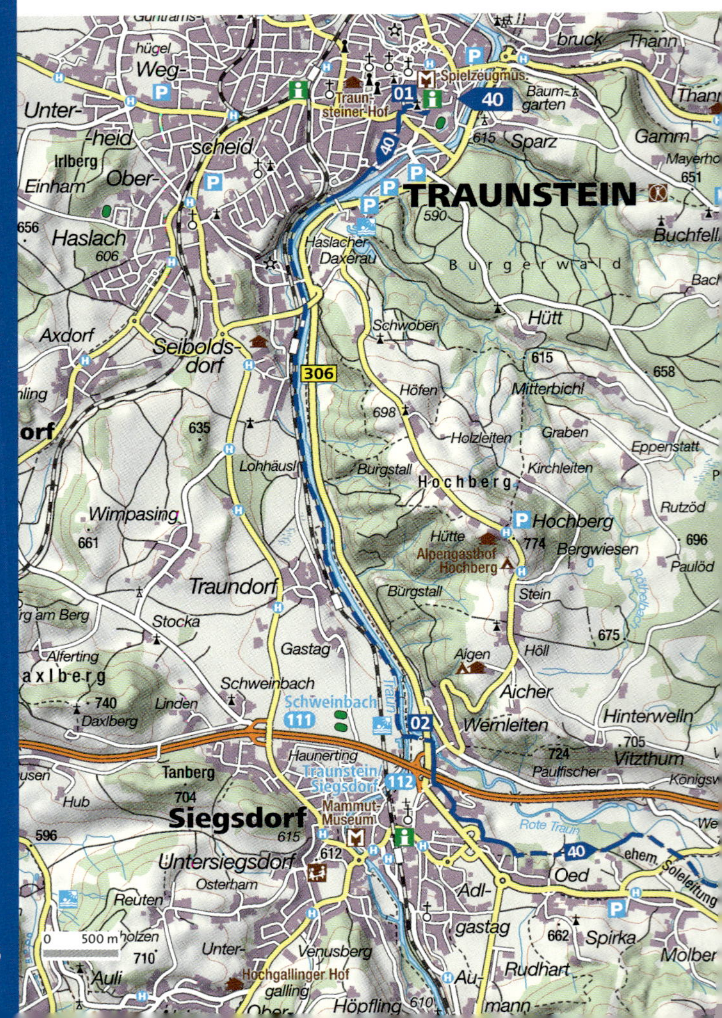

Pause einlegen. Wir unterqueren die B306 und wandern gemütlich immer dem Soleleitungsweg und der Roten Traun flussaufwärts folgend bis nach **Inzell** **04** hinein. Rechts auf die Traunsteiner Straße verlassen wir die Rote Traun. Wir queren ein weiteres Mal die B 306 und biegen auf der Schulstraße nordwärts Richtung **Zwingsee** und Eisstadion ab.

Wir umrunden halb den **Falkenstein** (1181 m) und gelangen, parallel zur B306 und am Waldrand entlang, zu unserem heutigen Ziel dem **Café Zwing** **05**.

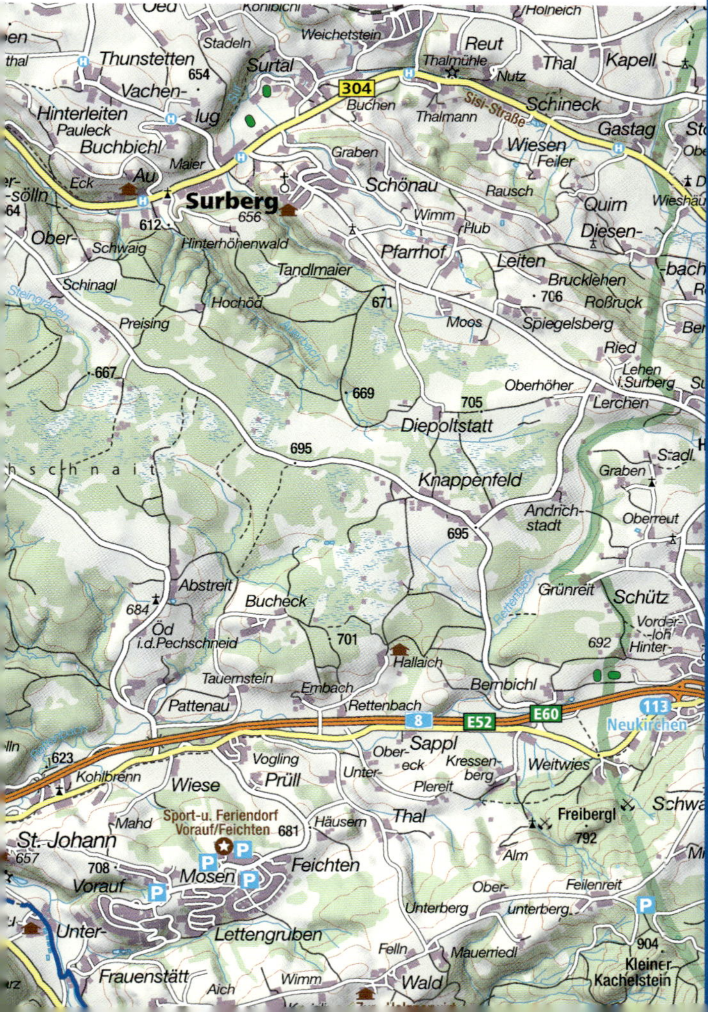

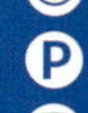

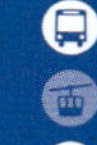

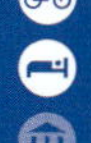

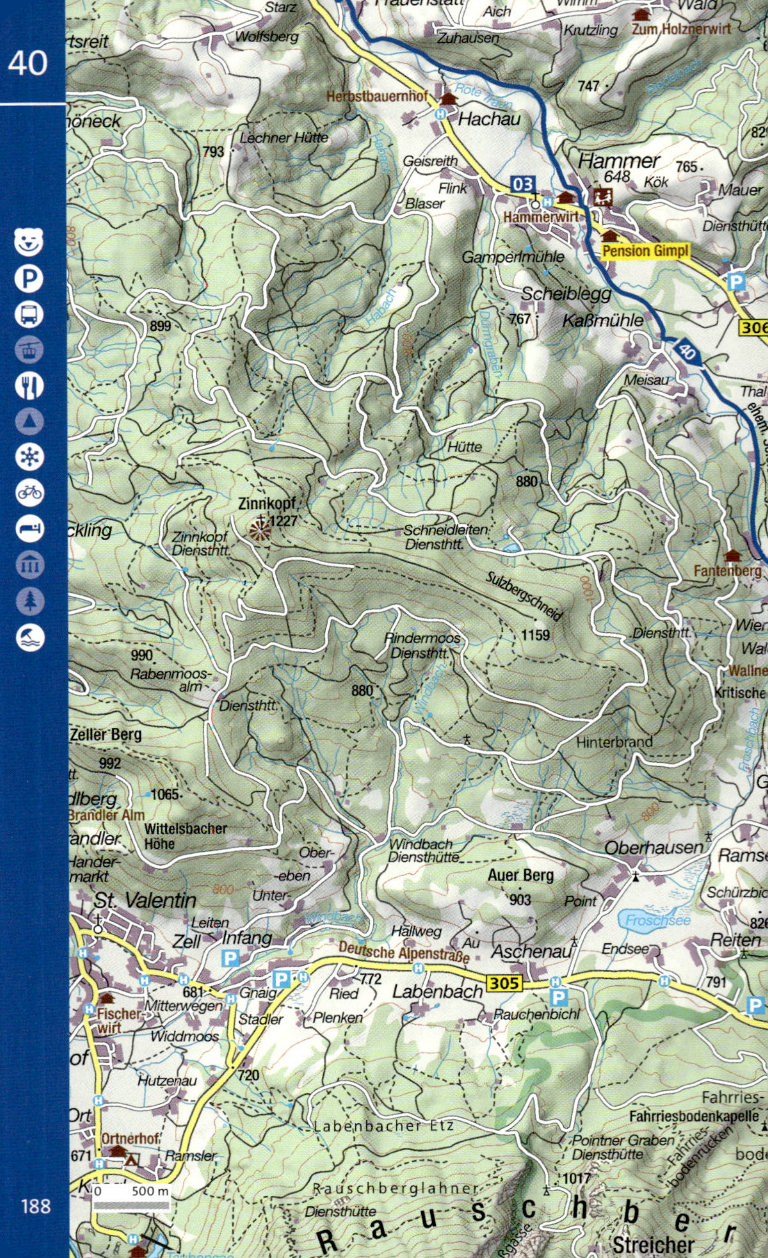
Frauenstatt
Aich
Wimm
Wald
Starz
Wolfsberg
Zuhausen
Krutzling
Zum Holznerwirt
Herbstbauernhof
Rote Traun
747
Hachau
Lechner Hütte
793
Geisreith
Hammer
648
765
Kök
Flink
03
Blaser
Hammerwirt
Mauer
Pension Gimpl
Gamperlmühle
Scheiblegg
899
767
Kaßmühle
306
Habach
Dürrgraben
40
Meisau
Thal
Hütte
880
Zinnkopf
1227
Zinnkopf Diensthtt.
Schneidleiten Diensthtt.
Fantenberg
Sulzbergschneid
Rindermoos Diensthtt.
1159
Diensthtt.
990
Rabenmoos-alm
Diensthtt.
880
Windbach
Kritische
Zeller Berg
992
Hinterbrand
1065
Brandler Alm
Wittelsbacher Höhe
Ober-
Windbach Diensthütte
Oberhausen
-eben
Auer Berg
903
Point
St. Valentin
Unter-
Leiten
Froschsee
Zell
Infang
Hallweg
Au
Aschenau
Endsee
Reiten
Deutsche Alpenstraße
681
Gnaig
772
Ried
Labenbach
305
791
Fischer-wirt
Mitterwegen
Stadler
Plenken
Rauchenbichl
Widdmoos
720
Hutzenau
Fahrries-
Fahrriesbodenkapelle
Labenbacher Etz
Ortnerhof
671
Ramsler
Pointner Graben Diensthütte
1017
0
500 m
Rauschberglahner Diensthütte
Rauschberg
Streicher
Taubensee

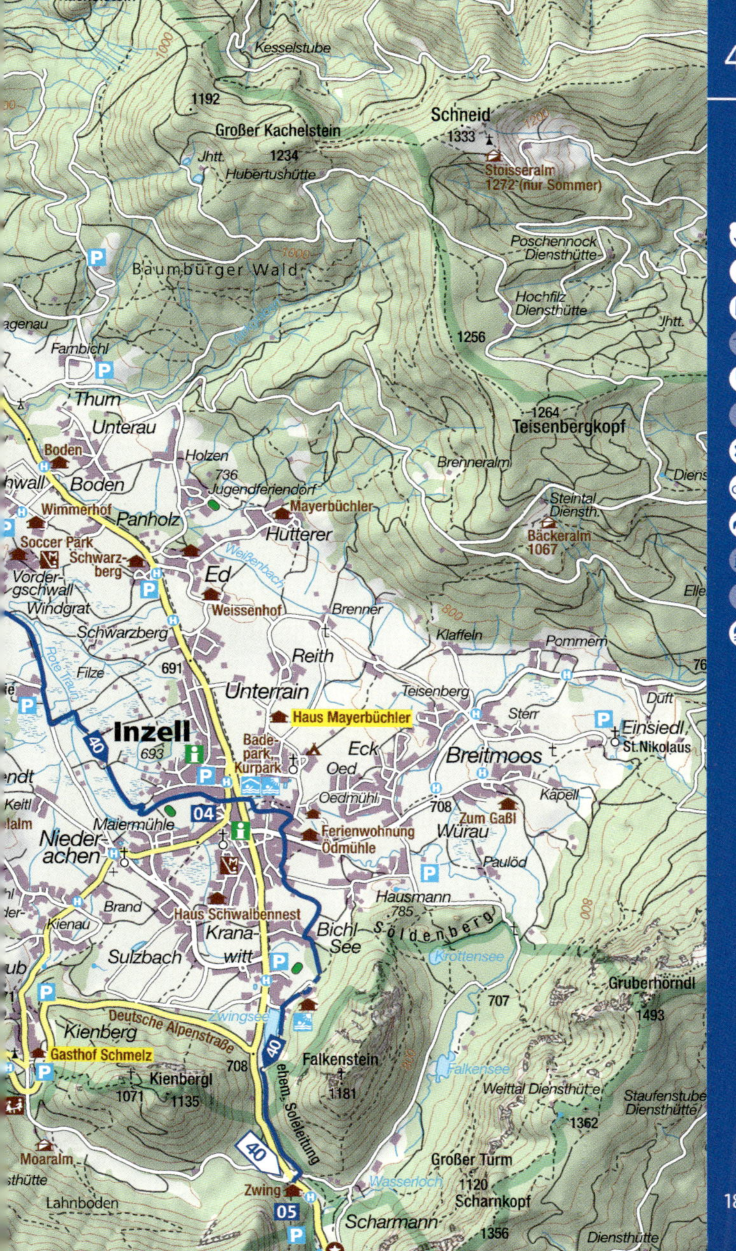

Kachelstein
Kesselstube
1192
Großer Kachelstein
1234
Jhtt.
Hubertushütte
Schneid
1333
Stoisseralm
1272 (nur Sommer)
Baumburger Wald
Poschennock Diensthütte
Hochfilz Diensthütte
Jhtt.
Fambichl
1256
Thurn
Unterau
1264
Teisenbergkopf
Boden
Holzen
Brenneralm
Boden
736
Jugendferiendorf
Wimmerhof
Panholz
Mayerbüchler
Steintal Diensth.
Soccer Park
Hutterer
Bäckeralm
1067
Schwarzberg
Ed
Weißenbach
Vordergschwall
Windgrat
Weissenhof
Brenner
Schwarzberg
Klaffeln
Pommern
Reith
Filze
691
Rote Traun
Unterrain
Teisenberg
Duft
Haus Mayerbüchler
Sterr
Einsiedl
St.Nikolaus
Inzell
Badepark
Kurpark
Eck
Breitmoos
693
Oed
Kapell
Oedmühl
708
Zum Gaßl
04
Maiermühle
Ferienwohnung Ödmühle
Würau
Niederachen
Paulöd
Brand
Hausmann
785
Kienau
Haus Schwalbennest
Kranawitt
Bichl
See
Söldenberg
Krottensee
Sulzbach
Gruberhörndl
Zwingsee
707
1493
Kienberg
Deutsche Alpenstraße
Gasthof Schmelz
40
708
Falkenstein
Falkensee
Kienbergl
1071
1135
1181
ehem. Soleleitung
Weittal Diensthütte
Staufenstube Diensthütte
1362
Moaralm
Großer Turm
1120
Scharnkopf
Lahnboden
Zwing
Wasserloch
05
Scharmann
1356
Diensthütte

Museen
In zahlreichen Museen, Schlössern, Burgen und Kirchen entlang des SalzAlpenSteigs kann man durch die Zeit reisen und zumindest für einen Moment zu den Ursprüngen zurückkehren. Ob es die Geschichte des Salztransports zu verstehen gilt oder man sich im Schloss von der Romantik bis ins Rokoko verläuft, es gibt in der Region auch außerhalb der Wanderwege Zahlreiches zu entdecken. Und das auch unterirdisch: Geführte Touren durch ein Stollensystem unter Tage faszinieren Jung und Alt gleichermaßen.
Zum Beispiel:
- das **Keltenmuseum in Hallein**
  www.keltenmuseum.at
- das **Königliche Schloss Berchtesgaden**
  www.schloss-berchtesgaden.de
- **Museum Salz & Moor**
  www.grassau.de/de/klaushaeusl

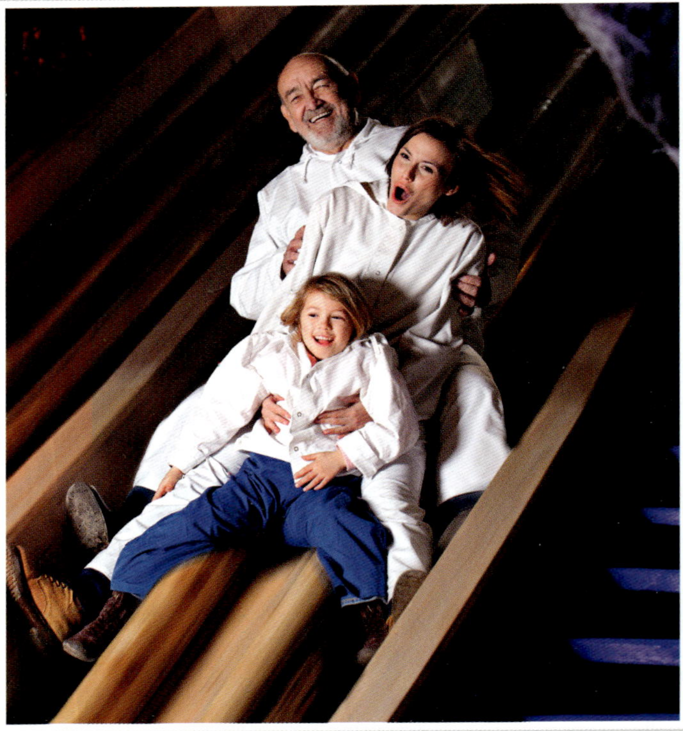

Familienspaß im Salzbergwerk

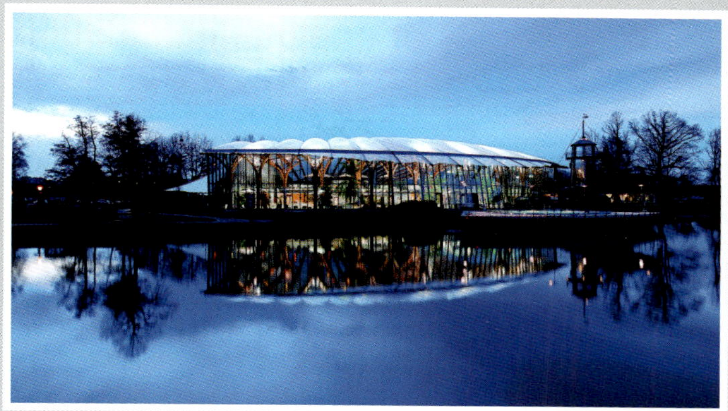

Das PRIENAVERA Erlebnisbad

- die **Fraueninsel im Chiemsee mit Kloster Frauenwörth**
  www.frauenwoerth.de
- das **Schloss Herrenchiemsee**
  www.herrenchiemsee.de
- **die Faszination Salzwelten – Glück auf!**
  Salzwelten-Hallein, -Hallstatt, -Altaussee
  www.salzwelten.at oder
  das **Salzbergwerk Berchtesgaden**
  www.salzbergwerk.de
- die **Alte Saline Bad Reichenhall**
  www.alte-saline.de
- **Burg Museum Golling**
  www.burg-golling/museum
- das **Höhlenmuseum in Obertraun**
  www.ooemuseumsverbund.at
- das **Erlebnismuseum Anzenaumühle**
  www.anzenaumuehle.at
- **Museum Hallstatt**
  www.museum-hallstatt.at
- **Museum Schloss Adelsheim**
  www.museum-schloss-adelsheim.de

Höhlen

Hat man genug vom Sonnenlicht und will die unendlichen Weiten im Inneren eines Bergs erkunden, sollte man an einer Führung durch die unterirdischen Gänge und Räume des Bergmassivs teilnehmen.
Zum Beispiel:

- die **Schellenberger Eishöhle** bei Berchtesgaden
  www.eishoehle.net
- die **Eishöhle**
- die **Koppenbrüllerhöhle** oder
- die **Mammuthöhle** am Dachsteinmassiv
  www.dachstein-salzkammergut.com/sommer/unterirdisch/dachstein-eishoehle

Sonstiger Freizeitspaß für Groß und Klein

Mit einer Sommerrodelbahn ins Tal, im Urzeitwald auf den Spuren der Dinos, mit dem Bike über Rampen oder mit dem Schiff übers Wasser – es wird mit Sicherheit nicht langweilig.
Zum Beispiel:

- die **Sommerrodelbahnen Keltenblitz** am Dürrnberg und Karkogel bei Abtenau
- der **Familienpark Urzeitwald** bei Gosau für die ganze Familie
- der **Bikepark Samerberg** www.bikepark-samerberg.de
- der **Kletterwald Prien** www.kletterwald-prien.de
- die **Königssee-Schifffahrt** www.seenschifffahrt.de
- die **Chiemsee-Schifffahrt** www.chiemsee-schifffahrt.de
- **Bergwalderlebnisweg Staffen in Marquartstein** – Spiel, Spaß und Erholung an rund 20 Stationen www.bergwalderlebnisweg.de
- **Märchen-Erlebnispark Marquartstein**, www.maerchenpark.de
- **Erlebnisschlucht Salzachöfen** – einzigartiges Naturprojekt mit geführter Tour und Flying Fox www.erlebnisschlucht.at
- **Bio-Hofkäserei Fürstenhof** www.fuerstenhof.co.at/

Wellness

Nach einem anstrengenden Wandertag ist ein entspannter Abend in einer Thermenlandschaft eingerahmt von einer prächtigen Berglandschaft der perfekte Abschluss. Für Jung und Alt bietet jede Region einen ganz eigenen erholsamen Abschluss.
Zum Beispiel:

- das **Spa und Familien Resort Rupertus Therme Bad Reichenhall** www.rupertustherme.de
- die familienfreundliche **Watzmann Therme**, www.watzmann-therme.de
- das **Aqua Salza in Golling** www.aqua-salza.at/aqua-salza/
- das **PRIENAVERA Erlebnisbad** am Chiemsee, www.prienavera.de

AUSFLUGSZIELE

Abtenau .... **Plz A-5441, Tel. +43 (0) 6243**
Karkogel Abtenau, Au 99, Tel. 2432, info@karkogel.com, www.karkogel.com

Annaberg-Lungötz .... **Plz A-5524, Tel. +43 (0) 6463**
Heufigurenweg, Annaberg 215, Tel. 8690, info@annaberg-lungoetz.com, www.annaberg-lungoetz.com

Bad Dürrnberg .... **Plz A-5422, Tel. +43 (0) 6245**
Keltenblitz – Zinkenlifte, Weißenwäschweg 19, Tel. 85105, info@duerrnberg.at, www.duerrnberg.at
Salzwelten Hallein-Bad Dürrnberg, Ramsaustr. 3, Tel. +43 (0) 6132 2008511, hallein@salzwelten.at, www.salzwelten.at

Bad Reichenhall .... **Plz D-83435, Tel. +49 (0) 8651**
Alte Saline, Alte Saline 9, Tel. 7002-143, info@alte-saline-bad-reichenhall.de, www.alte-saline.de
Predigtstuhlbahn, Südtiroler Platz 1, Tel. 2127, info@predigtstuhlbahn.de, www.predigtstuhlbahn.de
RupertusTherme, Friedrich-Ebert-Allee 21, Tel. 76220, info@rupertustherme.de, www.rupertustherme.de

Berchtesgaden .... **Plz D-83471, Tel. +49 (0) 8652**
Heilstollen Berchtesgaden, Bergwerkstr. 85, Tel. 979 535, info@salzheilstollen.com, www.salzheilstollen.com
Roßfeldpanorama Straße, Roßfeldstr. 17, Tel. 0861/57410, info@rossfeldpanoramastrasse.de, www.rossfeldpanoramastrasse.de
Salzbergwerk Berchtesgaden-SalzZeitReise, Bergwerkstr. 83, Tel. 6002-0, info@salzbergwerk.de, www.salzbergwerk.de
Watzmann Therme, Bergwerkstr. 54, Tel. 9464-0, info@watzmann-therme.de, www.watzmann-therme.de

Golling .... **Plz A-5440, Tel. +43 (0) 6244**
Aqua Salza, Möslstr. 199, Tel. 20040-0, info@aqua-salza.at, www.aqua-salza.at
Erlebnisschlucht Salzachöfen, Markt 51, Tel. 4356, office@golling.info, www.golling.info
Gollinger Wasserfall, Markt 51, Tel. 4356, office@golling.info, www.golling.info

Gosau .... **Plz A-4824, Tel. +43 (0) 6136**
Gosaukammbahn, Gosauseestraße 52, Tel. +43 (5) 0140, info@dachstein.at, www.dachstein.at

Grassau .... **Plz D-83224, Tel. +49 (0) 8641**
Museum Salz & Moor, Klaushäusl 11, Tel. 5467, www.grassau.de

Hallein .... **Plz A-5400, Tel. +43 (0) 6245**
Keltenmuseum, Pflegerplatz 5, Tel. 80783, keltenmuseum@keltenmuseum.at, www.keltenmuseum.at

Hallstatt .... **Plz A-4830, Tel. +43 (0) 6132**
Salzwelten Hallstatt, Salzbergstraße 21, Tel. 2002400, info@salzwelten.at, www.salzwelten.at

Kuchl .... **Plz A-5431, Tel. +43 (0) 6131**
Museum Kuchl, Markt 24c, Tel. 568, museum-kuchl@aon.at, www.cucullis.at

Obertraun .... **Plz A-4831, Tel. +43 (0) 6131**
Dachstein Krippenstein Seilbahn, Winkl 34, Tel. +43 (5) 0140, info@dachstein-salzkammergut.com, www.dachstein-salzkammergut.com

Prien am Chiemsee .... **Plz D-83209, Tel. +49 (0) 8051**
PRIENAVERA Erlebnisbad, Seestr. 120, Tel. 609570, info@prienavera.de, www.prienavera.de

Rußbach .... **Plz A-5442, Tel. +43 (0) 6242**
Brunos Bergwelt, Schattau 90, Tel. 440, russbach@dachsteinwest.at, www.dachsteinwest.at

Scheffau am Tennengebirge .... **Plz A-5440, Tel. +43 (0) 6244**
Lammerklamm/Mühlenrundweg, Scheffau 50, Tel. 844220, info@scheffau.salzburg.at, www.lammerklamm.at

Schönau am Königssee .... **Plz D-83471, Tel. +49 (0) 8652**
Jennerbahn – Berchtesgadener Bergbahn AG, Jennerbahnstr. 18, Tel. 95810, info@jennerbahn.de, www.jennerbahn.de

Stephanskirchen .... **Plz D-83071, Tel. +49 (0) 8036**
Urlaubsregion Simssee, Schömeringer Straße 16, Tel. 615, info@simssee.org, www.simssee.org

GASTGEBER UND UNTERKÜNFTE

Wer den SalzAlpenSteig und die SalzAlpenTouren besucht, der ist gut umsorgt! Es gibt entlang und in unmittelbarer Nähe der Etappen und Touren eine Vielzahl an Übernachtungsmöglichkeiten. Die aktuellen SalzAlpenGastgeber finden Sie unter http://www.salzalpensteig.com/unterkuenfte.html. Diese Betriebe sind Partner des SalzAlpenSteigs und haben sich daher verpflichtet, einen Kriterienkatalog zu erfüllen, sodass Premiumwandergenuss nicht nur unterwegs, sondern auch bei der nächtlichen Rast gewährleistet ist. Auf der Kompass-Karte und im Kompass-Wanderführer sind die SalzAlpenGastgeber gelb hinterlegt.

Landhotel Salzburger Dolomitenhof* (€€)**
Steuer 13, 5524 Annaberg, b. Salzburg
☎ (06463) 8139, Fax DW 39
info@dolomitenhof.at, www.dolomitenhof.at
Bei uns im Lammertal kommen Wanderurlauber voll auf Ihre Kosten! Im Lammertal und Tennengau gibt es über 300 markierte Wanderwege.

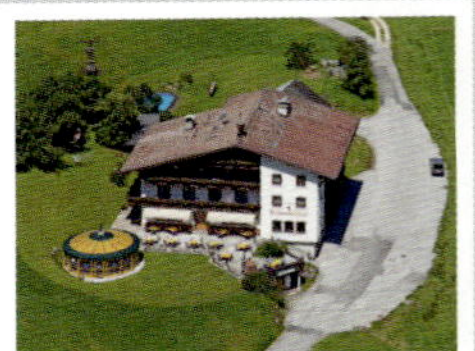

Hotel-Pension Golingen* (€€)**
Markt 53, 5440 Golling, ☎ (06244) 4381-0
info@golingen.at, www.golingen.at
Komplett renoviertes Haus mitten im Ortszentrum von Golling – direkt am Salzalpensteig mit Wellness, Bio-Frühstück vom Buffet und Entspannungspark direkt hinter dem Hotel.

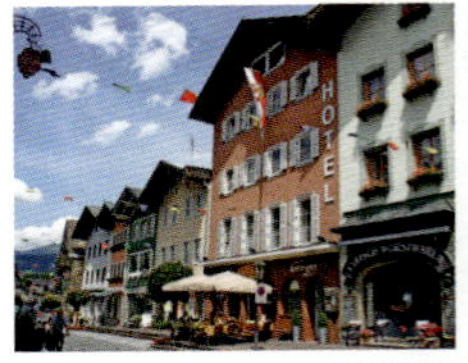

Mauthäusl* (€€€)**
Mauthäusl 1, 83458 Schneizlreuth
☎ (08665) 9860-0, info@hotel-mauthaeusl.de
www.hotel-mauthaeusl.de
Schönes, familiär geführtes Landhotel mit Wellnessbereich, Sauna und Dampfbad. Regionale und frische Vitalküche. Sonnenterrasse, Komfortzimmer.

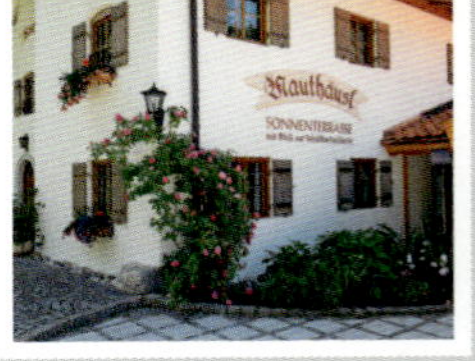

Gerne erstellen Ihnen auch die Tourist-Informationen in der SalzAlpenSteig-Region individuelle Übernachtungsangebote:

TOURISMUS-ZENTRALEN

Chiemsee-Alpenland Tourismus
Felden 10
D-83233 Bernau am Chiemsee
Tel. +49 (0) 8051/96555-0
Fax +49 (0) 8051/96555-30
info@chiemsee-alpenland.de
www.chiemsee-alpenland.de

Chiemgau Tourismus e.V.
Haslacher Str. 30
D-83278 Traunstein
Tel. +49 (0) 861/909590-0
info@chiemgau-tourismus.de
www.chiemgau-tourismus.de

Bad Reichenhall
Wittelsbacherstr. 15
D-83435 Bad Reichenhall
Tel. +49 (0) 8651/6060
info@bad-reichenhall.de
www.bad-reichenhall.de

Tourismusregion Berchtesgaden-Königssee
Königsseer Straße 2
D-83471 Berchtesgaden
Tel. +49 (0) 8652/967-0
info@berchtesgaden.com

Gästeservice Tennengau
Mauttorpromenade 8
A-5400 Hallein
Tel. +43 (0) 6245/70050
Fax +43 (0) 6245/70050-70
info@tennengau.com
www.tennengau.com

Ferienregion Dachstein Salzkammergut
Kirchengasse 4, A-4822 Bad Goisern am Hallstättersee
Tel. +43 (0) 595095
info@dachstein-salzkammergut.at, www.dachstein-salzkammergut.at

TOURIST-INFORMATIONEN

Abtenau
Tourismusbüro Abtenau
Markt 165, A-5441 Abtenau
Tel. +43 (0) 6243/4040
ferien@abtenau-info.at
www.abtenau-info.at

Annaberg
Tourismusbüro Annaberg-Lungötz
Nr. 125, A-5524 Annaberg
Tel. +43 (0) 6463/8690
info@annaberg-lungoetz.com
www.annaberg-lungoetz.com

Aschau i. Chiemgau
Tourist-Info Aschau i. Chiemgau
Kampenwandstr. 38
D-83229 Aschau i. Chiemgau
Tel. +49 (0) 8052/90490
Fax +49 (0) 8052/904945
info@aschau.de
www.aschau.de

Bad Goisern
Kirchengasse 4
A-4822 Bad Goisern am Hallstättersee
Tel. +43 (0) 5 95095 10
goisern@dachstein-salzkammergut.at
www.dachstein-salzkammergut.at

Bad Reichenhall
Wittelsbacherstr. 15
D-83435 Bad Reichenhall
Tel. +49 (0) 8651/6060
info@bad-reichenhall.de
www.bad-reichenhall.de

Bayerisch Gmain
Grossgmainer Str. 12,
D-83457 Bayerisch Gmain
Tel. +49 (0) 8651/6060
info@bad-reichenhall.de
www.bad-reichenhall.de

Berchtesgaden
Tourist-Information Berchtesgaden
Maximilianstr. 9
D-83471 Berchtesgaden
Tel. +49 (0) 8652/9445-300
tourist-info@berchtesgaden.de

Berchtesgaden-Oberau
Roßfeldstr. 22, D-83471 Berchtesgaden-Oberau
Tel. +49 (0) 8652/964960
info-oberau@berchtesgaden.de

Bergen
Tourist-Information Bergen
Raiffeisenplatz 4
D-83346 Bergen
Tel. +49 (0) 8662/8321
tourismus@bergen-chiemgau.de
www.bergen-chiemgau.de

Bernau am Chiemsee
Tourist-Info Bernau am Chiemsee
Aschauer Str. 10, D-83233 Bernau am Chiemsee
Tel. +49 (0) 8051/9868-0
Fax +49 (0) 8051/9868-50
info@bernau-am-chiemsee.de
www.bernau-am-chiemsee.de

Bischofswiesen
Tourist-Information Bischofswiesen
Hauptstraße 40
D-83483 Bischofswiesen
Tel. +49 (0) 8652/97722-0
info@bischofswiesen.de

Frasdorf
Tourist-Info Frasdorf
Hauptstr. 32, D-83112 Frasdorf
Tel. +49 (0) 8052/179625
Fax +49 (0) 8052/179628
info@frasdorf.de
www.frasdorf.de

Grassau
Tourist-Information Grassau
Kirchplatz 3, D-83224 Grassau
Tel. +49 (0) 8641/697960
hallo@grassau.info
www.grassau.de

Golling
Tourismusbüro Golling
Markt 51, A-5440 Golling
Tel. +43 (0) 6244/4356
office@golling.info
www.golling.info

Gosau
Tourismusbüro Gosau
Tel. +43 (0) 5 95095 20
gosau@dachstein-salzkammergut.at
www.dachstein-salzkammergut.at

Hallein – Bad Dürrnberg
Tourismusbüro Hallein-Bad Dürrnberg
Mauttorpromenade 6
A-5400 Hallein
Tel. +43 (0) 6245/85394
office@hallein.com
www.hallein.com

Hallstatt
Tourismusinformation Hallstatt
Tel. +43 (0) 5 95095 30
hallstatt@dachstein-salzkammergut.at
www.dachstein-salzkammergut.at

Inzell
Inzeller Touristik GmbH
Rathausplatz 5, D-83334 Inzell
Tel. +49 (0) 8665/9885-0
info@inzell.de
www.inzell.de

Königssee
Tourist-Information am Parkplatz Königssee
Seestraße 3, D-83471 Schönau a. Königssee
Tel. +49 (0) 8652/65598-0
mail@koenigssee.com

Kuchl
Tourismusbüro Kuchl
Markt 25, A-5431 Kuchl
Tel. +43 (0) 6244/6227
info@kuchl.org
www.kuchl.org

Marktschellenberg
Tourist-Information Marktschellenberg
Salzburger Straße 2
D-83487 Marktschellenberg
Tel. +49 (0) 8650/988830
touristinfo@marktschellenberg.de

Marquartstein
Tourist-Information Marquartstein
Rathausplatz 1
D-83250 Marquartstein
Tel. +49 (0) 8641/699558
info@marquartstein.de
www.marquartstein.de

Neubeuern
Gästeinformation Neubeuern
Marktplatz 4
D-83115 Neubeuern
Tel. +49 (0) 8035/2165
Fax +49 (0) 8035/876200
info@neubeuern.de
www.neubeuern.de

Nußdorf am Inn
Verkehrsamt Nußdorf a.Inn
Brannenburger Str. 10
D-83131 Nußdorf a. Inn
Tel. +49 (0) 8034/9079-20
Fax +49 (0) 8034/9079-21
verkehrsamt@nussdorf.de

Obertraun
Tourismusbüro Obertraun
Tel. +43 (0) 5 95095 40
obertraun@dachstein-salzkammergut.at
www.dachstein-salzkammergut.at

Prien am Chiemsee
Kur- und Tourismusbüro Prien am Chiemsee
Alte Rathausstraße 11
D-83209 Prien am Chiemsee
Tel. +49 (0) 8051/6905-0
Fax +49 (0) 8051/6905-40
info@tourismus.prien.de
www.tourismus.prien.de

Ramsau
Tourist-Information Ramsau
Im Tal 2, D-83486 Ramsau
Tel. +49 (0) 8657/9889-20
info@ramsau.de

Rohrdorf
Gemeinde Rohrdorf
St.-Jakobus-Platz 2
D-83101 Rohrdorf
Tel. +49 (0) 8032/95640
Fax +49 (0) 8032/956450
info@rohrdorf.de
www.rohrdorf.de

Rosenheim
Tourist-Info Rosenheim im Kultur + Kongress Zentrum
Kufsteiner Straße 4
D-83022 Rosenheim
Telefon +49 (0) 8031/3659061
Fax +49 (0) 8031/3659060
touristinfo@vkr-rosenheim.de
www.touristinfo-rosenheim.de

Ruhpolding
Tourist-Information Ruhpolding
Hauptstr. 60
D-83324 Ruhpolding
Tel. +49 (0) 8663/8806-0
tourismus@ruhpolding.de
www.ruhpolding.de

Rußbach am Pass Gschütt
Tourismusbüro Rußbach
Saag 22, A-5442 Rußbach
Tel. +43 (0) 6242/577
office@russbach.info
www.russbach.info

Samerberg
Gäste-Information
Dorfplatz 3
D-83122 Samerberg
Tel. +49 (0) 8032/8606
Fax +49 (0) 8032/989419

Scheffau am Tennengebirge
Tourismusbüro Scheffau
Nr. 50, A-5440 Scheffau
Tel. +43 (0) 6244/8442-20
info@scheffau.salzburg.at
www.scheffau.salzburg.at
www.lammerklamm.at

Schönau a. Königssee
Tourist-Information im Haus des Gastes
Rathausplatz 1, D-83471 Schönau a. Königssee
Tel. +49 (0) 8652/1760
tourismus@koenigssee.com

Siegsdorf
Tourist-Information Siegsdorf
Rathausplatz 2
D-83313 Siegsdorf
Tel. +49 (0) 8662/498745
info@siegsdorf.de
www.siegsdorf.de

Simssee – Urlaubsregion
Schömeringer Straße 16
D-83071 Stephanskirchen am Simssee
Tel. +49 (0) 8036/615
Fax +49 (0) 8036/303866
info@simssee.org
www.simssee.org

Traunstein
Tourist-Information Traunstein
Stadtplatz 39
D-83278 Traunstein
Tel. +49 (0) 861/65500
touristinfo@stadt-traunstein.de
www.traunstein.de

Ihre Info-Hotline:

Telefon: 0049 / 86 52 / 69 05 49
Email: info@salzalpensteig.com

Service am SalzAlpenSteig

Gepäcktransport für SalzAlpenSteig-Wanderer ...
... die gerne ohne schweren Rucksack Etappen wandern möchten. Sie können den Gepäcktransport bis 10 Tage vor Reiseantritt über Kooperationspartner buchen.
Bitte senden Sie uns hierzu eine E-Mail an: gepaecktransport@salzalpensteig.com , mit der Angabe wieviele Gepäcksstücke (ca. Gewicht) Sie gerne transportiert hätten und jeweils mit Datum, Abholort und Zielort
Sie erhalten dann hierzu ein entsprechendes Angebot!

Stempelpass

Holen Sie sich Ihren SalzAlpenSteig-Wander-Stempelpass!
Sie bekommen den Pass bei allen Touristinfos oder Partnerbetriebe am Steig. Gerne können Sie den Stempelpass auch beim SalzAlpenSteig-Team bestellen unter: info@salzalpensteig.com oder per Tel. 0049-8652-690549. Wir senden Ihnen den Pass per Post zu.
Mit 10 oder 18 verschiedenen Etappen erhalten Sie ein kleines Geschenk. Legen Sie bitte hierzu den Stempelpass in einer der Tourist-Infos am Etappenziel vor und füllen Ihre Adresse aus. Außerhalb der Öffnungszeiten können Sie am Schild „Etappenziel" den Code für die jeweilige Etappe ablesen und eintragen.
Eine Kopie (Foto) Ihres ausgefüllten Stempelpasses lassen Sie uns bitte per E-Mail (info@salzalpensteig.com) oder per Post zukommen: SalzAlpenSteig-Team, Schlossplatz 8, D-83471 Berchtesgaden

REGISTER

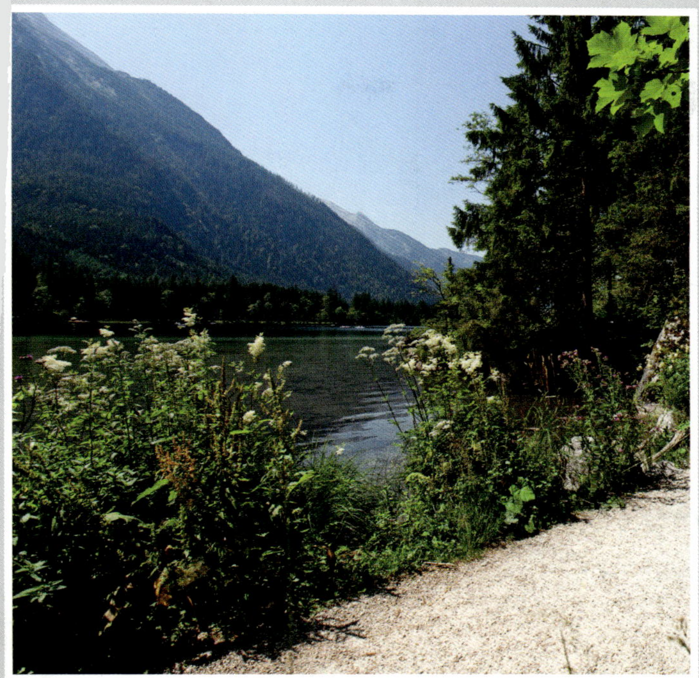

Hintersee bei Ramsau

IMPRESSUM

© KOMPASS-Karten, A-6020 Innsbruck (23.01)
1. Auflage 2023 Verlagsnummer 5431 ISBN 978-3-99121-631-5

Text und Fotos (soweit nicht anders angegeben): Geraldine Fella

Titelbild: Kirche St. Sebastian in Ramsau
(©bankerwin - stock.adobe.com)

Bildnachweis: S. 175 oben, 180 © Viorel Munteanu; S. 12, 24, 111, 112/113, 184 © Chiemsee-Alpenland Tourismus GmbH & Co. KG; S. 13, 30/31, 36, 128/129 © Chiemgau Tourismus e. V., Thomas Kujat; S. 14 unten © Tourismusverband Golling; S. 15 © Tourismusverband Inneres Salzkammergut; S. 20/21 © www.MirjaGeh.com; S. 26/27, 34, 37, 42 © Chiemgau Tourismus e. V., Michael Namberger; S. 44/45, 48, 49, 51, 54 oben, 57 oben, 61, 67, 70, 80 oben, 85, 90 unten, 105, 109, 112 unten, 125, 132 unten, 146, 166 unten, 180 © SalzAlpenSteig; S. 57 unten © Berchtesgadener Tourismus GmbH; S. 72/73 © Tourismusverband Kuchl; S. 73 oben © Tourismusverband Hallein; S. 80 unten © Tourismusverband Golling; S. 93 oben © SalzburgerLand Tourismus GmbH; S. 95 © Elisabeth Grill; S. 102 © Ferienregion Dachstein Salzkammergut; S. 104 © OÖ Tourismus, S. 122, 134 © SalzAlpenSteig und -Touren e.V.; S. 150 © Tourismusregion Berchtesgaden und Königssee; S. 155, 157 © Berchtesgaden Land Tourismus GmbH, Tom Lamm; S. 165 unten © Tourismusverband Annaberg-Lungötz; S. 169, 170 © TVB Russbach; S. 172 unten, 176 © Christopher Unterberger; S. 175 unten © Ertl; S. 184 © Andreas Jacob; S. 185 © Daniela Niederbuchner, Fritz Stahl und Uwe Kurenbach; S. 190 © Salzwelten GmbH; S. 191 © PRIENAVERA Erlebnisbad; S. 199 © Tom Lamm, ikarus.cc

Grafische Herstellung und Wanderkartenausschnitte:
© KOMPASS-Karten GmbH
Kartengrundlage für Gebietsübersichtskarte S. 10–11, U4:
© MairDumont, D-73751 Ostfildern 4

Alle Angaben und Routenbeschreibungen wurden nach bestem Wissen gemäß unserer derzeitigen Informationslage gemacht. Die Wanderungen wurden sehr sorgfältig ausgewählt und beschrieben, Schwierigkeiten werden im Text kurz angegeben. Es können jedoch Änderungen an Wegen und im aktuellen Naturzustand eintreten. Wanderer und alle Kartenbenützer müssen darauf achten, dass aufgrund ständiger Veränderungen die Wegzustände bezüglich Begehbarkeit sich nicht mit den Angaben in der Karte decken müssen. Bei der großen Fülle des bearbeiteten Materials sind daher vereinzelte Fehler und Unstimmigkeiten nicht vermeidbar. Die Verwendung dieses Führers erfolgt ausschließlich auf eigenes Risiko und auf eigene Gefahr, somit eigenverantwortlich. Eine Haftung für etwaige Unfälle oder Schäden jeder Art wird daher nicht übernommen. Für Berichtigungen und Verbesserungsvorschläge ist die Redaktion stets dankbar. Korrekturhinweise bitte an folgende Anschrift:

KOMPASS-Karten GmbH
Karl-Kapferer-Straße 5, A-6020 Innsbruck
www.kompass.de/service/kontakt

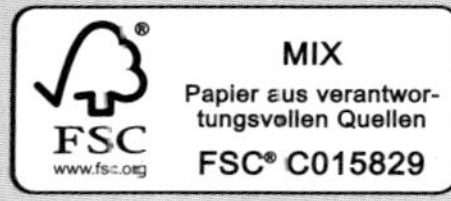